2. 显微镜下的蜜蜂

蜜蜂成为科学研究的对象,却未丧失

其魔法师的迷人魅力　　　　　　　　/ 197

3. 几何学家蜜蜂:蜂房之争

一位盲人学者首次正确地观察蜂房　　/ 205

第六章　超现代蜜蜂　　　　　　　　　/ 231

1. 2.0 蜂巢　　　　　　　　　　　　　/ 233

2. 蜜蜂与授粉型资本主义

蜜蜂在网络时代又获新生　　　　　　/ 235

3. 超民主蜂群

蜜蜂的集体参与智慧受到盛赞　　　　/ 241

结　语　　　　　　　　　　　　　　　/ 255

集锦篇　　　　　　　　　　　　　　　/ 263

译后记　　　　　　　　　　　　　　　/ 307

参考书目　　　　　　　　　　　　　　/ 311

大/家/译/丛
TRANSLATIONS

蜜蜂与哲人

L'Abeille (et le) Philosophe

［法］皮埃尔-亨利·达瓦佑 Pierre-Henri Tavoillot
［法］弗朗索瓦·达瓦佑 François Tavoillot

/ 著

蒙田 / 译

海天出版社（中国·深圳）

图书在版编目（CIP）数据

蜜蜂与哲人／（法）皮埃尔-亨利·达瓦佑，（法）弗朗索瓦·达瓦佑著；蒙田译. —— 深圳：海天出版社，2017.10

（大家译丛）

ISBN 978-7-5507-2141-8

Ⅰ．①蜜… Ⅱ．①皮… ②弗… ③蒙… Ⅲ．①社会哲学－研究 Ⅳ．①B0

中国版本图书馆CIP数据核字(2017)第218769号

版权登记号　图字：19-2016-042号

L'ABEILLE (ET LE) PHILOSOPHE.
by Pierre-Henri TAVOILLOT and François TAVOILLOT
© ODILE JACOB,2015
此中文简体版本经法国巴黎Odile Jacob出版社授权在中国大陆地区出版发行，版权代理为打开代理公司（Dakai Agency）
Simplified Chinese translation copyright © 2017
by Haitian Publishing House, Shenzhen, China

蜜蜂与哲人
MIFENG YU ZHEREN

出　品　人　聂雄前
责 任 编 辑　林凌珠　岑诗楠
责 任 校 对　梁　萍
责 任 技 编　蔡梅琴
封 面 设 计　知行格致

出版发行　海天出版社
地　　址　深圳市彩田南路海天综合大厦　（518033）
网　　址　www.htph.com.cn
订购电话　0755-83460239（批发）　83460397（邮购）
设计制作　深圳市龙瀚文化传播有限公司　0755-33133493
印　　刷　深圳市华信图文印务有限公司
开　　本　787mm×1092mm　1/16
印　　张　21.25
字　　数　258千
版　　次　2017年10月第1版
印　　次　2017年10月第1次
定　　价　48.00元

献给

福尔和祺芙露蜂场的

远近挚友

中文版序

　　蜜蜂之间的交流令人着迷。我们知道蜜蜂主要通过一种舞蹈来告知同伴蜜源的质量、方向和距离，但我们并不知道这种被称为"摇摆舞"的"语言"竟然还有不同的"方言"。蜜蜂通过舞蹈摆尾的时间长短来指示蜜源的距离，但不同蜂种的表现方式却存在显著差异。2008年，一篇题为《东西互学：东西方蜜蜂能读懂彼此的舞蹈语言》*的文章报道了在福建漳州做的一个实验。中国、澳大利亚和德国研究者组成的国际研究团队发现，蜜蜂的象征表达方式虽然各有不同，但来自亚洲的中华蜜蜂（apis cerana cerana，Acc）和来自欧洲的意大利蜜蜂（apis mellifera ligustica，Aml）混居在同一个蜂巢时，却能够相互理解："中华蜜蜂"可以"解读意大利蜜蜂的舞蹈，成功地找到指定的食物源"。

　　这一令人惊讶的发现证明，蜜蜂拥有绝妙的认知能力和卓越的学习天赋。以前，我们知道蜜蜂具

---

　*　苏松坤、蔡芳、张少吾、于尔根·陶茨、陈盛禄等：《东西互学：东西方蜜蜂能读懂彼此的舞蹈语言》，保尔·萨巴蒂埃大学，马丁·吉尔法出版社，2008。

有记忆能力，并能针对物品（即便是不在场的物品，例如花朵）进行概念化处理和交流。现在，我们知道蜜蜂还具有"翻译"的能力！总之，它能完全掌握象征能力，而此前象征一直被视为人类语言独有的特性。

然而，人类对此却依然保有其他特权，即人在观察蜜蜂时，冥想之际总会不由自主地"超象征化"。这篇绝妙的科学文章在阐述其研究成果时，使用了人类学的隐喻术语："语言""方言""翻译"等。由此可见，它与千百年的古老传统一脉相承：将蜜蜂视为人类境遇的一面镜子和人类命运的理想楷模。

从这一观点出发，上面简述的科学实验可视为一则全新的"蜜蜂寓言"，其中的一个寓意可诠释如下："既然两种源自不同地理区域的蜜蜂都能超越600多万年的进化差异，相互学习，彼此交流，那么亚洲和欧洲，东方和西方的古老文明为何不能相互理解呢？"

我们希望这个寓言是可信的。人类的语言才发展了几千年，但已呈现出十分丰富的多样性和复杂性。相比之下，蜜蜂舞蹈摆尾时间长短这一"方言"的变化或许微乎其微。然而，在踏上西方哲人领路的神奇蜂巢之旅之前，我们愿以这一寓言向本书的中文译者致意，感谢她的勇气和天分，将我们兄弟二人酿造的哲学之蜜译为中文，以飨中国读者。

绪 言

　　所有的养蜂人都说，现在，人们再也不问他们"你好吗？"而是问"蜜蜂好吗？"蜇人奇痛的小小昆虫竟然如此引人关注，不免令人惊奇。然而蜜蜂确实是一种与众不同的生灵。试想，有哪一种动物能像蜜蜂那样定期出现在各类报刊（其中不乏严肃的报刊）的头版头条新闻？有哪一个物种的健康、生存和可能的灭绝会引发如此深切的关注与担忧？任何一种生物，即便是最为我们所熟悉、最友善或最受到威胁的动物（如海豹、海豚、红金枪鱼、棕熊等）都未能如此备受关注和研究。然而，更令人惊讶的是：当我们罗列出威胁蜜蜂的林林总总的危险时，可从中发现这与我们当代大大小小的恐惧有诸多奇异的相同之处。不少报刊文章、调查、纪录片均将蜜蜂的危险处境归因如下：来自亚洲的毁灭性螨虫、大量使用杀虫剂（如吡虫啉和锐劲特）、转基因植物（尤其是转基因向日葵）、引入外国物种从而使本地物种基因贫化、全球化交流加快疾病传播、电磁波，更有近期经由货轮偷渡入境的亚洲大黄蜂……

　　上述大部分原因（其中一些为主因）无疑是损伤蜂场的元凶，而且我们发现，这些现象本身凝聚了当代社会的种种恐惧和焦虑。全球化、气温升高、地缘政治动荡、失控的移民浪潮、科学技术的不良危害等均位列其中。各处流传且据称是爱因斯坦所说的预言概括了上述担忧："如果蜜蜂从地球上消失，人类将只能再存活四年。没有蜜蜂，就没有授粉，没有植物，没有动物，也就没有人类。"但事实上，爱因斯坦从未如此预言（参见《采蜜篇》之一），即便他说过这番话，我们可以给予他多大信任？爱因斯坦虽然是个天才，但他毕竟是物理学家，既非生物学家也非博物学家，更非预言家。

　　这个据称出自当代最有威望的科学家的伪预言之所以风行一时，说明了下列问题：蜜蜂被视为人类的一面镜子和人类命运的晴雨表，它堪为一面魔镜，具有反映、改变和预见人类命运的三重功能。

　　而这并不是当今才出现的新事物。追溯历史长河，我们发现，各个时期、各个文明国度的思想家透过蜂房所寻找的不仅仅是蜂蜜，更是某种典范、模式和生活向导，意在揭晓大自然的奥秘和文化的奥妙。蜜蜂被描述为博学者或道德典范，被视作君主制或帝国制，无政府主义、民主制甚至是市场经济的象征。从蜜蜂的行为中，人们总结出勤劳、克制、诗意、虔诚、忠贞，甚至相反——寻花问柳的准则。蜜蜂飞翔时发出的嗡嗡声甚至成为互联网时代播撒谣言的代名词，"授粉"已成为数字经济时代深受青睐的模式。近期，人们还借助蜂房去探索集体智慧、系统模式乃至公民自主参与现象，原因在于蜜蜂的内涵超出了其本身的特性。在欣赏蜜蜂飞舞的风姿、思索其组织架构、品尝其蜂蜜产品之余，我们会不由自主地陷入形而上的沉思，蜜蜂好像把我们引向哲思……似乎蜜蜂就是哲人。

这一小小的生灵为何如此令我们着迷？我们如何从中寻找事物、自然和生命的奥义？我们在此所感兴趣的是蜜蜂的哲学用途，试图从思想史中追寻蜜蜂的飞翔轨迹，去呈现一个古老而现代的思想：观察和了解蜜蜂有助于我们生活，好好地生活，更好地生活，成为睿智的哲人，超脱死亡。

历史上的学人和哲人，都曾试图从这一小小生灵身上寻找忧虑重重的人类亘古以来提出的人生终极问题的答案。正是在这一意义上，蜜蜂是最神奇的动物，最近似于寓言。这种寓言往往是哲学性的，而这一哲学寓言往往具有道德意义。意义何在？为何哲人会如此心甘情愿地以蜜蜂为师呢？

本书的初衷就是为了揭开这一奥妙，由兄弟二人双双操笔，长兄是上卢瓦尔省的专业养蜂人和哲学爱好者，幼弟则为索邦大学的哲学教授和蜜蜂爱好者。二人融合各自的专业知识和才能，力图在毫无危险的情况下走近引发哲人情怀的蜜蜂，透过观察得来的睿智和精妙学说酿造成蜜浆。对于钟爱哲学的人，蜜蜂不愧为最佳的昆虫！

邀您踏上蜜蜂之旅

我们将要进行的蜜蜂之旅共分为六个旅程。六个旅程用以介绍一只建造六边形蜂巢的六足昆虫可谓恰到好处。这既是一场历史之旅，又是一场以蜜蜂为主题的旅行，穿插以著名或不为人所知却令人惊讶的哲学文摘。第一个旅程先从一个神话，即阿里斯泰俄斯神话的叙述和诠释开始，该神话叙述了蜜蜂的起源和消失。第二个旅程将介绍亚里士多德（前384—前322）、维吉尔（前70—前19）和新柏拉图哲学家波菲利（233—305）的作品。这三个古代作家借助蜜蜂来揭开世界的奥秘，在他们看来，蜜蜂是宇宙和谐的体现，甚至是通往宇宙和谐的钥匙。第三部分为基督教哲学，轮番介绍亚力山大里亚的革利免、路德、养蜂人的守护者圣安布罗斯（340—397）及其弟子圣奥古斯丁（354—430），圣奥古斯丁本人当时还养有几箱蜂。他们都一致承认蜜蜂是名副其实的神学博士。第四段旅程我们将来到现代社会初期，考察崇古派和崇今派哲人如何将蜂房哲学应用于政治领域，去思考各种不可思议的政治体制。蜜蜂的形而上命运一直延续至现代。从文学的创新到艺术的变革或实证科学的诞生，蜜蜂无处不在。在第五段旅程中，我们可看到蜜蜂在大多数辩论中均留下其美妙的踪影，贯穿于文艺复兴、古典主义和启蒙主义时期。在蜜蜂之旅的最后部分，我们发现蜜蜂一如既往地起着重要作用，蜜蜂非但没有因科学进步而魔力消退，反而继续其富有象征意义的旅行，当代人则绝望地跟随其飞翔，想弄清楚蜜蜂究竟为何物。

本书末尾的注解仅用于标示所引用文章的出处，对阅读本书并非不可或缺。读者在书尾也能找到每章所引用的资料、作品和主要译者的名字。此外，我们还为好奇心强或一丝不苟的读者准备了两类补充资料：

《采蜜篇》：有关蜂巢生活及其象征用途的技术性更强的知识，正如其名所示，可脱离相关篇章单独品赏。

《集锦篇》：引述原著节选并佐以论证，同时在书末提供原著的节选。

　　此外须注明的是：我们在此所探讨的仅限于西方思想史，其范围已广阔无边。我们也略为涉猎了印度文化、中国文化等东方文化，发现其资源也极为丰富，然而其收集和诠释工作远远超出了我们的能力。

　　在此我们诚挚感谢巴黎索邦大学哲学系图书馆负责人欧罗尔–玛丽·纪尧姆女士的可贵帮助，她如同辛勤采蜜的蜜蜂，对本书的撰写起到了不可估量的作用。

《采蜜篇》之一
风传一时的爱因斯坦预言

"如果蜜蜂从地球上消失，人类将只能再存活四年……"这句颇具震撼力的话据说是出自爱因斯坦，然而我们却无法核实其真实性。文森·瓦尔克曾为 *Gelf* 杂志做了一项调查（见其发表于2007年4月25日的文章《爱因斯坦，生态主义者？》http：//www.gelfmagazine.com）。他首先采访了耶路撒冷大学爱因斯坦档案室主任罗尼·克鲁兹，后者回答说，无任何证据证明爱因斯坦说过或写过这句话，而且他印象中爱因斯坦从未写过有关蜜蜂的任何文字。瓦尔克随后引用了一家调查谣言的专业网站的一篇调查报告（http：//www.snopes.com/quotes/einstein/bees.asp－2007年4月查阅），阐明这句引语首次出现于1994年初（请注意，爱因斯坦于1955年去世）法国养蜂业联合会在布鲁塞尔散发的传单上。爱因斯坦的这段话随后频见于各大知名报刊，包括美国的《华盛顿邮报》《国际先驱论坛报》、德国的《明镜周刊》以及英国的《独立报》。原因是当时蜜蜂突然神秘死亡这一现象（被称为"蜂群崩溃混乱症"）开始成为公众舆论的焦点，人们认为它与移动电话所散发的电波影响有关。报告在结论中称：这是一个"出于政治目的杜撰引言的典型实例"。这是互联网时代谣言传播的最佳例证⋯⋯

目　录

第一章　神话中的蜜蜂　　　　　　　　/ 001

　　1. 阿里斯泰俄斯与蜜蜂的消失

　　　人们看见，蜜蜂从一开始就消失了　　/ 005

　　2. 蜜蜂、仙女和完美女性

　　　为何要选择蜜蜂为妻　　　　　　　　/ 013

第二章　宇宙学中的蜜蜂　　　　　　　/ 025

　　1. 养蜂人亚里士多德

　　　蜂巢如何提供揭开万物起源之奥秘

　　　的钥匙　　　　　　　　　　　　　　/ 028

　　2. 蜜蜂与罗马和平：维吉尔

　　　蜜蜂加入古罗马军团　　　　　　　　/ 050

　　3. 破译蜜蜂：波菲利

　　　蜜蜂是不朽的灵魂　　　　　　　　　/ 072

第三章　神学蜜蜂　　　　　　　　　　/ 093

　　1. 蜜蜂归来

　　　蜜蜂以基督教寓言的方式获得新生　　/ 096

2. 蜜蜂与复活节蜡烛

　　蜜蜂列席复活节守夜仪式　　　　　　/ 100

3. 蜜蜂与圣母

　　蜜蜂为圣母无玷始胎作证　　　　　　/ 111

4. 蜜蜂与修道院

　　蜜蜂入教　　　　　　　　　　　　　/ 114

5. 异端蜂群

　　蜜蜂与魔鬼缔约　　　　　　　　　　/ 119

第四章　蜂巢的政治　　　　　　　　　　/ 129

1. 帝国蜜蜂　　　　　　　　　　　　　/ 131

2. 蜂巢，混合政府的理想模式

　　蜜蜂使国王、贵族与平民和解　　　　/ 137

3. 介于公民社会与国家之间的蜂巢

　　蜜蜂轮番变为无政府主义、共产主义

　　和自由主义者　　　　　　　　　　　/ 158

第五章　人文主义蜂巢　　　　　　　　　/ 185

1. 蜜蜂对战蜘蛛

　　蜜蜂让古人与今人和解　　　　　　　/ 187

第一章

神话中的蜜蜂

卷首语

　　在某个星球上，居住着一些思想活跃、勤劳聪颖的居民，我暂时还不能告诉您他们的名字。他们只会掠夺他人的财物，这有点像某些阿拉伯人。这是他们唯一的缺点。他们聪明过人，同心协力、孜孜不倦地为国家工作，道德情操无与伦比——当然，在这一点上，他们没什么太多的功德可言，因为他们不过性生活，没有生育能力。

　　侯爵夫人打断我的话，问道："讲这段美丽的故事，您不担心别人嘲讽您吗？若是如此，一个民族怎能世代繁衍？"

　　我非常冷静地回答她："没有什么可嘲讽的，我跟您说的都千真万确。这个国家的民族是可以世代繁衍的。他们拥有一个王后，但她绝不会带领臣民去打仗……她会孕育成千上万的孩子，所有别的事情都不用干。她拥有一个很大的王宫，里面的房间数不胜数，每个房间都有一个专为小王子而设的摇篮。她逐一到每个房间去生产，每次都有一群奉承者前呼后拥，为她的高贵特权鼓掌欢呼，那是她的民众所无法享受的。"

　　欲知故事结果，可翻看后面内容（参见《集锦篇》之一）。这个故事揭示了这一来自天外星球的生物种类的特征，包括习惯、阶层、繁殖方式、产品。一切都被描述得极为详细，最后才把答案透露给这位天真无知的侯爵夫人：这些外星人其实就是蜜蜂……

　　此时为1686年，作者是未来的法兰西学术院院士丰特奈尔（1657—1757）。这位敏锐细腻的文人、博学广闻的学者借用这个蜜蜂小寓言，引导他的学生"侯爵夫人"去发现"世界的多样性"。大千世界，无奇不有，在我们的眼前一览无余。为何要拒绝在无穷无尽的宇宙中设想大千世界？世界其实具有不可思议的多样性，为何要相信它是千篇一律的呢？这些问题都是《关于世界多样性的谈话》中所论及的主题。该书的宗旨是引导渴望知识的读者去发现时间长河中最令人叹为观止的事物：天文学、生物学、机械学等。丰特奈尔以惊人的科普才华涉猎所有领域。但在第三场谈话中，他以蜂巢为例揭示天穹的奥妙，绝非偶然。因为自古以来，蜜蜂一直是解开诸多事物奥妙的一把钥匙。一如星光璀璨的夜空向我们"诉说"宇宙太初一样，翩翩起舞的蜜蜂不仅携带着花粉和花蜜，同时身藏着混沌初开的秘密。原因何在？

　　这无疑是因为，蜜蜂是一种特殊的动物，我们难以对它进行简单的生物分类。譬如说蜂蜜，它既是人工的又是天然的产品：它是养殖产品中最天然的，因为它无需任何加工就可以直接食用；但它同时是天然产品中最具"文化"的，因为蜂蜜与大多数产品不同，它不会腐化，因而竟然被用来敷裹尸体，避免腐烂！再看看蜂巢：它一方面是一个自发和自动设计好的井然有序的组织，有些人甚至认为，那是一种活生生的生物体，既不受历史动荡变迁的影响，也不受自由之苦；另一方面，蜂巢也与人类一些精密复杂的组织系统（如经济、社会或政治系统）有惊人的相似性。古罗马学者瓦罗（前116—前27）曾说过"人类从蜜蜂身上学会了如何劳动、建设和储蓄食物"[①]。古今诸多作者也认为，在构建政治制度时，我们应该多模仿蜜蜂，借鉴学习。然而，初看上去，蜜蜂却像是十分普通的昆虫，低级而缺乏灵性，但它的集体行为在理性、道德和智慧方面却可谓登峰造极。蜜蜂聪慧、忠诚可信、乐于助人、勤劳节俭，拥有非凡的几何才能，出奇地干净，堪作纯洁的典范，等等。在古代和中世纪及当代各个时期的文学著作中，对蜜蜂的赞誉比比皆是。在蜜蜂身上，可以找到自然和文明的双重属性，因为养殖的家蜂仍然保持野生动物的习性（如它的螫针蜇起人来很要命）；而野生蜜蜂也具有与家蜂一样的习性（如即便没有养蜂人照护也能产蜜）。总之，蜜蜂无处不在，处于多种生物分类的交界处：植物和动物、天界和地界、人界和神界……

我们因此明白，正是这种中间特性的身份地位，赋予蜜蜂极为重要的神话功能。因为神话并不仅仅是围在篝火旁讲述的美丽故事，它还具有解释和回答人类从远古时代就提出的终极问题的深层功能。这些古老的神话和传说，讲的无非是生死、事物的起源、造物主与受造物、法律、规则、禁忌存在的理由等，其灵感来自古代的智慧，二者相去不远。而蜜蜂由于在自然和文明之间占据的独特中间地位，可帮助人类理解它是如何从自然状态转至文明状态，进入文明状态之后（有时甚至有过度文明之虞），它又时常面临回归野蛮自然状态的危险。这就是蜜蜂在人类思想史中所起到的第一个象征性作用：有助于解释人类如何走出自然的野蛮状态，以及如何避免过度文明。在此，让我们回顾古希腊神话中关于阿里斯泰俄斯的著名故事，听一听神话中蜜蜂给我们传递的信息。这是了解蜜蜂的哲学功能的前奏。

1. 阿里斯泰俄斯与蜜蜂的消失

人们看见，蜜蜂从一开始就消失了

阿里斯泰俄斯是阿波罗与忒撒利的一位公主库瑞涅相爱所生下的儿子。库瑞涅究竟是水泽女神还是狩猎女神？各种版本说法不一。总之她貌美惊人，令阿波罗倾心不已。他们的爱情结晶阿里斯泰俄斯生于利比亚的库瑞涅城。这个孩子的地位较为特殊，他既非永生不死的神，亦非世间凡人，而是一位英雄。他自小便离开母亲，被托付给曾祖母大地女神盖亚和四季女神荷莱抚养。她们以甘露和神食（即专供众神的食物）来喂养他。其他版本则称他是由山林水泽女神或半人马喀戎抚养长大，而喀戎曾是阿基里斯、赫拉克勒斯和埃斯科拉庇俄斯的导师。总之他受到了最为良好的教育，尤其精通与自然有关的实用知识和技术，可称得上当代的农业工程师。他学会了放牧、制作奶酪和种植橄榄。到了少年时代，他跟随缪斯女神学习医术和占卜术，作为答谢，他也帮助她们在色萨利草原上放牧。

成年后，阿里斯泰俄斯还教人榨取橄榄油和狩猎，制作猎网和陷阱，用于捕猎伤害羊群的野生动物。他身兼猎人和牧人二职，保护周遭的农户，帮助他们预防干旱和火灾，还教他们治病救人，以"医生"的身份介入各类战争冲突，救护伤员。阿里斯泰俄斯堪为人道主义的先驱，既帮助当地发展经济，又施以紧急救护医术。随后他迎娶忒拜的创始人卡德摩斯之女奥托诺厄为妻，并生下儿子阿克泰翁。阿克泰翁的命运十分悲惨：他看见阿耳忒弥斯赤身裸体在河流中游泳，对方怒火中烧，将他变成一头鹿，最后，阿克泰翁又被自己的狗吃掉。

但阿里斯泰俄斯之所以声名显赫，是因为他是史上第一个职业养蜂人。山林水泽女神在他很小的时候就教他养蜂和护理蜂群。他本人也把养蜂的技术传授给他人，被人称为"甜蜜之人"，但他待人接物依然谦逊忠诚。下面这段故事便是其中一个例证。有一天，他（有时会被视为后者的养父）与狄俄尼索斯竞赛，以决定酒和蜂蜜哪种饮品更好。竞赛持续了很长时间，因为评委是由诸神组成的。经过漫长的讨论、犹豫和品评，集会的诸神决定推举狄俄尼索斯的酒为最佳饮品，因为在沉醉酒酣之时，可以无视死之将至。[2]结果宣布后，阿里斯泰俄斯并无任何挫败感，相反，他建议将酒和蜂蜜调和成饮料，以提高品饮乐趣，由此诞生了一种在古代风行一时的饮法。

这就是阿里斯泰俄斯的人品：心胸宽广、足智多谋、乐于助人，正如他的名字"Aristaeus"所寓意的那样，是一个"优秀无比"的人。然而，这个勇敢善良的人有一天却厄运当头：他所负责照管的蜜蜂突然间全部消失，所有蜂房都空空如也。这是史上首次发生至今仍让养蜂人焦虑不安的蜂群崩溃混乱症（CCD）。由此可看出爱因斯坦关于蜜蜂消亡的假预言不过是神话记忆的再现。

阿里斯泰俄斯十分绝望，而且他根本不明白这场灾难的缘由，原以为自己对大自然了如指掌，无所不知，眼下却六神无主，不知所措。

但情况的严重性远远超过了他个人的命运。若要理解这场灾难的严重性，便要了解在希腊神话中，在阿里斯泰俄斯之前，

世界尚未成形之前，宇宙混沌初开之时，蜜蜂就已经起着不容
忽视的作用。

蜂蜜与世界的起源

据传，在阿里斯泰俄斯之前，是丰饶和婚姻女神德墨忒耳的
一位密友在森林里发现了第一个蜂房。她叫梅丽莎，是第一个敢
于品尝蜂蜜的人，并将蜂蜜与水调和成一种饮料：蜂蜜水。她的
同伴饮后甚为喜欢，并以之为食。根据某些版本，正是梅丽莎和
她姐妹以及山羊女神阿玛尔忒亚一起照顾宙斯。宙斯被母亲瑞亚
藏在克里特岛上，以免被他父亲克洛诺斯吃掉。③克洛诺斯当时
决定吃掉自己所有的孩子，防止他们争夺其统治宇宙的权力。他
的妻子瑞亚看到自己的心肝宝贝一一被吃，非常绝望，决定将最
小的儿子宙斯用一块以襁褓包裹的石头取代。克洛诺斯不分青红
皂白一口吞了下去，于是瑞亚得以将宙斯藏在伊达山，交给仙女
抚养。宙斯在那儿度过了童年。

蜂蜜和牛奶陪伴宙斯度过了这段童年时光，二者皆为甜蜜温
柔的象征物，与创始诸神粗犷的力量形成鲜明的对比。天神乌拉
诺斯是宙斯的祖父，沉迷于酒色，天天与妻子和母亲盖娅缠绵不
已，后被亲生儿子克洛诺斯阉割。宙斯的父亲克洛诺斯一心想着
把自己的儿子吃掉，以避免自己像父亲那样遭受被阉割的悲惨命
运。乌拉诺斯和克洛诺斯父子二人均凭自己的贪婪凶狠，阻止世
界的发展，不让它井然有序。而宙斯则在甜蜜温柔的环境下长大
成人（参见插图1），这种甜蜜温柔的特质，不仅不会减弱他的

插图1　小宙斯在温暖的环境中长大：梅丽莎采集蜂蜜喂他，她的妹妹让他喝山
　　　羊女神阿玛尔忒亚的奶

《朱庇特的童年》(1640)，尼古拉·普森的绘画作品，柏林Gemäldegalerie/© BPK,

Berlin, dist. RMN-Grand-Palais/Jörg P. Anders

力量，反而使他拥有文明、秩序和正义的最高威力，也正是这种
特质使得世界得以开放和谐。然而，怎样才能把野性的蛮力转化
成文明的力量？如何将无序的暴力疏导成活力？

　　蜜蜂在此将起到过渡的中介作用，因为它既属于野蛮世界，
也属于文明世界。当宙斯长大成人，决定与父亲决战前，他使用
了一种医学秘方，听从母亲的建议，用蜜蜂调和催吐药让父亲喝
下。克洛诺斯受甜蜜诱人的气味所吸引，一口气喝完，顿觉胃苦
难忍，立刻把吞进肚子的儿女都吐了出来。宙斯的兄姐们因而得
以重见天日，他们与奥林匹斯山的众神一起，团结在宙斯的周
围，与克洛诺斯及其同谋展开一场惊天动地的神战。这场战争的

目的是征服具有破坏性的、混沌无序的原始自然力，构建和谐的宇宙秩序。蜂蜜在过渡的神战中起到了决定性的作用：它是一种天然食物，使人类走出了自然混沌状态，是野蛮世界中的第一抹甜蜜和温柔，使克洛诺斯不再吞吃自己的孩子。而在梅丽莎的神话中，人类在仙女的指引下，品尝了甘美的蜂蜜，摆脱了野蛮状态，摈弃人吃人的恶习，转向森林采集食物，首次"收获"食粮，这是走向文明生活不可或缺的前奏。这则神话还提到，喝了蜂蜜水后，人类便开始有羞耻感。仙女还教会了他们另外一种技术：织布制衣。

寻找消失的蜂巢

我们现在就能理解阿里斯泰俄斯为什么如此悲痛忧伤了。他不仅失去了谋生的手段或个人爱好，而且在维持自然脆弱的平衡这项工作上严重失职。因为蜜蜂一旦消失，宇宙秩序就会陷入一片混乱。植物与动物将混淆不清，野生动植物会威胁养殖动植物，自然和文明将界限不清……

阿里斯泰俄斯十分悲痛，不知所措，泪流满面地向母亲库瑞涅求救。以下是维吉尔在《农事诗》中对该故事所提供的一个最完整的版本：

库瑞涅，我尊敬的母亲，你居住在幽深的洞穴里。你让我生于高贵的神灵又有何用？（正如你所言，我的父亲是阿波罗……）因为命运对我不公。你对我抱有的爱意都去了哪里？你为什么让我祈祷上天？我身为凡人的荣誉，辛勤耕耘、悉心照护的庄稼和牲口，现在却都丧失殆尽。你是我的母亲啊！来吧，如果你给我的荣誉招致那么多的痛苦，那就继续用你的手，拔掉我丰饶的果园吧！把敌人的火焰扔进我的牲畜棚，摧毁我收获的粮食！毁掉我种的庄稼，向我的葡萄园举起双刃刀吧！④

库瑞涅先是耐心聆听爱子的哀叹，安慰他，让他平静下来，为他提供食物，随后建议他去咨询无所不知的海神普洛透斯："他通晓过去、现在和遥远的未来。"唯有他能够解释厄运的原因以及消除厄运的办法。但她也警告儿子说，普洛透斯变幻无常，难以捕捉，瞬间便能从一滴水变成一头凶狠可怕的野兽。他"形态众多，千变万化"，一定要在出其不意的时候捉住他。这可不是一件简单的事情，更何况对方是个神！所以一定要在捉住他时用绳索紧紧地捆绑，直到他筋疲力尽。千万不能手软，更不能被他不断变幻的可怕外形所吓倒。库瑞涅还补充道："他外形变幻越多，你越要把绳索绑紧。"⑤

阿里斯泰俄斯逐一遵照母亲的嘱咐，成功地捕捉到海神，没有被他可怕的变形所吓倒，并向海神提出了自己的问题，强迫他说出自己遭受不幸的原因。

"有个神灵对你怀恨在心而惩罚你；你犯下了一个极其严重的错误，必须赎罪。俄耳甫斯因为自己无辜的不幸而要求众神惩罚你。"⑥

究竟发生了什么事情？阿里斯泰俄斯究竟犯下了什么罪行？若想了解其缘由，要从俄耳甫斯和欧律狄克的婚庆典礼之日讲起。

仙女欧律狄克之死

　　俄耳甫斯和欧律狄克的故事比阿里斯泰俄斯的故事出名。俄耳甫斯是一位才华横溢的诗人和音乐家。传说他音乐才华卓绝，弹奏的琴声不仅能使凡人和天神着迷，甚至连野兽和无生命的物体也会为之动容！俄耳甫斯也是一位英雄，他以船队首领的身份参与了伊阿宋率领阿耳戈英雄夺取金羊毛的征战。他施展音乐天赋，使船员得以保持理想的节奏，他悠扬的歌声使同伴不受海妖塞壬迷人歌声的诱惑。征战胜利归来，欧律狄克深深爱上了他，两人决定结婚，婚宴上众人喜气洋洋，所有贵宾无不为这对年轻貌美恩爱的新婚夫妇感到骄傲。

　　婚礼刚结束，身为贵宾的阿里斯泰俄斯见到欧律狄克，不禁神魂颠倒。这位心地善良的儿子、忠实的丈夫和理想的女婿忍不住去追赶新婚的仙女，想赢得她的欢心。面对紧追不舍的阿里斯泰俄斯，欧律狄克惊恐万分，拼命朝野草高高的荒地跑去，逃跑中不慎踩到一条可怕的水蛇，被它咬伤，如被雷击般倒下死去。俄耳甫斯四处寻找爱妻，终于发现新娘毫无生气的尸体，惊恐万分，痛不欲生，开始弹琴吟唱。他的琴音如怨如慕，歌声如泣如诉，深深打动了冥府的冥王和冥后，他们破例同意他从幽深的冥府中带回欧律狄克，但有一个条件，在走出地府，重返人间之前，不能跟她说话，更不能回头看她一眼。故事的结局家喻户晓：俄耳甫斯听到欧律狄克埋怨他无情，揪心地喊叫，无法克制自己，回过头去安慰她，可怜的欧律狄克立刻"被拽回了无尽的黑夜，再也无法返回人间"。

俄耳甫斯从此对一切失去兴趣，整日咏唱失去的爱人，为死去的欧律狄克哭泣。天长日久，酒神的女祭司看见这位如此英俊的小伙子死守已经死去的爱人，很不耐烦，便把他折磨至死，"将他的尸体撕得粉碎，抛到荒郊野外"⑦。

这就是阿里斯泰俄斯一手造成的悲剧，也是他遭受厄运的缘由。普洛透斯对阿里斯泰俄斯解释道："这就是你的蜜蜂消失的原因，是你一手酿成这一可怕的悲剧。潭蓓谷的仙女听到朋友欧律狄克的噩耗时，进行了报复，把你所有的蜜蜂都杀死了。"

2. 蜜蜂、仙女和完美女性

为何要选择蜜蜂为妻

　　听完这一解释，阿里斯泰俄斯很吃惊，但并不感到太意外；我们则不然，普洛透斯的叙述让我们感到难以理解：心地善良、温文尔雅、品德高尚的阿里斯泰俄斯，怎么会一看到新娘欧律狄克就突然间变为淫荡的好色之徒呢？另外，仙女们竟然拿蜜蜂而不是阿里斯泰俄斯作为报复的对象，这也令人百思不得其解。要知道，阿里斯泰俄斯既非神人又非仙人，要惩罚这样的对手并非难事。关于这两个问题，我们必须做一个补充调查。

　　人类学家马塞尔·德谦在一篇关于俄耳甫斯神话的诠释文章中出色地完成了这个调查，让我们对蜜蜂的神话功能[⑧]有了更多的了解。

　　德谦首先重申，仙女是蜜蜂真正的"创造者"，而阿里斯泰俄斯不过是个守蜂人。所以，为了给同伴报仇，"创造者"剥夺守蜂人的蜜蜂便可谓顺理成章。但她们为什么要这样惩罚他呢？德谦指出，在古希腊时期以及更久远的时代，蜜蜂是清白贞洁生活的理想化身，不受任何玷污。蜂巢永远都干干净净，一尘不染；蜜蜂绝非好色之徒，因为我们从未见过它交媾，而且，它还是个素食主义者。胡蜂则不同，是个肉食主义者。诸多古典作家都注意到，蜜蜂讨厌气味重的东西，如腐烂之物或过于浓烈的香氛。这些"权威专家"还补充说，身上洒有刺鼻香水的人走近蜜蜂时，肯定会被刺咬；如果养蜂人犯了错，如对合法妻子不忠，也会遭受同样的袭击。

正是这些品德，使得蜜蜂在古希腊时期成了理想女性的楷模。德谦这样写道："蜜蜂是家庭品德的象征：对丈夫忠贞不渝，是贤妻良母，里里外外妥善打理家政，恰如其分地维护夫妻之间的利益；不贪吃，不贪喝，也不懒睡，绝不会随便沉湎于女性所喜爱的喋喋不休的情人絮语。"⑨我们知道，在古希腊时期，来自潘多拉的"女性种族"总是备受指责。潘多拉是宙斯为了惩罚普罗米修斯盗火而投向人间的厄运。

在挽歌体诗人西蒙尼特斯（前7世纪）的诗中，我们能找到明显的痕迹。他唯一传世的诗作，堪为西方文学中最鄙视女人的代表作。他在《论女人》一诗中，把女人划分为十类，都由宙斯为惩罚人类捏造而成，其中好几类与动物及其缺点有关：狗女人吵闹而无法自我控制，驴女人固执而不知廉耻，猪女人肮脏而贪婪，狐狸女人三心二意，鼬鼠女人丑陋而阴险，猴女人恶劣而狡猾，马女人爱俏而乱花钱。在这当中，只有一类女人赢得了他的青睐，那就是蜜蜂女人。

能和蜜蜂女人一起生活是莫大的福分。她完美得无可挑剔，不容任何指责。有了她，生活就会繁荣昌盛，天长地久。她与丈夫相亲相爱，白头偕老，子孙满堂。她在所有女性中最出类拔萃，灵气四射。她讨厌与女人围在一起说三道四，是宙斯把如此优秀而智慧的女性赠送给男人。但我们刚刚提到的其他类型的女人也是宙斯赠予人类的，而且也一直和男人生活在一起。因为宙斯所创造的最大祸害，就是女人。

古希腊诗人赫西俄德在《神谱》中也持同样的观点，他把潘多拉女人比作蜂巢中淫荡懒惰的雄蜂："雄蜂却整天待在蜂巢里，坐享别人的劳动成果。正因为如此，女人成了男人的祸害。"[10]除非他们幸运地遇到了一位贤惠的妻子，更像蜜蜂而不像雄蜂。

人们于是明白，阿里斯泰俄斯为何会因其不忠而不配再做养蜂人的首领。受到背叛的蜜蜂则宁愿消失殆尽也不为肮脏的桎梏所缚。

阿里斯泰俄斯的任务

然而，还是要解释一下是什么原因促使阿里斯泰俄斯做出如此出人意料的行为：这位善良勤劳、热心助人的丈夫为何一见到欧律狄克就失魂落魄，情不自禁呢？马塞尔·德谦的解答简单而明晰：养蜂人阿里斯泰俄斯无法抵御欧律狄克的魅力，因为欧律狄克是一只"蜜蜂"，或者说是一只nymphe*，也就是一只很年轻的幼蜂。

古希腊将女性年龄划分了几个阶段。首先是korè，指的是未到青春期的非婚少女，这时她有点野性，还没有性欲，归猎神阿耳忒弥斯管辖。结婚生孩子后，妇女就成为mêtêr，即家庭主妇，贤妻良母。这就是成熟蜜蜂——德墨忒耳弟子的象征（参见《采蜜篇》之二）。但在这两个阶段之间，有一个关键的阶段：在结婚前夕到第一个孩子出生之前，女人还是numphè。这是最

---

* nymphe 在法文中有"神话中的山林水泽仙女""美女""蛹"等意思。——译注

危险的阶段：年轻女子的性欲已被唤醒，容易沉湎于床笫之欢，拒绝走向成熟，成为mêtêr。她很可能会成为hetaira（高等娼妓），或是nymphomane（处女癖），追寻阿弗洛狄忒的足迹，一心追求爱情。欧律狄克所面临的正是这种危险。这位美貌出众的仙女对诗人俄耳甫斯一见倾心。新婚燕尔，但我们很难想象他们会成为俄耳甫斯先生和太太，过着资产阶级般的生活，住在一栋舒适安静的别墅里，生儿育女，生活优渥，安居乐业。这是完全不可能的！因此危机四伏：按他们的性情，势必会永无休止地欢度"蜜月"。他们水乳交融，密不可分，甚至希望超越不可避免的死亡之别。这种爱情既不理性也不可行：显得很过分，毫无分寸，等待他们的只能是悲惨的结局。

这时，阿里斯泰俄斯出现了。他一看就明白了，因为在蜂巢中，刚破茧成蛹的年幼蜜蜂也被称为nymphe。一看到年轻的蜜蜂欧律狄克，他就不由自主地想拥有她。从某种意义而言，这也很正常，因为他是蜜蜂的主人，是养蜂人的首领，况且，他很清楚，面对"甜蜜蜜"的俄耳甫斯，欧律狄克面临巨大的危险。俄耳甫斯会阻止她完成自己的使命，成为一只成熟完美的蜜蜂。于是，阿里斯泰俄斯便担当了一个不讨人喜欢的角色，即现实原则：精神分析学所称的"自我"角色。他之所以追赶欧律狄克，并非只是为了勾引她，更多的是让她回归正道，强迫她脱离耽于声色的幼蜂身份，进入循规蹈矩的贤妻良母的蜜蜂角色："蜜月"结束了，该干活了，生儿育女，酿造蜂蜜！

所以，阿里斯泰俄斯在奋力追赶欧律狄克时，并未抛弃蜂巢守护人的角色，他只是尽自己的职责而已。但神话的寓意却更为深远，神话中的阿里斯泰俄斯肩负一项特殊的任务：让世界在原始的暴力野蛮和文明的过度温柔之间维持平衡。我们前面已经谈到，他既是猎人又是牧人，守护羊群不受野兽的侵害。他同时是农人，保护自然果实不受驯养家畜的侵噬。因此，作为养蜂人，他是自然与文明完美平衡的守护人，肩负避免两极分化的重任。这与蜜蜂的双重特性不谋而合：蜜蜂介于两界之间，因此也被视为原始造化的守护者、和谐世界的保护者，是世界维持良好秩序的先决条件。

蜜蜂归来

阿里斯泰俄斯在自己不知情的情况下，被众神委以重任，避免世界秩序出现混乱。欧律狄克和俄耳甫斯的命运既然已经以悲剧结束，那他的"厄运"理应也要结束。因此我们应该这样去理解其母库瑞涅的劝告，她要求儿子去请求仙女们的原谅："去吧，带上贡品，请求她们宽恕；去敬拜潭蓓谷的仙女，让她们宽容你。你诚心祈祷后，她们才会息怒，宽恕你。"[11]库瑞涅吩咐儿子严格遵循祭礼，杀四头大公牛和四头小公牛向林中仙女献祭，九天之后又回来另杀一头大公牛和一头小公牛，献祭俄耳甫斯和欧律狄克的亡灵。阿里斯泰俄斯一一遵命祭拜。九天之后，奇迹出现了："突然间，神奇的事情出现了，人们透过腐烂的牛肉，看见蜜蜂在牛腹中嗡嗡飞舞，从牛身裂开的地方成群飞出，黑压压的一片，飞到一棵树顶，一串串挂在枝丫上，树枝重得弯了下来。"[12]蜜蜂重新归来，并诞生了神奇的蜜蜂繁殖法，即牛生蜜蜂，流传久远（参见《采蜜篇》之三与插图2）。阿里斯泰俄斯心满意足，仙女的怒火也平息了，诸神满心欢喜，因为蜜蜂再次归来，维持野蛮和文明之间的脆弱平衡……

插图2　阿里斯泰俄斯看见蜜蜂从他献祭的牛尸上获得重生。长期以来，牛生蜜
　　　　蜂的理论为解释蜜蜂的繁殖问题提供了依据

维吉尔的《农事诗》手稿中的素描（里昂，1517），巴黎，Mazarine图书馆//© Mazarine图书馆

　　阿里斯泰俄斯完成了自己的使命，业绩也获得了公认，荣升为百分之百的神，随后便消失得无影无踪……

　　这个神话故事涵义极其丰富，为我们展示了蜜蜂的第一个伦理规范，非常吻合古希腊人的精神：一切都不能过度，一定要有分寸，不偏不倚。如果说人类是通过拒绝野蛮和残忍的天性而实现自我构建的话，滥用文明也会导致人类自我毁灭。蜜蜂堪为我们的指路人，引导我们保持睿智，维持平衡。它不单为我们提供了一把人人都可掌握的钥匙，让大家都能了解从混沌世界到有序世界充满谜团的过渡，以及创建祥和文明的历史，同时启示我们应该如何维护业已建立却十分脆弱的秩序。若听任自然的支配，世界必将走向腐朽；若一味追求人为的创造，世界就会走向破灭，必须时刻避免走极端。这让我们想起另一个著名的神话——伊卡洛斯的结局。年轻的伊卡洛斯不顾父亲代达罗斯的劝告，飞得太高，离太阳太近，双翼上的蜂蜡遭太阳融化，导致羽毛脱落，跌落水中丧生。

威胁人类创造精神的是过度。在由科学、创新和技术主宰的当今世界，阿里斯泰俄斯神话对我们的启发意义就在于此。神话天性悲观，因为它是从一去不复返的黄金时代出发，去叙述世界的意义；科学则天性乐观，因为它是以进步为诉求。但我们身为超摩登时代的人类，或许在往后的生活中会有一种奇怪的感觉：一切都将变得越来越好，一切又会变得越来越糟。

《采蜜篇》之二

佩耳塞福涅与德墨忒耳

这两个女神原先叫戈莱（少女）和墨忒耳（母亲）：佩耳塞福涅是丰饶女神德墨忒耳之女，她貌美惊人，被舅父哈德斯掳走为妻。德墨忒耳失去女儿后，悲痛欲绝，四处疯狂寻找爱女，因未能找到而决定"罢工"，直至哈德斯将女儿送还。于是大地干涸，万物停止生长，宇宙一片饥荒。德墨忒耳得知女儿是被自己的亲兄弟拐走，便向宙斯告状。宙斯感到非常为难，他不愿得罪兄妹二人，便建议采取一个折中的办法：佩耳塞福涅六个月与丈夫留在冥界，另外六个月则回来与母亲相聚。四季因此产生：秋冬季节女儿不在的时候，德墨忒耳停止工作；春天女儿与她团聚时则大地花朵绽放。

同样，蜜蜂严冬时节也躲在蜂房里过冬，春暖花开时节才重新露面。古希腊时期举行的重大节庆"地母节"就是为了纪念这一故事。所有参加这一节庆活动的妇女都被称为"蜜蜂"。此类祭仪也在古代七大奇观之一的阿尔忒弥斯神庙举行，阿尔忒弥斯的肖像画中总有蜜蜂相伴左右。此外，德尔菲神庙的女祭司皮提亚也被称为"蜜蜂"，由此可见蜜蜂不仅是"神话"（或世界起源传说），也代表"仪式"，时常警示我们要遵循原始秩序的规则。

《采蜜篇》之三

牛生蜜蜂——生命来源的奥秘

　　Bougonie（牛生蜜蜂）一词来自希腊语（bou，牛；gonos，生），指一种认为蜜蜂透过"自发生成"的程序生自死牛（或者死狮）脏腑的信仰。这是当时能够解释昆虫以完全贞洁和纯粹的方式进行无性繁殖的唯一说法。这个传说在历史上经久不衰，直至18世纪乃至19世纪仍为人津津乐道。然而，这种传说之所以能够历久弥新，是因为它涉及的是最根本却又无从解释的生命起源以及身体与精神关系的问题。"牛生蜜蜂"绝妙地表达了轮回转世、灵魂转生和灵魂不死的思想，一如蜂群离开蜂巢，灵魂离开肉体，它生自一个死去的躯体，然后去占据另一个活生生的身体。

　　18世纪时，哲学家马勒伯朗士（1638—1715）继诸多前人之后，重新审视并反驳这个神话。在他眼里，"自发生成"观念本身会对上帝的存在造成威胁，因为上帝是独一无二的生命创造者。他试图通过巧妙的科学实验，证明牛生蜜蜂是荒诞不经的，根本不可能存在。他提出了一种与"自发生成"分庭抗礼的理论，当时被称为"预成论"，在今人看来，这种理论显得十分有趣。根据该理论，所有生命均源自原始的精子，而精子是上帝创造的，因此，所有动物的卵不仅包含着一个动物，还包含它的子子孙孙，犹如俄罗斯套娃，一个套一个。当时，透过显微镜观察得到的结果似乎也证实了这一点，因为从小小的胚胎中就可看到成年动物的形状。这恰好是马勒伯朗士在其《关于形而上学、宗教和死亡的对话录》（1688）第二章中所谈到的内容：17世纪末的蜜蜂已经以微乎其微的方式存在于最早的蜜蜂卵中。该书中一个人物甚至兴致勃勃地想计算出"1687年的蜜蜂的天然长度与盘古开天初期蜜蜂之间的比例，假设6000年前蜜蜂已经出现"⑬。如此小巧的生物构建之所以成为可能，是因为"物质是可以无限分裂的"。基因密码的发现从某种程度上是为"预成论"提供事实论据。

注　释

①瓦罗：《论农业》，三，16，29。

②诺诺：《狄俄尼索斯》，十三，255—275。

③菲利普·博若：《甜蜜童年》，载《神话练习》，巴黎：拉博和费德斯出版社，2004。

④维吉尔：《农事诗》，四，321续。

⑤同上书，四，412。

⑥同上书，四，453续。

⑦同上书，四，521。

⑧马塞尔·德谦：《吃蜜糖的俄耳甫斯》，载皮埃尔·诺拉主编《制作历史》第三卷，巴黎：伽利玛出版社，1974，第56—75页。亦参见与让—皮埃尔·维尔南的谈话，载马塞尔·德谦：《阿多尼斯花园》，"福里奥"丛书，巴黎：伽利玛出版社，2007，第213页续。

⑨马塞尔·德谦：《吃蜜糖的俄耳甫斯》，载皮埃尔·诺拉主编《制作历史》第三卷，巴黎：伽利玛出版社，1974，第63页。

⑩赫西俄德：《神谱》，590—600。参见N.罗鲁：《论女人种类及其中若干部落》，载《雅典娜的孩子》，巴黎：马斯佩罗出版社，1988，第96—117页。

⑪维吉尔：《农事诗》，四，534—536。

⑫同上书，四，554续。

⑬马勒伯朗士：《作品集》第二卷，"七星文库"，巴黎：伽利玛出版社，1992，第854页。

第二章

宇宙学中的蜜蜂

亚里士多德、维吉尔、
波菲利

　　蜜蜂已成为世界脆弱的象征。因化学污染、地球升温、狂热的全球化、密集型农业等，蜜蜂在当今诸多领域中都成了人类技术危害的无辜牺牲品。大自然日渐受到恶魔般的经济体所控制，蜜蜂的命运便是大自然失衡的悲惨写照。浮士德、普罗米修斯、弗兰肯斯坦可谓是人类自视无所不知、无所不能的自大狂化身。人类傲慢地认为自己可以知晓一切、控制一切、制造一切。面对人类，蜜蜂显得十分脆弱，是备受践踏的弱者的象征。

　　蜜蜂之所以如此备受媒体的关注，是因为我们不断将当代的恐惧和焦虑集中在这一娇小的昆虫身上，而这一现象其实早已根植于漫长而古老的传统之中。如今我们如此满怀深情甚至夸大其词地哀叹蜜蜂的衰落，是因为蜜蜂长久以来被视作世间之美与和谐的绝佳象征，那时，大自然在人类的眼里浩瀚无边，其威力和恒久高于天下所有生灵。于是人们所钟爱的小昆虫有了第二个用途，我们不妨称之为"宇宙学"用途，但需要对这一术语的含义达成共识。

　　神话学所感兴趣的是事物的起源，宇宙学则试图理解其秩序排列的奥秘。诚然，二者相辅相成，我们多次看到宇宙学常引用神话，正如神话故事也常反映宇宙的诞生一样。然而二者的运行原则各不相同，一个是透过生命起源的故事去了解整个真实世界及其秩序和价值，另一个是通过对事物之间的关系进行理论分析，来理解其深层本质。神话叙述的是远古的黄金时代，宇宙学则将永恒的关系予以理论归纳。

　　据说是毕达哥拉斯开先河，将有序的世界称为宇宙。这一说法是真是假并不重要，但他所赋予的意象非常崇高。他把宇宙比喻为一把里拉琴*，其各个组成部分、琴弦的调节和音乐指法均为一种永恒不变的神圣原则所掌控。柏拉图正是这样说的："智者（毕达哥拉斯学派）说天与地、神与人，都是通过同仁、友谊、秩序、节制和正义而联系在一起的。所以人们把事物之总和称作有序的世界，而非无序、无章法的世界。"**①

　　用于整个宇宙，这意味着世界犹如一个巨大的生命体，它拥有灵魂（即第一动因），其构成是完善、和谐、公正、美好的。天地万物或各就各位，或试图朝着这一方向努力。正如后来西塞罗所说："世界是一个拥有意识、智慧和理性的活生生的物体。"②自此，哲人的功能便十分清晰了，他的职责是辨识并描述这一高尚的秩序（理论），然后总结出行为准则（伦理），战胜或消除所有阻碍人类幸福生活的恐惧和焦虑。在这三项任务中，蜜蜂将成为哲人最佳且最保险的引导者：蜜蜂不仅是世界和谐的最佳写照，也是贞操德行的完美典范，因而成为智慧的崇高楷模。因为，蜜蜂之所以被用于哲学用途，是由于它本身就是哲人，甚至正如诸多古人所言③，是由于蜜蜂十分睿智，而睿智者无需哲学。

---

*　里拉琴是西方最早的拨弦乐器，是古希腊传说中的一种类似小竖琴的乐器。——译注

**　引言的翻译以法文版为基础，局部参考了中文版的译文。柏拉图：《柏拉图全集》第一卷，王晓朝译，北京：人民出版社，2002，第402页。——译注

1. 养蜂人亚里士多德

蜂巢如何提供揭开万物起源之奥秘的钥匙

> 蜜蜂过着纯洁的生活……它完全
> 不需要毕达哥拉斯提供的建议。
>
> ——伊利安（175—235）《论动物本质》，
>
> 第三卷，第11页

　　古代伟大的思想家亚里士多德为什么对蜜蜂如此关注？这位柏拉图的得意门生博学广闻，独自创立了自己的哲学流派——逍遥学派。他曾是亚历山大大帝的老师和挚友，却花那么多精力去研究小小的蜂巢世界，这该如何理解？他确实在其中花了很多时间！他在自然史著作中所研究的动物种类总数高达581种之多。然而，蜜蜂是他论述最多的生灵，仅次于人类。[④]原因何在？蜜蜂身上究竟有什么东西让这位古代物理和形而上学大师如此痴迷？他希望透过观察蜂巢的生活揭开什么奥妙？

　　答案从原理看来颇为简单，从细节看来却十分有趣：在亚里士多德看来，蜂巢就是一个小宇宙，即宇宙的缩影，只要对它加以深入研究，便有望从中了解大宇宙的奥妙。这意味着需要进行细致入微的观察和严谨的推理，以求解释本应永远和谐的大自然中为什么出现若干表面不甚正常的现象。正如亚里士多德所言：因为"一切均非偶然"[⑤]。所有现象都应该可以被描述，以反映完全平衡的自然秩序，各种事物适得其所。从这一意义看来，亚里士多德所做的研究既无实用性（向养蜂人提供建议），又无严格意义上的科学性（准确地描述蜂房的运作机制），而属于形而上范畴，其宗旨在于反映世界的和谐性。为什么蜜蜂尤其有利于此类研究呢？

若要了解其缘由，就必须跟随亚里士多德的步伐，他的办法非常令人着迷，因为它透过这一小生灵，揭开了古人对世界的认识。让我们先从亚里士多德在著作中对蜜蜂的特殊定义开始。他认为，蜜蜂是一种昆虫，和人类一样，审慎、神圣、富有政治性。如何理解哲学意义日渐重要的这三个术语呢？

蜜蜂，酿蜜的昆虫

第一个步骤是辨别蜜蜂在宇宙中的地位，把它放在所研究生物的相应位置。不过千万不要误会，我们在此并不依照生物分类学系统分类，尽管这种分类学至今仍想妥善划分各种生物。在亚里士多德的著作中，genos（格诺斯，"种"）和eidos（埃多斯，"类"）这两个词并没有当今分类学中"种"和"类"的意思。亚里士多德的辨别标准并非总是一成不变，但他是史上首个想对生物进行清点分类的人。

让我们从最简单的开始：蜜蜂是一种昆虫，隶属于无呼吸功能、肢体分节的动物范畴，此类动物数目甚为庞大。这就是昆虫（insecte）一词的词源：昆虫是一种可"切断"*的动物。
亚里士多德指出，有九种昆虫无共通的属名，其共同特点是形态
相似，均营造六角形蜂巢，包括胡蜂、大黄蜂、叶蜂和三种独居
蜂——小仙女蜂、大仙女蜂和嗡嗡蜂（大野蜂）以及三种蜜蜂。
这一点很重要，因为我们归在"蜜蜂"名下的种属，亚里士多德
并未将其视为独一无二的种属。他认为蜂房里共同生活着三种蜜
蜂：蜂王（即我们说的蜂后）、懒蜂（雄蜂）和蜜蜂（chrestai
melissai，即最好的蜜蜂，相当于我们所说的工蜂**）。其实应该
一共有五种，因为他有时也会加入有害于蜂群的长蜂和盗蜂⑥。

　　在种类方面，蜜蜂的等级其实很低：它长着"六条腿和四个
翅膀，翅膀是由干涩的无翅鞘翅膜组成"，"翅膀扯断后不能再
生"。它与所有动物一样，感觉灵敏：它有眼睛，因而具有视
觉，虽然它或许看得不太清楚；有嗅觉，因为它能"嗅"到花朵
上的蜜。但在亚里士多德看来，蜜蜂不一定有听觉，因此不能学
习，因为学习意味着它必须向他人开放⑦。而且它似乎与其他低
级动物（比如蚂蚁和虫）一样，缺乏想象力，即不能想象不在场
的物品，因而不具备抽象分析的能力。

　　如果仅仅满足于此，蜜蜂毫无趣味可言。但最重要的并不是
对其外形的描述，而是它可以让我们将它与两种相近的动物——
蜘蛛和蚂蚁相比较。亚里士多德说，蜘蛛捕虫但不储存，蚂蚁
"搜集它所能找到的所有现成的东西"。而蜜蜂的特点是它不仅
自行生产食物，而且会囤积，它所制造的蜂蜜是非同一般的食
物！人们相信蜂蜜有多种功效，有的是真的，有的是象征性的。

————————

* insecte来自拉丁语insectum，本意是"切断"。——译注
** 此称呼需与古希腊常见的一句话相比较：chrèstos politès，意为"既诚实
　（chrèstos）又对城邦有用（chrèsimon）的公民"。

亚里士多德认为，蜂蜜是一种从天而降并由蜜蜂从花朵和树叶上采集的物质。大家都会忍不住这样想，这一来自天界的甜蜜露水（参见《采蜜篇》之四）也许会向我们揭示事物的真谛。这是蜜蜂在宇宙学中的第一个重要迹象，但远非是唯一的迹象。

"慎思" 蜜蜂

让我们再进一步探讨。蜜蜂采集、贮存并加工蜂蜜，可称为"智者"，至少是"慎思者"（phronimos）。这一术语在亚里士多德的著作中有确切的含义：在实际生活中具有以恰当的方式完成行动的能力者。从这一观点出发，蜜蜂的能力远远超出众多有血动物[8]。虽然蜜蜂与蜘蛛和蚂蚁一样，其行动"既非出于艺术，也非出于研究，更非出于深思熟虑"[9]，而是出于自然冲动。这种出于某些复杂目的而行动的能力，如构筑蜂巢，印证了其终极目的：它永远知道自己应该做什么，也知道什么时候做和怎么做，而且遵循一种杰出的规范，但它从不会怀疑为什么这样做。蜜蜂与人类不同的是，它毫无怀疑心理。准确地说，它一无所求，这也是它的美德。因为它绝无人类的苦恼，无需考虑选择何种方式去实现自己的目的。蜜蜂是个十足的谨慎者，因为它没有意志[10]。这恰好是托马斯·阿奎那在《神学大全》中评论亚里士多德时所强调的："所有动物，在天生的评估能力中，都带有一定的谨慎和理性。因此，鹤跟随向导，蜜蜂则听命于蜂王。"他随后又说："正如亚里士多德所言：'审慎意味着做出明智选择。'但谨慎很适合动物，所以亚里士多德说那些听不到声音的动物，比如蜜蜂，天生谨慎。"这一点在感性层面上十分明显：
"某些动物，如蜜蜂、蜘蛛、狗等，在行动中表现出令人惊讶
的机敏[11]。"至于"人身上的所谓技艺、智慧和机敏，在某些动
物身上有相对应的同样性质的天赋本能"[12]。总而言之，在判断
力、务实性和适应具体环境方面，蜜蜂是大自然中的宠儿，甚至
可谓鹤立鸡群！

具有公民意识的蜜蜂

但这尚不能为亚里士多德提供足够的证据以支撑他将蜜蜂
称为"特殊而异乎寻常的种类"[13]。因此，他又提出了第三个特
性：这种审慎的昆虫也具有政治性。他曾两次在不同情形下论及
这一点。首先是在《政治学》的一个著名段落中，他强调了人类
城邦的独特性和优越性，其成员具有语言（logos）功能，共同
遵守道德原则。

因此，可以明确地说，人类是种政治动物，其政治性高于任
何蜂类或其他群居动物。因为，前面我们已经提到，自然不造无
用之物。而在各种动物中，唯有人类具备言语功能。声音可以表
达悲欢，即便是动物也不例外，但语言则可用来说明事物有利或
有害，合乎正义或不合正义。人类之所以不同于其他动物，就在
于能辨识善恶，懂得正义及其他类似观念，而家庭和城邦的形成
正因为这种共同观念。[14]

　　亚里士多德在《动物志》中再次阐述这一主题，但视野有所不同，他主要比较"动物的生活方式和行动"：

　　无论是有足或有翼动物，或适于水中生活的动物，均有群居与独居之分；有些动物兼具两种习性，既可独居，也会群居。在群居动物中，有些趋向于社会性的联合营生（politika），另一些仍个别营生（sporatika）。群居动物，在鸟类中有鸽、鹤、鸿鹄（天鹅）之类。看来，凡具有钩曲利爪的鸟都不群居。就水中生物而论，多种鱼类鱼群喜爱群居，所谓洄游鱼，如金枪鱼、贝拉米鱼、弓鳍鱼（鲣）皆可举以为例。至于人类，则兼备群居与独处的混合习性。凡社会性动物，在它们的社会中，必然存在某一共同目的：这种社会性质，并不是一切群居动物所概有。只有人、蜜蜂、胡蜂、蚂蚁与鹤才是这样的社会性动物。另外，这些社会性动物，有些服从一个统治者（hêgemona），另一些没有谁为之统治（anarcha），例如鹤与某几种蜂是服从于统领的，而蚁和其他许多生物则各自为主。*⑮

　　在第二个节选中，人类与蜜蜂之间的差别似乎全然消失。亚里士多德在此着重强调人类城邦与蜂巢的共同之处：集体生活、单一住宿区、交流分享、服从于一个统治者。但在人类城邦与蜜蜂城邦的比较中，还有一点极为关键：两者均汇集了不同的个体，一如城邦汇集了奴隶、外邦侨民、公民、奴隶主等，蜂巢则由蜂王、工蜂、雄蜂以及另外两种蜂，即长蜂和盗蜂组成，后两者的繁殖不宜太多。在动物世界中，同一单元中

*　亚里士多德：《动物志》，吴寿彭译，北京：商务印书馆，2013，第20—21页。——译注

拥有如此丰富的多样性可谓绝无仅有，值得我们细细审视其管理系统。细心的读者会提出如下问题：蜜蜂没有人类那么富有政治性（见32页引文），但又拥有人类那样的政治性（见33页引文），这怎么理解？

亚里士多德的回答极为清晰：人和动物的政治性表现方式不同。蜜蜂不需要语言来构建其城邦：它们"自然而然"地富于政治性；而人生来"自然而然"拥有语言能力，因而是政治动物，这十分"合乎逻辑"。这就是为什么人类的城邦没有蜜蜂的蜂巢运作得那么好。人类由于需要技艺、研究和决议来构建城邦，因而显示出高于动物的种种迹象。然而，人类一旦对这些才能运用不当（这种情形经常出现），便随时会陷入糟糕甚至悲惨的境况。从政治角度而言，蜜蜂或许没有那么富于哲思，然而却比人类明智！

这就解释了亚里士多德为什么从不从蜂巢的生活中吸取政治或道德教训。在古希腊、古罗马，他的这种态度谨慎无比。与大部分后继者相反，他并不认为蜂巢是一个理想的君主国或共和国。虽然他发现蜜蜂卫生、节俭、纯洁，不喜欢腐烂的物质和过于浓郁的芬芳，甚至远离蜂巢去排便⑯，但他从不将之作为人类的榜样。在亚里士多德看来，蜜蜂既不神奇又不虚幻：描述其集体组织的终极目的已足以完成自己的计划，无需在世界之美感、秩序、和谐上添枝加叶。

蜜蜂的蜂巢宛如大宇宙中的小宇宙，我们一旦明白其双重终极目的——采蜜和贮蜜，便对其运作了然于心。蜂巢的经济模式、蜜蜂的多样性和"习性"都被认为是实现这两个目的的自然手段，即帮助蜜蜂以最为完美的方式自我实现。在古代，蜜蜂所谓的"道德素质"或"技术素质"备受赞誉，其实那不过是大自然和谐的表现。正如亚里士多德所言："在大自然的作品中，目的性与美大大多于艺术作品。"⑰

神性蜜蜂是如何诞生的？

　　关于蜜蜂的论说本可就此打住，但亚里士多德多次强调蜜蜂异乎寻常的特性，有夸大其词之嫌，由此引出关于蜜蜂的第四个形容词：蜜蜂除了会酿蜜、慎思、富于政治性之外，还被亚里士多德认为具有"神性"⑱。或许我们可以从亚里士多德近乎"科学"的做法中看到某种神话"故障"。也许他对自己的方法不甚自信，曾一度倒退，甚至一时闪失，在科学观察中混入宗教成分。但这样想就大错特错了，这无疑是忘了对亚里士多德而言，宇宙本身就是充满神性的。神性这个词的第一层含义是：不会消亡，超越不朽，达臻永恒……

　　这恰好是亚里士多德在他关于灵魂的论述中所指出的。他想告诉大家的是，要理解神性，传宗接代问题极为关键：

　　假如生物完美无缺，或传宗接代不那么容易，那它最自然的作用，就是创造出另一个和它相同的生物，动物生动物，植物生植物，以此尽可能地达到永恒和神圣。因为这就是所有生物所追求的目标，是所有自然活动的目的。⑲

　　亚里士多德补充道，每个生物都希望永恒，但由于不能"以持续的方式成就永恒与神圣"（因为大部分生物都会衰亡），所以只能透过物种繁衍参与宇宙的永恒。换言之，在亚里士多德看来，生殖繁衍本身就带有某些神圣的意义。

但蜜蜂在参与神圣上有何特别之处？拥有什么其他生物所没有的东西？在亚里士多德看来，蜜蜂的生殖方式使它异乎寻常，他认为，蜜蜂不采取任何一种惯常的生殖方式，其传宗接代既不借助自发生成（这是古代常见的假设——牛生蜜蜂*，亚里士多德对此避而不谈），也不借助两性繁殖（这对我们来说是最为奇特的）。直到最近，全世界最细心的蜂巢观察家也未观察到蜂巢的住客之间有任何关系，其性别特征一直是个谜：蜜蜂是雄性？雌性？双性？变性？无性？我们甚至怀疑它们是否属于同一个物种。

正是蜜蜂的这一自然特性引起了亚里士多德的极大兴趣，他在《动物之生殖》中花了很长篇幅去论述这个问题。蜜蜂具有双重的非正常性：不仅"不经交配而行生殖"（这已经够令人惊奇了），而且"所产竟非同品种的幼体"（这简直太神秘了）。

以下是该段落的开头：

蜜蜂是动物界中一个特殊的异乎寻常的品种，其生殖似乎也很特殊，蜜蜂不经交配而行生殖犹可援例于其他动物，**而它们所产竟非同品种的幼体，这就是它们的独特之处了**（此处为笔者所强调）。因为红鳍所产固仍为红鳍，康那鳍所产固仍为康那鳍。推究起来，蜜蜂的生殖方式是不相似于诸蝇以及相类诸种属的，它们由领袖们行其繁殖。而这些领袖们于品相异却又和它们为相亲近的同一个种……关于与蜜蜂为近亲的诸动物，如黄蜂和胡蜂的生殖，所知一切实例都在某种程度上相似，但像蜜蜂族那样的

---

* 参见《采蜜篇》之三。

特殊方式，它们却是没有的，它们原就没有蜜蜂的神性。*[20]

　　因此，蜜蜂以超凡脱俗的方式参与了生殖之永恒：它并不满足于生殖同品种的后代，而是生殖与自己不同品种的后代，可以说这是一个高尚的神品，与其他动物平庸的生殖方式完全不同。而这正是让亚里士多德着迷不已之处，因为生殖异于自己的后代这种能力，对于富有形而上精神的他而言，无疑是一把钥匙，有助于解答一个更为宏大的问题：万物起源和世界运作的问题。如何从无到有，从单一到众多？如何思考存在的变化，统一个体的多样性？在亚里士多德看来，蜜蜂的生殖问题成了一个本体论问题，即一个事关真实的本质问题。以下便是他的分析和提出的解决方案，他将观察与推理合而为一，今天的读者绝不会因此感到困惑。因为，对他来说，蜜蜂的生殖问题与逻辑分析结果并无二致：结论产自大项和小项，正如儿女生自父亲与母亲一样……其必然性毋庸置疑（自然推理出现错误而催生的妖怪除外）。

玄学蜜蜂

　　蜂巢的非凡之处在于它汇聚了三种不同的居民，其性别与关系无从确定且神秘无比：蜂王、懒蜂（雄蜂）和最出色的蜜蜂

---

* 亚里士多德：《动物四篇》，吴寿彭译，北京：商务印书馆，2010年，第532—536页。

（工蜂）。

为了揭开这一谜团，亚里士多德首先收集"数据"。然而，设想工蜂为雌性，懒蜂为雄性，这似乎不太可能，因为他发现：

一、工蜂长有螫针，而"大自然不给任何雌性以作战的武器"。但设想懒蜂为雌性、工蜂为雄性也不甚合理，因为诸动物的雄性不习于保育儿女的工作，而负责保育儿女的却正是工蜂。我们在此暂且抛开当代读者可能会提出的反驳意见，因为亚里士多德当时毕竟不了解性别理论！

二、从未发现蜜蜂交配，无论是各种属内部还是不同种属的个体之间（如工蜂与懒蜂之间，工蜂与蜂王之间），均未发现过交配情况。

三、经观察发现缺少蜂王时，工蜂子体是绝不会产生的（这就意味着蜂王对工蜂的繁殖至关重要），但"于懒蜂而言则蜂巢内若无蜂王存在，也曾见其出生"（可见其生殖与蜂王无关）。

从上述因素出发，哪种设想可取呢？唯一可能的方案是工蜂兼具雌雄二性，它们不经交配而繁殖懒蜂的子体。也必须考虑到，在工蜂的繁殖中也出现了相似程序：这些工蜂由"领袖蜂"所产，"领袖蜂"也是雌雄同体，自主生殖，即蜂王生蜂王和工蜂，而工蜂则生懒蜂。原文如下：

> 这里仅可有的方式只能取例于某些鱼种：工蜂不经交配而产生了懒蜂，工蜂于生殖功能而言确乎是雌性，但伴同其雌性，却有如植物的情况，兼含雌雄两性因素。因此它们也具备防卫的工具（尾刺）。为此故，我们于这种不存在分离的雄性的动物就不

该称它是雄蜂了。*㉑

　　亚里士多德为了强调这一推论，记下了一系列相似性：工蜂以尾刺像其领袖（而非体形），而懒蜂以体形像其领袖（而非尾刺，因为它们不长尾刺）。正由于这个原因，亚里士多德才将工蜂称为chrestai（最佳），因为它们是最适度的。这种"贵族性"有助于帮助我们理解蜂巢中的统治与被统治。㉒工蜂听命于蜂王并指挥懒蜂，因为它们之间存在着子嗣关系。蜂王可以游手好闲，因为它是"祖父"，而作为"子嗣"的懒蜂则会因懒惰而受到惩罚。至于工蜂，它"必须辛勤操劳，负责养育子女和父辈"㉓，因为它们是"成人"。

　　解释到此，亚里士多德必须回应另一个问题：懒蜂有何用处？这个问题十分微妙，因为所有观察者都说它懒惰、寄生、无用。如果它具有生殖功能（其实它确实有，参见《采蜜篇》之五），我们还能理解它的存在，但亚里士多德否认它有生殖功能。由于"自然不造无用之物"，我们总得为这些"无用之物"找出恰当的存在理由。以下是亚里士多德提出的理由：

　　自然总是为万物立其秩序，遵循自然的常规，于是，懒蜂相应地，虽欲生产其本品，也是**必不容许**（此处为笔者所强调）的了。我们所发现的实况恰正就是这样，懒蜂自己固然是出于生殖，而本身竟无所生殖；这种生殖方式的比例系列就在到达了第三项时而终止。自然安排得这样良好，让蜜蜂三品常得延续其存

---

* 亚里士多德：《动物四篇·动物之构造》，吴寿彭译，北京：商务印书馆，1985，第532页。——译注

在，哪一品都不至于亡灭，虽然它们不都能行生殖。*㉔

    因此，懒蜂如能生殖，便会产生连锁反应：生殖秩序会失调，蜂群数量过多，相互作用也会过多，而生产力则会不足。亚里士多德还补充道：“在蜂房内留有少数懒蜂也未尝不是一件好事，有懒蜂在群内，工蜂们就得格外勤奋……”㉕所以，为了维持蜂房的秩序和良好运转，懒蜂必须不孕不育……证据何在？懒蜂确实不孕不育，它的“生殖和繁衍无用性”就是生殖和繁衍成功的衡量因素。

    这一论据可加以拓展，用以解释蜂巢所有的失调现象。因为，其他观察者往往倾向于将蜜蜂世界理想化，亚里士多德则不然，他并不否认蜂房也会遭遇混乱和溃败。蜂群中有糟糕的蜂王，有盗窃的蜜蜂，有混乱无序的种属……然而正是这种失调构成了最终的和谐，所以它是必不可少的。养蜂人的工作证实了这一点，他若要“高效”，就必须借助养蜂术来长期维持蜂房的平衡，效仿自然独有的尺度。他要有分寸地采集蜂蜜，不能过多，也不能过少；必须细心地掌控蜜蜂在蜂巢中的活动空间，巧妙地刺激蜂群，使它们不至于沉湎于懒惰之中。今日的养蜂人对“适度”的中庸思想仍信守不渝。在这方面，养蜂术与玄思可谓不谋而合。

    亚里士多德对蜂房的分析，对后人产生了深远的影响。包括亚里士多德的忠实弟子，如阿里斯多马克·德索尔（前3世纪），据说他花了五十八年来观察蜜蜂；还有德奥弗拉斯特（前

---

* 亚里士多德：《动物四篇·动物之构造》，吴寿彭译，北京：商务印书馆，1985，第533页。——译注

371—前287），他曾撰写过一本《论蜂蜜》，但现已失传[26]，以及加图（前234—前149）、瓦罗、维吉尔、希金、普林尼（23—79）、科路美拉（1世纪）、帕拉狄乌斯（4世纪）等古罗马作家，以及基督教神甫、大多数中世纪作家（包括信仰犹太教、基督教和伊斯兰教的作家）和当代作家，他们都援引亚里士多德的文本，但大多忘了以下建议和总结，即他在论述蜜蜂生殖之后做出的结论：

关于蜜蜂的繁殖，凭理论为之推想，更从所征信的事实以为佐证，所昭示的真相就是这样。可是，蜂群生活的实况是尚未充分明察的；后之来者，将益穷究于它们的事情，真理苟托之于推想（理论），毋宁归重于观感，理论只有在它们符合观察所得的众例时才能成立。*[27]

这种怀疑十分可嘉，然而亚里士多德的后人却长时间视而不见，满足于援引其权威著作而不去做深入推理和观察。长久以来，哲学家和博物学家宁愿读亚里士多德的著作而不去观察蜜蜂，直到博物学家施旺麦丹（1637—1680）出现。他通过显微镜观察，发现蜂王竟是个蜂后；后来，才华出众的于贝（1750—1831）又了解到了蜂后受精的过程，电影《采得百花成蜜后》[28]则借助神奇的机载迷你电子摄影器拍下了蜜蜂炽烈交尾的画面。但让我们记住亚里士多德的教诲，在他看来，蜜蜂之所以宝贵，有三大理由，这也正是他那么关注蜜蜂的原因：

一、蜜蜂和人类一样，生性慎思，富于政治性和神性[29]，能

---

* 亚里士多德：《动物四篇·动物之构造》，吴寿彭译，北京：商务印书馆，1985，第535页。——译注

帮助我们思考人类的特性。蜜蜂虽接近人类，却不同于人类，其优点是与生俱来的，而人类则需努力靠知性和实践去进行自我修养。

二、蜂房虽然看起来时有反常，却证明宇宙最终是和谐的：蜂房作为小宇宙，其运作模式反映了大宇宙的运作，是"自然不造无用之物"活生生的写照。

三、蜂群复杂而神秘的生殖秩序，使我们可以设想"一物可以生出另一物"。如果我们想探究世界的奥秘，追溯世界的起源及其组织，理解其统一性和多样性，这就是一把十分珍贵的诠释钥匙。构成蜜蜂形而上特性的所有因素，尽在我们掌握之中，因为这一小小昆虫翩翩飞舞，指引我们解答最重要的问题。是的，我们真的可以像维吉尔那样声称："物小而景大。"

《采蜜篇》之四

蜂蜜来源的奥秘

关于蜂蜜的来源，亚里士多德在《动物志》卷五中的相隔几行之间，就蜂蜜的来源阐述了两个表面看似矛盾的说法。在第五段中，他称蜜汁是"在群星当空或虹彩昼现的时刻积储于花中"（《动物志》第五卷，第二十二章，第553页，第29—31行）。其证据是在昴星升空（即春天）之前，花中无蜜，而在秋天，百花虽然盛开，但蜜蜂已不再造蜜。但在六行之后的第七段中，亚里士多德又写道：蜜蜂"从有花萼及有甜味的花中采蜜，从不损害任何花果；它用一个类似舌头的器官取得花汁，带回巢内"。那蜂蜜从何而来？来自上天之露，还是地上之花？

在瓦罗（前116—前27）和其他拉丁农学家看来，蜂蜜如蜂胶、蜂蜡、花粉等其他物质一样，毫无疑问都来自花朵；他列举能产出上述各类物质的植物："石榴或芦笋只提供食物（花粉），橄榄树只提供蜂蜡；无花果树只产蜂蜜，但品质较差……金雀花产的蜂蜜更好些，但品质最佳者产自百里香"（《论农业》，第三卷，第十六章）。维吉尔是这样描述蜜蜂采集花蜜的，"它们如此喜欢朱红色花，并且骄傲地酿造其蜜"。科路美拉极为详尽地描述了蜂巢所应安置的花卉环境，列出了三十八种可以酿蜜的花朵（而维吉尔只列出三十种），并排列出花蜜滋味优劣的次序："百里香蜜最美味，继而是风轮菜蜜、欧百里香蜜、牛至蜜……丛林蜜是品质最差的蜂蜜，因为它主要来自染料木和野草莓树。"（《农业论》，第十九卷）总之，古罗马人更富于田园情怀，宇宙意象似乎已然消失，纯粹从实用考虑：蜜蜂可谓形而上学之粮草，它们犹如善良的小农妇，和罗马人一样好战！

　　然而，老普林尼在《自然史》（第十一卷，第十二章）中为我们概括了亚里士多德介绍的两种情况，提供了揭开这个谜团的钥匙："这种物质（蜂蜜）来自空中，尤其是当星辰出现在天空时，主要是天狼星熠熠发光的时候，绝不会在昴星升起之前。拂晓时分可见树叶凝结了蜂蜜的甘露，清晨外出的人们会感到衣服和头发被一种黏稠的液体粘在一起。这是上天的汗水，是星辰滴落的唾液，是空气为自行净化而喷洒的汁液。总之，它秉承了上天赋予它的本性，纯洁而清澈，涓涓而流！"

　　老普林尼继续说道：从天空滴落的蜜原先很纯洁，之后因蜜蜂在树叶和花朵上舔舐而变脏并"为百花的汁液沾染，在蜂巢中浸泡，经千百次变化，但仍令人无比愉悦。这是它源自上天的缘故"。

　　所以，花朵不过是用以承载从天上掉下的物质的载体，但并非中性，而是在其所接纳的产品中打上了自己的烙印。"最绝妙的是，它拥有最美妙的花朵作为储存器。"然而，天穹的影响及星辰的方位对蜂蜜的品质起着决定性的作用，蜂蜜往往形同真正的琼浆玉液。

　　"在星辰升起，尤其是第一批星辰升起之后，或在彩虹出现之后，如果不下雨，晨露随着太阳的光芒而变暖，所形成的则不再是蜂蜜，而是用于治疗眼疾、愈合伤口、调和内脏的天赐良药。如果我们是在天狼星升起之时采集蜂蜜，而且那时天空中也出现金星、木星或水星，这种情况经常出现，那么这种甜美无比的甘露以及它所蕴含的品德便能让人起死回生，犹若神妙的琼浆玉液。"

　　简而言之，对于古人而言，蜂蜜的形成共有四个步骤：

　　（1）蜜露从天而降；

　　（2）蜜露与地上空气接触；

　　（3）蜜露滴落在花萼中，并吸取花朵的特殊味道；

　　（4）蜜蜂采集花蜜并运回蜂巢中贮存。

　　这一解释在当代人看来不免有点异想天开，却绝妙地阐释了宏观世界（星辰）和微观世界（花朵）细微而深邃的感应互动。二者相互作用，通过蜜蜂酿造出和谐至极的蜂蜜。

　　如今，这一奥秘已完全揭开：根据2003年6月30日颁布的第2003-587号法令，"蜂蜜是一种天然的甜性物质，植物的浆液、植物活性部分分泌的液体或吮吸式昆虫留在植物上的排泄物，经由蜜蜂采集、转化，与特殊物质调和，并将其放置、干化、存贮于蜂房中留待成熟"。星辰的布列、神妙的琼浆玉液和甘美的晨露，这一切都已显得非常遥远，但蜂蜜的奥妙却远未彻底揭开。

　　当然，我们知道，蜜蜂为了酿造蜂蜜，首先会利用由许多植物所拥有的"蜜腺"分泌出的花蜜。花蜜一般位于花朵内，有时也会聚集于叶子或茎秆上。蜜粉源植物所分泌的花蜜数量多寡不定，会受到诸多环境条件的影响，如气温、空气湿度、大气压力等，即取决于天气。例如，金合欢花只在气温高于18℃时才会分泌花蜜。

另外，有些蜂蜜，如松树蜜，并非来自花蜜，而是来自树蜜，即上述法令中所说的"吮吸式昆虫留在植物上的排泄物"，它其实就是蚜虫的粪便。这似乎不太利于商业广告，而且树蜜后来还将由蜜蜂多次吞咽和吐出。但我们不妨忘记这一过程，因为所得结果还是值得品尝。总而言之，甘露蜂蜜的产生须有第三者存在——一只蚜虫，独特的寄生虫——在它寄居的植物上，以植物的乳汁或树脂为食，并排出未能消化、类似糖浆的甜性物质。在阔叶或针叶上，在树脚的植物上，糖浆如果数量很多，确实会给人一种天降甘露的印象。这种蜂蜜也被称为"甘露蜂蜜"（manne），寓意《圣经》中希伯来人在沙漠中的天粮。这一名称被多个地区使用，尤其是法国中央高原的森林地区。长在欧洲冷杉上的蚜虫有一个很美的名字：冷杉蚜。甘露蜂蜜产量的多少直接取决于蚜虫群落的繁殖情况。而蚜虫的繁殖则十分复杂，取决于上一年冬天和春天的天气情况。蚜虫的繁殖可以聚集在某一区域，瞬间发生，也可以是零繁殖，或者在某些年份整个夏季繁殖数目多得惊人，这就增加了其神奇色彩。而当几天之内，松树的甘露大量出现，信息就会四处传播，数百个蜂巢会从周边的省份迁来，纷纷出现在树林中和树林边。因此，虽然养蜂人都知道甘露蜂蜜并不是从天上直接掉下来的，但由于其不可预见性，每次蜂蜜酿成，在他们看来都有几分神奇色彩，好像是某种奇迹发生，如同"天赐之物"（参见插图3）。

插图3 蜂蜜、花粉和少许花蜜

摄影：缪德·达瓦佑

《采蜜篇》之五

你们一直想知道但从未敢发问的
有关蜜蜂的性别知识

与亚里士多德的说法相反，蜜蜂确实有雌雄之分。雄性的为雄蜂，雌性的则为工蜂和蜂后，蜜蜂在某些情况下确有交尾行为。但亚里士多德说蜜蜂不经交配而行生殖，即"孤雌生殖"（parthenos）*，这是对的。实际过程如下：蜂后出生后不久便在蜂巢外的飞行中受孕，授精者为来自邻近蜂巢的雄蜂（异国情调永远富有魅力）。交尾一旦完成，蜂后就猛地离开雄蜂，撕断雄蜂的生殖器，并将其置于死地！蜂后把一日之爱中收集的精子储藏在一个称为精子袋的小囊中，随后便"随心所欲"地给自己产出的卵子受精，使其成为受精卵。蜂后一生中能产出三十万到四十万粒卵子。通过孤雌生殖，受精卵生成雌蜂，非受精卵生成雄蜂。蜂后则生自一个卵，继而是一个与其他雌蜂（工蜂）别无二致的蜂蛹。唯一不同之处是出生后的第三天，有些蜂蛹被继续用蜜蜂分泌出来的乳汁即蜂王浆喂养。这些经过选择的蜂蛹发育有所不同，成蜂体形更为肥胖，寿命更长，而且与工蜂不同，它们能够受孕。在蜂巢

* 该词在希腊语中是"处女""单性"的意思。——译注

中，一般是蜂后死去或开始分蜂时，即蜂后需要更新换代时，这种特殊养殖才会出现。但如果蜂后的更新换代太晚，工蜂可以在不受孕的情况下产卵，生出雄蜂，此时蜂巢被称为"雄蜂巢"。可以说，蜂巢中的雄蜂是没有父亲的，属于不经医学辅助受孕（PMA）的单亲繁殖！……这得由大自然说了算……

2. 蜜蜂与罗马和平：维吉尔

蜜蜂加入古罗马军团

我接下来要继续讲述，我要咏唱蜂蜜，那是上天的甘露，是天赐的礼物。呵，梅塞纳斯*，请看——蜂蜜从天而降。通过这微不足道的生灵，我要让你欣赏伟大的景观：高尚大度的国家首领，振奋整个民族的风气，人民的激情和斗争。如果嫉妒的神灵任由诗人咏唱，如果阿波罗的心愿得到满足，则主题虽小，却光荣无上。[30]

维吉尔可以放心了：大凡缪斯、天神和人类都不会阻止他咏唱蜂蜜、歌颂蜜蜂和讴歌蜂巢。相反，他的诗歌深得各方圣人的崇尚和青睐。而且，说句实话，他运气很好。自公元前31年9月亚克兴战役以来，屋大维即后来的奥古斯都击败了最后一名对手安东尼。胜利归来后，他独霸一方，但并没有像恺撒大帝那样称王称帝，而是以为他人服务为借口，逐渐建立了一个被人称为"帝国"的新政权，但开始的时候，像是共和国的延续。维吉尔便是他的第一个智囊团[31]里的人物。该智囊团以屋大维的挚友梅森为首，包括贺拉斯、普罗佩赛、奥维德、伽卢斯、提布鲁斯

---

* 盖乌斯·梅塞纳斯（前70—前8），古罗马帝国皇帝奥古斯都的谋臣，外交家，同时是诗人、艺术家的保护人。诗人维吉尔曾蒙他提携。

以及历史学家蒂图-李维。他们都或多或少地投入了奥古斯都提出的"重建罗马"计划。因为经历了漫长而痛苦的内战，共和国和罗马各省都希望恢复秩序，重建家园，国泰民安。正是在这种背景下，维吉尔的第二部著名诗集《农事诗》应运而生，并发挥了它的作用。诗中讴歌罗马乡村逝去的黄金时代，怀念简朴、安宁、祥和的生活，期盼全面的新生。在历经政治纷争和战争的蹂躏之后，需要回归最重要的东西：和平与秩序。真正的荣光与英雄主义正体现于此，而非疆场与喧嚣。维吉尔所有的作品都是要捍卫这些原则。他的墓志铭是他一生最好的写照："曼图亚生育了我……那不勒斯守候着我。我曾歌唱田园（《农事诗》）、牧场（《牧歌》）与君王（《埃涅阿斯纪》）。"无论是原始大自然的沉思者，还是讴歌农事的诗人或君主的辩护者，维吉尔说的都是罗马和平。

在这部如今即便是反对异教的基督教徒也崇仰有加的宏大力作中，如何解释小小的蜜蜂占有巨大的篇幅呢？因为《农事诗》的第四卷谈的全都是蜜蜂，这对于一部意在讴歌整体田园生活的诗集而言，不免过分夸张。第一卷写劳作和谷物耕作，第二卷写树木种植，尤其是象征地中海特性的葡萄和橄榄，第三卷写各种畜牧活动，这些都十分合理，容易理解。然而，如何解释维吉尔居然用整卷篇幅，而且是最后一卷来写蜂巢和养蜂呢？须知养蜂业仅仅是乡村经济极小的一部分。

在此补充一点，第四卷诗确实优美动人，但也颇为奇怪，因为它文体雕琢、考究、简洁，细致入微地描写蜂巢，为蜂农提供技术建议，向公民提出政治暗示，为人类的焦虑提供道德箴言和哲学良方，最后以阿里斯泰俄斯的神话传说收笔。

但对于我们的主题而言，这却是一个无与伦比的巅峰。因为维吉尔在该卷中用六百行诗，概括了"蜜蜂的各种可能的哲学用

插图4 维吉尔一边观赏蜂巢一边撰写《农事诗》

源自维吉尔《农事诗》手稿的一幅画 (1469)，第戎市图书馆。(Ms493)/© 第戎市图书馆

途"（参见插图4）。在他的眼里，蜂巢就是世界和谐的象征，可以成为我们的行动指南，使我们臻于完善。它给我们了解世界的无序提供了钥匙，是宁静智慧的典范，几乎无需任何努力就可以效仿，因为它是如此清晰地展现在目光短浅的我们面前。总之，蜜蜂身上的一切都可以帮助我们思考和生活。根据安德烈·孔特-斯蓬维尔对哲学的绝妙定义，它甚至有助于"思考生活和体验思想"。

今天要解读和欣赏这部著作，必须做出带有某种亵渎意味的行为，对它进行稀释、分解和分析：对待一首诗，没有比这更糟糕的方式了。因为诗歌和蜂蜜一样，要用卓越的艺术进行浓缩，才能体现出它独特的韵味。但时过境迁，很多暗示已经不可辨认，历代的效仿、引述和评论已经使得原创模型变得枯燥无味。因此要借鉴盲品式品酒法，分开香气，以品味其平衡。要剖析厘清维吉尔巧妙编织的内容，区分我们所感兴趣的有关蜜蜂的三种观点。

一是农学家角度，这位农学家兼具养蜂专业顾问和博物学家的身份。维吉尔出生于乡村，他深知农人有特殊的知识和天分，那是一种伟大的智慧，需要学会去聆听。二是伦理学家甚至是政治学家的观点，远距离看问题，在进行道德教诲的同时，不忘以古论今。在这方面蜜蜂也是绝佳的例证。三是哲学家和贤人学徒的观点，即维吉尔本人的观点。他曾迷恋伊壁鸠鲁学说，如饥似渴地研读卢克莱修以及斯多葛派学者的著作。维吉尔希望从蜜蜂身上找到关于人类境遇的基本问题的答案。总而言之，从维吉尔身上，我们找到了蜜蜂的精华，它聚集了理论、道德和智慧三方面的内容。蜜蜂回应了哲学思考的所有问题，即多年后康德所说的：我能知道什么？我能做些什么？我能够希望什么？康德指出，这三个问题可归纳为一个问题："什么是人？"他说，因为人是唯一会提出这种问题的生灵。但维吉尔有勇气走得更远，提出了"什么是蜜蜂？"的问题。因为据他看来，这些问题的答案都可以从蜜蜂身上找到。

农学家蜜蜂

在达到一定的精神高度之前，让我们像维吉尔那样，从最简单的事情开始。第四卷一开始就向养蜂人提出了一系列极明确的建议。维吉尔首先强调要悉心选择安稳理想的养蜂场所，蜂箱要避风，不能受到动物的危害，附近要有水源和繁茂的花草。"周围要有苍翠的桂树、香飘百里的野百里香、宝贵的浓香薄荷繁茂开花，还有紫罗兰花圃啜饮滴滴甘泉"[32]。

场所选好之后，养蜂人必须建造蜂房，尽量不要让蜜蜂遭受过冷或过热的刺激，同时要学会观察蜜蜂的小小世界：辨别和选择蜂王，观察每种蜜蜂所完成的工作，避免扰乱蜂巢的天然秩序。这才是艺术！随后，在顺应时节和仔细观察自然环境的条件下，才能考虑采集蜂蜜。采集完毕，工作远未完成：养蜂人还必须监督、护理和保护蜂巢，保证其免受天敌、自然灾害和疾病的侵害。

对于后者，维吉尔提供了非常具体的建议："我劝你们在蜂巢里烧上松香，用芦苇秆引入蜂蜜，这样便可马上驱使倦懒的蜜蜂外出，到熟悉的花田采蜜。也可加上捣碎的美味没食子和干玫瑰花，以及用大火熬成浓汁的甜酒、晒干的普西提葡萄、凯克罗普斯百里香和气味浓郁的矢车菊。"[33]

初次阅读此诗集，会给人双重印象：蜜蜂世界是一个既和谐又脆弱的世界。蜜蜂总是处于两个相反生物种类的分水岭上，是亚里士多德所提到的对生存条件十分挑剔的典型。它的环境不能太热也不能太湿，需要空气但不能有风，需要花朵，但并非随便任何品种的花朵，等等。我们从中可以看到，蜜蜂消逝的威胁早已存在，并非现今才有：早在远古时代，人类就对蜜蜂的际遇忧虑重重，因为蜜蜂是反映人类命运的一面镜子。

维吉尔沿用古代的一种真正的文学体裁——农学专著，细致入微地描述了蜂巢世界。对于我们这些习惯于区分风格和体裁的当代读者而言，这类著作别具一格。在我们看来，诗人应该写诗，工程师应该撰写技术报告，学者应该写学术文章，哲学家应该写晦涩难懂的哲学专著，各人专攻各自专长的领域，不然容易贻笑大方！然而在古代，情况绝非如此。如果从当时形成的共识出发，大自然"浑然为一"，政客撰写葡萄专著、将军提供饲养绵羊的建议、雄辩家是橄榄的行家里手，这没有任何不正常。而且，当时的一些大文豪或大思想家如加图、瓦罗、希吉努斯（前64—17）、普林尼、科路美拉等都是乡村土地的所有者（参见《集锦篇》之二）。

这些作者相互拜读、引述、批评对方的著作，在这上面所花的精力多于观察事物的精力。在这群文人墨客当中，科路美拉可谓绝无仅有，因为他写蜜蜂的时候，拒绝任何类型的诗歌或象征主义。他对蜜蜂的解读（参见《采蜜篇》之六）可以让我们回过头来理解是什么原因促使维吉尔如此严谨、细致入微地描写蜜蜂，完全超越了简单的农学考量。《农事诗》的作者看得更高更远。

史诗蜜蜂

第二个层次的解读从对养蜂的技术建议转到一系列的道德和政治论述。

好了，现在，我给你们讲述朱庇特如何赋予蜜蜂这种本能，以奖赏它们在幽深的山洞里以花蜜养育天王（指宙斯在克里特岛伊达山度过的童年。参见第一章和插图1）。它们共同养育后代、拥有城邦，终生恪守严格的戒律，安居乐业，夏日辛勤采蜜，以便在严冬来临之前为蜂群备好食粮。㉞

在此，维吉尔又一次与其他拉丁作家的观点相近。那些拉丁作家也毫不犹豫地将蜜蜂视为道德的典范，把蜂巢当作是社会的理想模式，从某种程度来说，就是："工作，家庭，祖国"……

普林尼就属于这种情况，他发现"蜜蜂天性勤劳，完成既定任务，拥有一个政治社会，有独特的顾问和共同的首领，更奇妙的是，它们还拥有一种道德价值（Mores habent）"㉟。

瓦罗也同样。他在其专著的第三卷开头——罗列出蜜蜂所有的优点，认为蜜蜂是一种群居动物，一生辛勤劳动，生产率高，深谋远虑，甚至有先见之明，拥有无懈可击的几何技巧和久经考验的公民责任精神，而且非常讲究卫生，但厌恶奢华；它们生性和平，只是在自己的城邦遭到侵袭时才奋力反击，那时，它们会无比勇敢，不惜牺牲。蜜蜂也是名副其实的生态卫士，是可持续发展的捍卫者，因为它"绝不浪费所采集的任何东西"，而且对蜂巢的首领忠心耿耿，在所有民事和军事行动中，它们都严守纪律。

我们在维吉尔以及更为权威的古罗马时期的希腊历史学家伊利安（175—235）的著作中都能找到同样的主题。后者在其《论动物本质》中描述的蜜蜂因有过多的溢美之词而显得滑稽：

> 蜜蜂过着纯洁的生活，绝对不会去吞食任何动物。它不需要毕达哥拉斯（主张素食主义）的教训，只以花卉为食。它异常节制，厌恶放任自流和懒散的作风。证据如下：它像对待一个犯下致命错误的敌人那样去追逐洒香水的人，能辨识出刚发生不当性关系的男人，会把他当作是最坏的敌人进行驱赶。此外，蜜蜂还英勇无畏，在任何动物面前都不会因懦弱而退却，而是与对方展开肉搏。[36]

面对一个拥有如此多美德的生灵，养蜂人只能洁身自好！

与农学家同行比起来，维吉尔在赞颂蜂巢的"道德"时，显得非常节制，但还是情不自禁地跨界，来谈论政治现实。第四卷诗中，有很长一段专门描写蜂巢内"两个蜂王之间的争斗"[37]。他叙述了蜜蜂如何在嗡嗡声中排列成两个敌对阵营，两军挥舞各自的旗帜，展开战斗。这显然是诗人的肆意发挥，因为蜂巢里从未发生过此类事情。然而对于当时的读者而言，这显然是暗示当年发生的内战以及安东尼与屋大维之间的冲突。在稍后的几行，维吉尔明确地说，被打败的蜂王必须由养蜂人消灭，养蜂人可以轻而易举地根据其外形认出它，因为"两个蜂王中的一个……会从它金色斑纹中喷出火焰，它就是胜者。可透过它的外形和金光闪闪的鳞甲辨认出来；另一个蜂王则丑陋不堪，懒惰成性，拖着一个圆嘟嘟的肚子"[38]（参见《采蜜篇》之九）。这无疑是影射安东尼，他在亚克兴战役溃败一年之后，便与克莉奥帕特拉双双自尽，而英武的屋大维则于公元前27年荣升为奥古斯都。维吉尔可谓伯乐识马。

如果认为这几行诗不过是溜须拍马，阿谀逢迎，那就大错特错了。诗人对屋大维的拥护程度要比这大得多。据说屋大维于公元前29年从东方胜利归来，因患喉咙顽疾，须在坎帕尼亚歇脚时，维吉尔曾亲自为其朗读《农事诗》。毫无疑问，优美甜蜜的诗歌起到了很好的疗效，总之，朗读持续了整整四天。维吉尔嗓子沙哑时，就由梅森代替他接着朗诵。

而且我们可以想象，朗诵结束后，两人肯定会相互交流讨论，甚至还可能谋划一些政治策略。因为在诗歌的背后，其实还有复辟古罗马体制的政治计划。通过对田园生活的讴歌，诗人希望罗马回归土地，回归其乡村本源。它承载着对黄金时代的记忆，对朴实简单、民风淳朴、高风亮节的往昔的留恋。维吉尔清楚地说："从前萨宾人过的就是这种淳朴的生活，那是雷穆和他兄弟所过的生活。骁勇的伊特鲁里亚就是在这种环境下发展壮大的，罗马也是这样成为世界最美好的城市的，只有它的城墙有七个城堡。"㊴

而且，《农诗事》第四卷开头对安置蜂巢的建议让我们想起了建造罗马的故事，维吉尔把这个故事写进了史诗《埃涅阿斯纪》中。在阿里斯泰俄斯的神话末尾，蜜蜂从公牛和小牛尸体中获得重生，既表明过去的悲剧，也暗示战后的祥和。*蜂巢也以混合政府的面貌出现，由一个享有巨大威望的首脑领导，贵族

---

* 阿里斯泰俄斯的故事在公元前29年《农事诗》的最初版本上并未出现，当时的版本是以埃及总督加卢斯的颂歌收尾。但加卢斯后来失意，并于公元前26年自杀。维吉尔不得不修改作品的结尾，当时他已经开始撰写《埃涅阿斯纪》。

制度（由工蜂组成的元老院）和民主制度（平民阶层包括蜂巢里的民众，其中有雄蜂）并没有完全消失：那是"拥有一个首领的共和国"。而这一首领与其说是国王，不如说是第一公民（princeps）或首席元老（primus inter pares），罗马人对"国王"这个词及其意思深恶痛绝。他并非权力的所有者，只是神圣王权虔诚的受托人。罗马旗帜上著名的纹饰字母SPQR（寓意为了元老院和罗马人民）传递的就是这个意思。这正是历经二十年内战之后罗马所需要的角色，也是屋大维所巧妙扮演的角色：在全面掌控权力的基础上，严格遵守共和国形式。总之，我们发现在这首细腻微妙的诗歌后面，隐藏着"保守的革命思想"，根据这一思想，若要保留一切，就要改变一切。必须从罗马精神中最深刻的根源去汲取能够让罗马渡过苦难危机并寻回其地位的价值。《埃涅阿斯纪》阐明了这个世界观，但其实它在《农事诗》的蜂巢世界就已初现端倪。蜜蜂的小小世界之奇妙伟大，不仅仅是美学和抒情层面的，也指出了一条道德、政治和史诗道路。

介于伊壁鸠鲁主义和斯多葛主义的蜜蜂*

不过，这并非维吉尔笔下的蜜蜂所要传递的最后信息。我们的诗人敢于走得更远："借助这些迹象（行为），并基于大量例证，有些人说蜜蜂拥有神性，散发着天光，因为据他们说，有个

---

* 从花园到门廊的蜜蜂：伊壁鸠鲁学派以其创始人的花园（伊壁鸠鲁花园）而驰名；斯多葛主义一词源自stoa，原指门廊或柱廊，其创始人芝诺的第一所学校便建立于此类建筑之下。

神行走在天地之间，辽阔的海洋和深邃的天空都有它的踪影；牲畜、野兽和人类正是在出生之际从中汲取生命之源泉，而万物消亡归宗之时，也是生命之源泉的回归之处；他们认为死亡并不存在，而是飞向璀璨的群星，飞向最高的天际。"[40]

在阐述了农艺学、职业操守、严格的罗马道德纪律以及新近的政治局势之后，我们到达了诗歌的第三个即最后一个层次：哲学和神学的层次。诚然，维吉尔并没有将诗歌中提到的学说据为己有（"有些人说……"），但似乎仍抱有一定意图。研究该时期的著名专家皮埃尔·格里马尔认为，《农事诗》第四卷标志着维吉尔的思想开始发生变化，从青年时期的伊壁鸠鲁主义走向了成熟时期的斯多葛主义。这个观点值得关注，因为它使我们钟爱的小昆虫成为古代两大哲学学派的必由之路，这是"中介"蜜蜂所扮演的全新桥梁角色。

维吉尔原先是一个热忱的伊壁鸠鲁主义者，而这在当时的罗马并不总是被看好。我们知道，他在那不勒斯曾从师于伊壁鸠鲁主义学派的两位大师：西隆和费洛德穆。他读完卢克莱修的《物性论》之后十分激动，我们从他自身的作品中可以找到诸多痕迹。我们还知道，伊壁鸠鲁花园的学说对智囊团的成员维吉尔、贺拉斯和瓦里乌斯都起到了指导和激励作用[41]，而且从这个角度出发，可以更好地理解《牧歌》和《农事诗》的写作，因为其宗旨是讴歌大自然，仔细描写细节，赞扬自然之美。我们前面已经讲过，这种"回归大自然"不仅仅是道德层面上的，而且是形而上的：回归自然，意味着没有任何超自然的东西，因为自然就是一切。如何从这个角度去理解他向斯多葛主义的转变呢？

要区分伊壁鸠鲁主义与斯多葛主义并非易事。我们在二者之中均可找到相似的美德，他们都赞美安宁祥和的睿智，善于疏远世间的浑浊与恐惧。二者的泾渭分明之处在于他们看待世界的方式。对于伊壁鸠鲁主义者而言，偶然才是良缘之果：这是毫无意识、毫无智慧和毫无目的的机械作用的结果，在此机制中，物质的粒子根据自身的节奏在振动的身体内彼此相撞、相互组合。神可以存在，但条件是他们不能自认为在事物的秩序中一定能起作用。如果我们足够睿智，便应该像他们那样：平静地欣赏这不怎么需要也没什么用、脆弱且偶然的宇宙集合体。在斯多葛主义看来，恰恰相反，这一崇高的安排只能让人坚信：如果没有一个建筑师，至少有一种内在的法则来支撑这一整体。世界是一个宇宙，我们此前已对其做出定义：一个拥有活生生灵魂的和谐整体，带着至高无上、无比神圣的终极目标。

可以毫无困难地将这种对照转移至蜂巢的小宇宙中。伊壁鸠鲁主义与斯多葛主义都会不约而同地承认，蜜蜂拥有智者的所有美德：稳重、审慎、节俭。伊壁鸠鲁主义者或许会嘲笑蜜蜂的劳动热情，认为它们更喜欢劳动而不愿意享受恬静的休闲。德谟克里特就曾讥讽道："它们辛勤劳动，似乎觉得自己是永生不死的。"[42]最主要的差别在于养蜂人的存在和才华。一方面，蜂群不需要养蜂人就可以在大自然中生存和产蜜；蜜蜂犹如原子，通过碰撞就能瞬间组合（蜂巢、蜂蜜、蜂蜡等）：这就是伊壁鸠鲁主义的观点。但另一方面，蜜蜂的组织如此完美，好像有一种深刻的意图；蜜蜂又是如此脆弱，需要有人照料它们。总之，需要有宏大的胸怀去容纳小小的蜜蜂！于是斯多葛主义便出现了，根据皮埃尔·格里马尔的观点，对蜜蜂美好行为的描述"开始向（维吉尔）暗示神正论（神圣正义）的主张转变，那是一种与正统的伊壁鸠鲁主义水火不容的主张"[43]。由此引出此前我们已引述的关于蜜蜂神性的段落，该段落从毕达哥拉斯的回忆出发，似乎改变了诗人的视野。正如蜂巢需要有养蜂人，需要一个高尚的意图，罗马也需要一个睿智甚至是神圣的奥古斯都去强制它忠实于自我。这一转变将在《埃涅阿斯纪》中完成，维吉尔从此彻底远离了年轻时的哲学选择。

安基塞斯对来地狱看望他的儿子埃涅阿斯说了一番极具斯多葛主义韵味的话："在太初之时，有一股元气贯穿着并滋养着天地、寥阔的水域、明珠般的明月以及太阳提坦和群星，心灵贯注着全部物质世界的每个局部，与它融为一体，并且推动它运行。"㊹

而蜜蜂与这一世界灵魂是密切相连的，在这段话前面的一段描写中，蜜蜂被用以比喻冥府里那些飘浮游荡的灵魂："它们不计其数，就像晴朗的夏天，在一片草地上，成群的蜜蜂飞落在万花丛中，或围绕着雪白的百合花川流一般地飞着，田野上一片喧闹景象。"*㊺

但我们尚未走到这一步。因为在《农事诗》第四章中，哲学的模糊性仍未消除。在用以解决哲学的最关键问题，即死亡的问题的两种可能的途径中，就可以看出这种模糊性。

一方面，蜜蜂像伊壁鸠鲁学派哲人一样，教导我们不要害怕死亡，不要因为一些不良的情感而糟蹋我们唯一的生命。这是它们的教喻："在蜜蜂的习惯中，有一个非常奇妙：它们不喜交配，不会兴奋地去伺候维纳斯，也不会在痛苦中分娩。蜜蜂虽然寿命很短（不超过七个秋冬**），却能保持种族的繁衍，生生不息。"㊻蜜蜂的生命虽短，却过得非常充实，属于"无性"，即"无生殖行为"。它如同永恒的原子，既不会自生也不会自灭，为我们展示了不畏死亡的光明大道。它是大千世界的一分子，丝

---

* 维吉尔：《埃涅阿斯纪》，杨周翰译，上海：上海人民出版社，2016。——译注
** 关于蜜蜂的寿命，参见《采蜜篇》之七。

毫不受焦虑的困扰。

　　另一方面，蜜蜂又像斯多葛派哲人那样教导我们，只要明白自然是神圣的，永恒是可能实现的，那个时候，我们就可以依偎在永恒母亲的温暖怀抱中，发现"死亡并不存在，在有生之年，我们就将飞向天际，进入九天"[47]。这就是斯多葛派哲人眼中永恒的灵魂，深入最根本的现实，即升华到神圣境界（参见《集锦篇》之三）。

　　维吉尔笔下的蜜蜂，从伊壁鸠鲁花园飞向斯多葛门廊，但二者之间出现了一种合成活动，我们可以从他笔下那位名为塔兰托的睿智养蜂老人身上看到这一点[48]。老者曾是奇里乞亚（今亚美尼亚）的海盗，庞贝时期被流放他乡，生活不幸，年老体弱，所分得的耕田很贫瘠，既不宜种植庄稼又不适合放牧。但他是生态学家的先驱，深谙世间万物的内在平衡，巧妙地改良土壤的质地，种植各类花卉和蔬菜。维吉尔写道："深夜，当他回到家中，把自产的食物摆在桌上时，他骄傲无比，他的财富堪与国王媲美。"他的秘诀何在？蜜蜂在他贫瘠的土地上采花授粉，把它变成了一个宝库。这是一个农业宝库，更是一个生活宝库，简朴、富足、完整，完全摆脱了愚蠢的恐惧、虚假的希望和徒劳的期待，这才是真正的光荣。它比农学知识更安全，比最严谨的美德还崇高，比骄悍威武的首领还高尚，比最聪明的智者还智慧，比最有才华的诗人更卓越。这位谦逊而光荣的养蜂老人，用结满老茧的手和沉默的思想，掌握了整个大自然的奥秘。这就是维吉尔讴歌的蜜蜂：它是大自然浓缩的精华，至于它是不是一个宇宙，其实无关紧要……

　　当金色的太阳驱走寒冬，将其埋在地下；当天空在明亮的夏天重开笑颜，蜜蜂便翩翩起舞于灌木丛和树林之中，采撷红色的花朵，轻抚波光粼粼的水面，沉浸在甜蜜的生活中，悉心呵护幼蜂和蜂巢，巧妙地制作新蜡，酿造甘甜的蜂蜜。[49]

不久，塞内加也这样回应《农事诗》："我们真该脸红，我们还不如这些弱小昆虫智慧。"[50]

维吉尔这首诗中汇聚了蜜蜂可提供的所有用处：理论知识、神话叙事、实践建议、道德格言、政治思考、幸福生活的准则、渴望永恒、生存的悲剧和生命的简单。《农事诗》为我们提供了关于蜂蜜和蜜蜂的哲学精华，成为后世无与伦比的典范。只有诗歌才能将这些内涵囊括其中，且不分上下高低，因为和谐高于一切。两千多年之后，1911年诺贝尔文学奖得主莫里斯·梅特林克（1862—1949）也曾试笔，力图糅合全新的科学知识和洋洋洒洒的象征主义，怀念一个已经消失的宇宙秩序。《蜜蜂的生活》（1901）确实很精彩。然而，我们是否承认，相对梅特林克的抒情风格，我们更喜欢《农事诗》简洁的笔调？那些古老的诗句仍然极富感染力。

《采蜜篇》之六

科路美拉的蜂蜜

　　科路美拉（1世纪）是罗马乡村的地主，曾撰写过长达十二卷的《农业论》，其中第九卷专门论述养蜂技术，其内容准确得惊人，堪为精湛的养蜂专业论著，对当代养蜂人仍有借鉴意义。他给自己定的任务是还原展开维吉尔浓缩的内容。他首先向先人致敬，极力赞扬希吉努斯的博学，搜罗了古代的诸多知识；夸奖维吉尔才华横溢，赋予蜜蜂这一主题"诗意之花般灿烂"；祝贺塞尔修斯融合了上述两种才能。但他说，这些美妙的词藻对养蜂人的实地工作丝毫没有帮助。他还讽刺德谟克里特、马贡和维吉尔介绍的牛生蜜蜂的做法（参见第一章）：杀一头又肥又壮的牛以获得小小的一巢蜜蜂，是否划算？他对希吉努斯提出的下列技术也提出质疑：冬天将蜜蜂保存在干燥之处，然后夏天撒上无花果灰，放在太阳下晒，使蜜蜂重生。科路美拉认为这是一种不甚可靠的技术，认为更好的办法是悉心照顾蜜蜂，避免其死去！总之，他觉得关于蜜蜂的起源和交媾或有关蜂蜜来源的美丽神话和故事毫无用处：注重实际的农民对此毫无兴趣！在他所提出的种种建议中，科路美拉尤其强调选择蜂巢环境的重要性，其中第一个标准是周围必须有良好的花卉。随后，他建议使用轻盈的绝缘材料来建造蜂巢，以方便搬运，因为如果资源不足，蜜蜂必须转地采蜜。科路美拉补充道："为了蜜蜂本身，也应该这样做。如果蜜蜂生病了，不产蜜了，找不到食物了，必须要能把它们转移到另一个地方，而如果是建造固定的蜂巢就无法这样做。"（《农业论》第九卷，6）他描述了为跟踪不同花期的花朵，从春天的花朵到迟开的花朵（百里香、牛至、香薄荷）而进行的转地采蜜（《农业论》第九卷，14）。此外，他使用的观察方法也非常独到，比如，为了确定附近是否有野生蜂巢，并估量其距离，科路美拉建议给水边饮水的蜜蜂打上红色标记，并计算它们重新返回饮水的时间，这样便可估算出蜂群所在的距离。如果蜂群距离太远，无法单靠观察蜜蜂飞行的方向发现其所在，则只需在一根芦苇上放上少许蜂蜜，将一定数量的蜜蜂逮住，然后逐个放飞，此时只需观察每只蜜蜂飞行的方向，便可顺藤摸瓜，找到蜂巢的位置。

最后，科路美拉还详细描述了很多年后才被人重新发现且目前尚在使用的技术：剪断蜂王（蜂后）的翅膀，或孤立蜂群，以监测和预防分蜂；在失去蜂王的蜂巢中引入一个新的蜂王或将蜂王的王台移走；通过撒上糖浆和幽禁的方式，将数个过于疲弱的蜂群聚合起来；添入刚出生的幼蜂，以加强原有蜂群的活力。

这一段落令我们颇感惊讶，因为我们曾非常幼稚地以为，直到19世纪初，随着活框蜂巢的发明，才出现这类饲养和转移术（转移有即将出生的幼蜂的蜂脾），而这些技术其实早在科路美拉时代便出现，但为后世所忘记了。因此，奥利维·德塞尔（1539—1619）在《农业剧场和农田劳作》论述蜜蜂的那一章中，虽然引述了科路美拉的话，却对转移幼蜂和王台的技术只字不提，似乎认为此类做法在17世纪的法国无人能够理解。

　　然而，1766年，当德国牧师席拉赫先生介绍一种使用出生不足三天的雌幼蜂进行人工分蜂的技术时，却被那不勒斯的一位教授控告，说他抄袭了西西里的法维尼亚纳小岛早就沿用的方法。记载该事件的弗朗索瓦·于贝（参见第五章）告诉我们，那个地中海小岛如同著名的高卢一样，村民由于与世隔绝，才逃脱了一场集体失忆，将科路美拉描述的养蜂技术及其特殊的蜂巢流传至今。细心的读者也可从1087年巴贝里尼的绘画《逾越颂》中看到此类技术和蜂巢的清晰复制品（参见插图5）。

插图5　带有插图的《逾越颂》卷轴。右边为养蜂人将蜂群放进蜂巢中；其他养蜂人则正在活框蜂巢中采集蜂蜜。科路美拉在公元1世纪已描述过类似装置（参见《采蜜篇》之六）

巴贝里尼《逾越颂》（约1087年），罗马，梵蒂冈图书馆／©梵蒂冈图书馆

《采蜜篇》之七

蜜蜂的寿命有多长？

维吉尔以及在他之前的亚里士多德都弄错了，以为蜜蜂的寿命可达七年！数字的神奇魅力有助于传播这一观点：蜜蜂参与了宇宙的永恒。其实，这一切都取决于类别和季节。只有蜂后可以活上数年时间（最多是五年，但一般都是两年至三年）。雄蜂每年春季和秋季都待在蜂巢里，但粮食不足时会被赶出蜂巢，并被灭掉。工蜂的寿命则根据季节的变化而变化，确切地说，是依蜂后产卵的多寡而长短不同：春天少则数个星期，此时蜂巢中幼蛹数目最多；冬天多则数月，此时蜂后产卵数量减少，甚至蜂巢空空如也。然而，如果蜂后的新陈代谢好，不生病，不受到毒害，那蜂巢或许会……永远不灭。

《采蜜篇》之八

采收蜂蜜

维吉尔为采收蜂蜜提供了详细的建议，包括根据昴星升起和降落的时间来决定采收日期，或是为了不惹怒蜜蜂而应采取什么措施。这一段的开头是一句颇为晦涩的诗句，译者对其意思的诠释往往各不相同："Prius haustu sparsus aquarum ora fove"（《农事诗》）。

不同的诠释可归结为两种：一种是关于养蜂技术，另一种是关于养蜂人采蜜前的净礼。第一种情况是："先在你的嘴里注满水，必要时在蜜蜂身上喷洒出细细的雨滴"，字对字的翻译则为：sparsus ora prius，"先在嘴里注满"；haustu aquarum，"一口水"；fove，"让它保持温暖"（言下之意："然后再喷洒"）。*但在儒勒·杜沃（《拉丁古典作家》，1891）看来，这完全是曲解误译，源自4世纪的维吉尔注释家塞维尤斯。而下面第二种诠释则更受当代译家的赞同：prius，"首先"；sparsus，"你自己喷洒"；ora fove，"洁净你的嘴"；haustu aquarum，"用满口的水"。这一诠释与科路美拉等其他作家提出的建议遥相呼应，他们认为养蜂人必须纯洁净身："如果要接触蜂脾，（他必须）在前一

---

* 《新法解释拉丁工作者》，巴黎：阿歇特出版社，1853。

晚禁止交媾，不能酒醉或未沐浴就走进蜂巢，必须禁食所有气味浓烈的食物，如盐渍腌品或其汤液，不能散发大蒜、洋葱及类似食物的辛辣味"（《农业论》）。

但第一种译法少了些象征性，更多涉及现实中的养蜂法：为了在酷热时节让蜜蜂回巢或避免蜂群散失，养蜂人有时需要在蜜蜂身上洒水，最好有一个小型喷雾器，否则，用嘴含水喷洒也可以临时救急，而且还十分有效。如果文本本身及外在论据都无法确切地评定这两个版本，那我们不妨像拉丁语已忘得一干二净的外行人那样沉着而天真，大胆地提出第三个假设：因词汇和句法而产生了这种模棱两可，无从确定，但为什么不能把它当作是维吉尔著作的固有组成部分呢？维吉尔在诗的开头便以同样的激情论述完全不同的领域，重叠不同的语言层次，把养蜂建议、哲学、道德或政治论述融为一体。同样，要求养蜂人洁身自好，行净身礼，不也与旨在让蜜蜂安静下来的实际做法相吻合吗？这一双重语意（或双关语）唯有诗意表达方能为之。但实际上，蜂蜜采收又是什么样的情形呢？关键在于采收蜂蜜时，要避免任何感染，避免惹怒蜜蜂。如果只限于采收若干蜂巢的蜂蜜，则略作烟熏，逐框采收便可。但若采收期较长，涉及拥有数十群蜂群的蜂巢时，蜂蜜香味会引起骚动，波及所有蜂巢。此时宜穿上防护衣，戴上密封口罩，同时减弱烟熏，以避免蜂蜜染上其他气味。但如果天气不太热，蜂群的骚动可明显减缓，只需关闭蜂巢，外面的蜜蜂便无从与巢内的蜜蜂交流，传染骚动情绪。继箱的蜂蜜宜一次性采集，可用市政单位秋天用来吹扫落叶的吹叶机来驱赶蜜蜂。

如果蜂箱离家较远且数量较多，我们倾向于在傍晚时分，在继箱和巢箱之间插上一个用于驱赶蜜蜂的小型装置，允许蜜蜂从继箱飞向巢箱，但不让它们从巢箱飞向继箱。之后，养蜂人便可自由支配晚间的时间，在蜂箱附近露营或下榻邻近的小旅社，次日清晨回来，取出夜间蜜蜂已走空的继箱。这个方法并不省时，但最大的好处是，即便科路美拉有关性生活和饮食的建议忠告未被遵守，也不会引发蜜蜂或养蜂人的紧张情绪，造成刺激，更不会扰乱邻居的安宁。

3. 破译蜜蜂：波菲利

蜜蜂是不朽的灵魂

> 蜜蜂与心相似。蜜蜂花间飞舞，心灵奔向星星；蜜蜂采蜜，心采集光明。

> ——雨果《九三年》，第三章

由神奇的蜜蜂引领的哲学之旅，我们已经走过了一段很长的路：先是参观了亚里士多德广阔的自然宇宙，随后又应维吉尔之邀，在伊壁鸠鲁花园中徜徉，之后又推开了斯多葛主义的大门，但我们还没有谈及被当作哲学守护神的柏拉图（前427—前347）。他是否对蜜蜂三缄其口？这似乎不太可能，因为传说他出生时曾有蜜蜂停留他的嘴唇上，"使他口才如此甜蜜流畅"[51]（普林尼）。我们在他的著作中确实能找到关于蜜蜂的若干论述，其中一些对后世产生了深远的影响，我们后面会谈到。但在此篇末尾，我们想以一篇特别的文章来结束关于古代宇宙学这一章节。这篇文章题为《仙女洞》，出自公元3世纪新柏拉图哲学家波菲利之笔。

柏拉图的理想蜜蜂

波菲利的声誉主要得益于其导师普罗提诺（205—270），他是普罗提诺的忠实门徒，也是其著作的编辑人和传记人。波菲利本人并未出现在教科书上常见的哲学大家名单中，这无疑很不公平，却情有可原。首先是因为他的著作很少流传至今，其次是他所处的年代介于异教哲学与基督教神学的转折阶段，他不完全属于古代，但也还没有信基督，在我们眼里是处在黄昏明暗不分的时期，以至于难以把握。但在专家们眼中，正是这一特殊身份，赋予了他非常重要的历史地位。有些人把他视为"中世纪的导师"；他致马萨拉的一封信函被认为是"古代的遗书"；有些人则认为他是基督教基本教义的倡导者（如三位一体论[52]）。圣奥古斯丁尤为推崇波菲利，他身为基督徒竟对这位异教徒如此宽容，这几乎是一种罪过。

波菲利对中世纪的影响主要是他关于逻辑学的专著《导论》[53]，一部评论《亚里士多德〈范畴篇〉》的专著。这部著作由波埃修翻译成拉丁文，曾引发中世纪最大的一场哲学争论，即所谓的"共相"之争。波菲利所提出的问题其实十分简单（他曾说已将之束之高阁），它所涉及的是所谓的普遍思想的地位问题，如属与种问题：它们独立于自己所定义的特殊物品之外，或仅是思想中不可触摸的观念？比如，三角形是不是一种存在，或仅仅是对三角形状物品之间相似性的一种思维方式或表达方式？这一问题由柏拉图首次提出，似乎是出于偶然，他以蜜蜂为例（《美诺篇》，72b），借苏格拉底之口说，蜜蜂各不相同（美貌和体形），但"均毫无例外地拥有唯一的相同特性"（eidos），因为蜜蜂纵有千姿百态，我们也能辨认出来。但对于柏拉图而言，这种普遍形式（用今天的话来说，就是蜜蜂这一概念或本质），比我们不甚可信的感官所看到的特殊蜜蜂还要可疑。

事实上，若无蜜蜂这一概念，我们就永远辨认不出蜜蜂。但应该给这一概念何种地位呢？它使我们得以想象一只蜜蜂，本身却无法想象，这如何解释？因为我们若闭上眼睛，试图想象普通的蜜蜂是何种模样，这完全是不可能的！我们总是以特殊的形式去表现它，赋予它某种体形、某种颜色等，因此对于其他很多思想家（以及许多人）而言，存在的是个体的蜜蜂，而蜜蜂这一概念是空泛的、抽象的，事后才来到我们的精神当中，以收集和统一独特的表象……换言之，对他们而言，概念是一种简单的思维甚至是表达方式，由我们的思想所产生，并无真正的相关事物。但若深入思考，我们又陷入了两难的困境；二者均有缺陷，应作何选择？是选择普遍而空泛的概念还是特殊却盲目的意象？这一问题涉及我们与真实的全部关系。不难想象这一难题所引发的激烈争论；但对我们而言，介入其中意义不大，我们只需明白用蜜蜂作为例子绝非偶然：因为我们的这个小昆虫曾经而且将来也会经常被作为思想、灵魂和智慧的象征*，而这正是波菲利接下来要向我们介绍的《仙女洞》中所要重申的内容。

---

* 波菲利试图通过指认事物普遍性的五种方式：种、类、特异属性、固有属性和偶然属性来解决问题。但这只澄清了问题，而没有解决问题。参见A.德里贝拉：《共相争论——从柏拉图到中世纪末》，巴黎：瑟伊出版社，1996。——译注

寓意蜂巢

这部著作专门诠释《奥德赛》的一个段落，很短，但非常晦涩。荷马诗篇第十三首，俄底修斯历尽千辛万苦，由收留他的法伊阿基亚人陪同，来到岛上。海船靠近伊萨卡岸边的一个洞穴，随之有一段不同寻常的描述：

> 港口崖顶有棵橄榄树枝叶繁茂，
> 港口附近有一处洞穴美好而幽暗，
> 那是称作涅伊阿德斯的神女们的圣地。
> 那里有调酒用的石缸和双耳石坛，
> 群群蜜蜂在那里建造精美的巢室。
> 那里有长长的石造机杼，神女们在那里
> 织绩海水般深紫的织物，惊人地美丽；
> 还有永远流淌的水泉。入口有两处，
> 一处入口朝北方，凡人们可以进出，
> 南向入口供神明出入，任何凡人
> 无法从那里入洞，神明们却畅通无阻。*[54]

读完这段文字，我们不禁要问，这位行吟诗人是否抽了大麻，否则怎能作出如此准确而幽妙的描述！然而，这一时刻非常

---

* 荷马：《奥德赛》，王焕生译，北京：人民文学出版社，2003。

关键：这是盼望已久的"返乡"的第一步。十年征战和十年海上漂流之后，俄底修斯终于荣归故里。这一文字无比重要，荷马绝不会随意为之。

那该如何诠释这段文字呢？波菲利想揭开洞穴的真正含义，蔑视那些以有文化的旅游者身份去参观伊萨卡，试图探明"真正"的洞穴的人。波菲利的调查缜密详尽，精细周全，堪比福尔摩斯，引领我们进行深刻地思考。

在波菲利看来，那个洞穴象征着宇宙，哲人诠释其理论之后，静观事物深层的组织格局。他所描述的每一个细节都富有特殊的寓意，统合起来成为一个清晰的完整图像。

通往太一之路

若要理解这一调查的性质，就必须重新审视波菲利的哲学基本思想及当时的历史背景。我们上面已经提到，波菲利是他导师的传记人，导师去世后，他开始编写《普罗提诺生平》。这一计划既是师生忠诚情意的结果，也是向基督徒发起的有力反击。当时，基督教影响与日俱增，让波菲利恼怒不已，他此前已写过一篇笔锋犀利的檄文《反基督徒》，指出新教义过于简单、支离破碎、荒谬至极。他所编纂的《普罗提诺生平》是对上述反击的补充，叫板耶稣及其圣徒的生平，可谓是"圣波菲利眼中的普罗提诺福音书"[55]（我们沿用让人怀念的吕西安·杰法农的说法）。作品一开头，（论争者的）口气就充满浓浓的火药味："普罗提诺，已故的哲学家，似乎为自己的肉身而感到耻辱。"这显然是嘲讽在希腊哲学家看来荒谬无比的基督教思想，即圣罗各斯将用"肉身修成"⑩。一个神灵降世为人，化为肉身，这在柏拉图看来是毫无意义的。波菲利在此沿用了希腊常见的文字游戏：身体（soma）犹如监狱（sèma），开门见山地重申了柏拉图的核心思想。

　　柏拉图在著名的洞穴隐喻中——洞穴意象已经出现了——明确区分了影子和思想的明朗天空，被套上枷锁的囚徒只能看到影子，并将其视为真实世界。哲人的任务是挣脱黑暗的、稍纵即逝的、变化无常的、狭隘的、终将消失的感性世界，走向永恒、显然、真实、绝对、神性的心智世界。在这两者之间，是一条漫长、险峻、崎岖的道路，精神要跨越知识的所有层次方可抵达目的地。但将真实世界分为两个世界（太一的心智世界和洞穴的感性世界）却引发了两个重大问题，构成了新柏拉图主义的主轴。第一个是要知道如何以绝对的纯洁去构设心智，这是人类力所能及的任务吗？因为人类即便是一个智者，也会被囚禁在身体中，禁锢在其幻想中，活在虚无而短暂的生命中；第二个问题涉及两个世界的关系：如果心智完美无缺，完整而神圣，为什么感性世界还会存在呢？如果绝对的心智需要相对的感性而存在，那它便不是绝对的；如果心智不需要感性，那感性为何又会呈现在我们面前呢？

　　这便是柏拉图给后世留下的两大挑战：一个有限的生命（人）怎么能思考无限呢？无限（上帝）如何满足有限的生命？普罗提诺及其忠实门徒的任务便是要理解存在的高级形式（神明）和低级形式（物质）之间的往来流动。

　　请原谅我们用一个庸俗的形象来试图概述所提出的解决方案。在新柏拉图主义者看来，现实犹如一栋摩天大楼，就像迪拜的哈利法塔，顶层用的材料最少，但却是最重要的（因为大老板的办公室就设于此）；而底层用的材料最多，却最不重要（那是专门留给初入道者的阴暗的办公室）。在两者之间，有许多楼层，由电梯连通。在顶层的办公室进行招聘面谈后，便落到梯级的最底层，开始自己的职业生涯。由于对顶层的景观和神奇生活仍记忆犹新，所以人们渴望一级级向上攀爬，想登上生命的所有台阶，物质上有所失，精神却更丰富了。

因此，有两种运动能让我们领略到真实世界。第一种是无限运动，它通过一系列的"实体"来创造和容纳，并流向有限。对于我们这些微不足道的人类而言，这是一个难以想象（甚至无法想象）的程序，应将其想象为无限的"太一"出于造物主般的慷慨，做出了一系列弃世和遁世。最好的比拟是父母必须放弃自己的自由，让孩子成长，并让位给他们。随着孩子日渐长大，父母需要让出越来越多的位置，直至他们完全独立。这一意象后来将被基督教传统所用，以阐明三位一体中的三个人物：圣父、圣子、圣灵（将之视为唯一和同一个体，即上帝的三个实体，参见《集锦篇》之五）。

第二个运动是有限渴望通过一系列"神游"依次层层上升，直至无限。初出茅庐者成为青壮主力，随后转升为干部，晋升为经理，如果坚持不懈，还有望成为老板。但与生意场上不同的是，这种晋升并非通过积累（权力、金钱、经验的积累），而是逐渐升华的净化过程。普罗提诺使用了一个非常美妙的意象：有志成为智者的学人需立志修身，塑造自己（《九章集》，第一章）。这里并不是要赞美健身，而是想表达这样的观点：雕像与绘画相反，绘画艺术行加法，而雕塑艺术行减法。它是在一块大理石上剔去多余的部分，恢复原本的美的形状。同样，智者也必须摒弃非精华的部分（激情、雄心、欲望、感性和身体），呈现出人性的精华。这是一种苦行，据说，公元270年普罗提诺去世当日，曾对弟子欧斯托斯说："你们要努力让心中的神升华为无所不在的圣灵。"在人生旅途的终点处，智者将意识到他回到了家园，回到一个他从来没有离开过的地方，因为它是自己生命的最大真实。"因为我们所回归的不外乎是本质自身，我们所结合的不外乎自己的本质。智者于是走近了端坐在自己心中的上帝"[57]（参见《集锦篇》之六）。

作为怀旧的哲学

哲学是一场生命之旅，探索回归本原，其间充满各种考验和障碍。浪漫主义诗人兼哲学家诺瓦利斯（1772—1801）用一句强有力的箴言道出了上述真谛："哲学就是带着永恒的乡愁去寻找家园。"[58]我们怎能不联想起《奥德赛》以及俄底修斯重返家园的漫长旅途呢？波菲利并非开先河，认为《荷马史诗》并不仅仅是一个美好的故事。他和前辈一样，认为《荷马史诗》像所有关于创始的神话一样，具有深刻的哲学意涵，包含了古代诗歌生动反映的"启示"痕迹，虽然解读起来已并非易事。善于解读和诠释这类文本的人都知道，其中隐藏着有关事物本原和终极真理的秘密。[59]仔细研读这些著作，比借助感官简单地观察世界要有用得多，因为感官总是会被迷惑。

大自然不让感觉粗糙的人认识到它的存在，把真实面孔隐藏在事物的外表和包装后。它希望智者借助神话叙述的形式来讨论它的奥秘。[60]

因此，解释神话绝非是思想家无所事事所做的无聊游戏，而是通向真理的唯一途径，这些真理超越人类的身体、语言和思想。道路艰难曲折，但真正的哲人不应等待启示、恩泽或征兆才上路，拯救只能依靠自己，依靠坚强的意志和清醒的理智。必须摒弃宗教偏见和唯物主义的虚假证据，唯其如此，方能洞见一切，心如明镜：所有的神话叙事、伟大哲学和主流宗教对本质的看法都是一致的。荷马、毕达哥拉斯、柏拉图、埃及智者、波斯和犹太思想家均认同源自诸神的同一个真理，唯有少数入门者才能把握其奥义。这就是我们在这些文本中必须解读的内容，不能拘泥于其诗意之美，也不能被其动人悲剧牵着鼻子走。神话是些隐喻，尤其是《奥德赛》，它是在向我们揭示存在的真正意义。波菲利在《仙女洞》中所致力呈现的便是对这一隐喻的注释。

神秘的蜜蜂

讲述俄底修斯返回伊萨卡的《奥德赛》，描写的其实是人类灵魂的历史，灵魂因受到各种诱惑的极力挽留，在感官世界中化为肉身，之后终于回到原先的出发点：永恒的太一心智世界。选择洞穴来描绘这一世界并非出于偶然：波菲利发现，所有的宗教、神话和思想都使用过洞穴这个意象。在琐罗亚斯德、赫西俄德、毕达哥拉斯、恩培多克勒等人的著作中，均可发现这一点。

当然，还有柏拉图著名的洞穴隐喻。大家都不约而同地将洞穴作为"世界的象征""隐藏的力量的象征"和"揭示"其奥秘的场所。

因为洞穴如同蜂巢，是交汇的场所，它处于天地、水石和明暗之间，是一个十字路口。从上面来了涅伊阿德丝女仙，她们代表灵魂，从纯粹的心智世界下凡到肉体世界。波菲利写道："我们将婚嫁的少女称为女仙，她们交合以繁衍后代，人们用永不干涸的泉水、溪流和喷泉给她们沐浴。"

这些女仙所织的紫布，在波菲利看来，就是化为肉身的血和骨骸的象征，清楚地表明纯洁的灵魂在身体中流泻。

蜜蜂呢？我们终于要谈论它们了。蜜蜂在其中起着什么作用？荷马的作品是暗示性的，非常简洁。必须承认，此处所提到的石罐（而非土罐），里面盛满蜂蜜（而非水或酒）。但波菲利在评论中，事无巨细地列出了蜜蜂和蜂蜜的神话和宗教用途，似乎蜂脾的隐喻（此处可以说是精神分析的含义）浓缩了养蜂的所有象征。他做了一个全面的神话比较，把对密特拉和德墨忒耳的崇拜、赫西奥德的神谱、俄耳甫斯的神秘教理、毕达哥拉斯学说、迦勒底神谕、圣经预言、柏拉图的哲学等一一网罗其中。波菲利认为，这些学派都承认蜜蜂是一个具有双重性的生灵，一方面，蜜蜂是"女仙"（幼蜂），为温柔所吸引，耽于感官享乐，沉湎于肉体之欢和繁衍后代。但在另一方面，波菲利发现，"我们并没有把所有想繁衍后代的生灵都称为蜜蜂，唯有那些做事公正、完成令神灵愉悦的使命之后返回原地的灵魂方可获此称号。"因此，蜜蜂指的是最杰出的灵魂，即那些善于超越尘世和声色的灵魂。但丁在其《天堂》中沿用了这个思路，将蜜蜂与那些偶尔沉浸花中、返身酿蜜的天使相提并论。[61]波菲利还补充道："因为这一生灵喜欢返回（它离开的地方），特别尊崇正义，且朴素节制，所以我们称'蜜蜂祭'为'节制祭'"（《仙女洞》，第19节）。蜜蜂一方面耽于声色（如同女仙），另一方面又超越了肉体（如同成熟完美的蜜蜂）。蜜蜂生自死牛之身（参见《采蜜篇》之三），却挣脱黑暗的身体，升至纯洁的天际，采撷神圣的甘露。蜂蜜的另一个特性证明了这一点：它具有洁净和防腐功能。波菲利写道："借助蜜蜂，很多东西都不会腐烂，利用蜂蜜还可清洁旧伤"（《仙女洞》，第15节）。永远欢乐、天仙般温柔、一身纯洁，蜜蜂代表着俄底修斯的形象，是灵魂的象征，集真实的两面于一身。它在极少的物质内，容纳了最多的精神；在极少的生育中，隐藏着崇高的不朽；在极少的变化中，体现了最高的统一。凝视着蜂巢，哲人心驰神往，蜜蜂传递着神秘的信息，使他摆脱了所有乡愁，举目所及，他都可以说："家，我甜蜜的家！"处处都是他的家园，他已成为智者……

　　波菲利认为，对洞穴的最后描述也证实了这种解释。荷马"写"道：洞穴有两个入口，一为凡人而设，令其下凡到感性的身体；另一为不朽者（灵魂）所设，升至纯洁的精神世界。难怪此处的地理形貌与柏拉图的洞穴有异曲同工之处，在《理想国》的篇尾，洞穴是由战死沙场后来到阴间的一位名叫厄洛斯的勇士描述的。[62]

神话、蜂蜜和橄榄树

　　最后要诠释的是最先出现在文中的橄榄树。橄榄树的出现绝非偶然，但波菲利说，"它蕴含着洞穴的神秘含义"（《仙女洞》，第57节）。橄榄树是智慧女神雅典娜的象征，荷马想证明宇宙不是偶然的结果，而是智慧之树的结晶，智性而神圣，是万物的本原。这种永恒，如橄榄树般常青，为了超越死亡、与自然融为一体而勇敢奋战的人，可奖以橄榄枝。新柏拉图主义和斯多葛主义的差别就在于此。斯多葛主义认为，神圣而永恒的是宇宙，而不像波菲利暗示的那样，是一个古老、高尚和外在的实体。波菲利承认上帝是独一无二的，是普世的，但反对其下凡化为肉身的说法。因此，《奥德赛》所呈现的是宇宙和谐诗意的景象，展示了组成宇宙的各个等级，以及回归其永恒怀抱所需跨越的不同阶段。

对于那些自视不凡、认为此般解读是无稽之谈的人，波菲利以下列结论来反驳他们："不要以为这些解释是牵强附会、含糊其词：想象一下古人的智慧和荷马的智慧是多么透彻，直指人心，他们关于美德的见解是多么精辟。我们应懂得辨识荷马隐藏在虚构神话中的神圣现实。如果没有将某些真实事件转为虚构的情节，他就不可能成功地写出他的故事。"（《仙女洞》，第36节）荷马在诗中引用的所有元素均富有深邃的含义，彼此呼应，并与古代世界的宗教和神话背景密切相关。正是基于这一背景，我们才能揭开隐喻的秘密。在波菲利及其同时代作者看来，《荷马史诗》中同时出现织布机和双耳石罐，这不亚于十字架和荆棘冠对基督徒具有的意义。而且，通过对文本的解码，可以让我们重温面对基督教日渐占上风的威胁，异教徒重申"文化认同"的象征性背景。

从波菲利至今，将近两千年过去了。虽然相隔多个世纪，他却犹如我们的战友。我们像他一样，在重新寻找蜜蜂的奥妙，它集生命、等级和维度为一体，具有象征意义；我们也和他一样，在思考神话、智者和谚语关于人类境遇的深刻含义，人生短暂，生命注定要消亡；我们也和他一样，在探寻永恒的真理，蜜蜂就是这种真理矛盾的反映。但我们不太愿意说它"神圣"，而更愿意为这一"永恒真理"编撰"历史"（而非"启示"），这对它当然并不有利。但值得注意的是，对富有象征意义的蜜蜂进行批评反思并非近期的独创，这向我们阐明了一个基本思想：我们对蜜蜂感兴趣，并不仅仅是因为它与人类相仿，更多是因为它始终是一种象征符号，不断全方位地提出疑问。如果说蜜蜂是崇高的，那是因为它始终充满意义，饱含思想，永远都那么有意思。关于这一点，我们还有机会讨论。

但在离开异教徒的古代世界、进入基督教世界之前，我们可以简要地概括一下蜜蜂的宇宙学用途。亚里士多德通过一丝不苟的观察，试图回答形而上学方面最艰难的问题；维吉尔把自然和神话相结合，沿其飞行轨迹咏唱罗马和平时期的宇宙秩序；波菲利则分析象征符号，揭示盘古开天至今所隐藏的事物。三者之间尽管存在差异，却都不约而同地赞美宇宙如蜂巢般完美。

《采蜜篇》之九

不同种类的蜜蜂

亚里士多德及其之后的罗马农学家（普林尼、科路美拉等人）辨别了许多不同种类和价值的蜜蜂。他在《动物志》中辨明了下列蜜蜂种类：最活跃的一种"小而浑圆，体色斑杂"，另一种"体长"，与大黄蜂类似，第三种诨号"强盗蜂"，色黑而大腹，第四种为懒蜂，体形在所有蜂种中最大，却既无螫刺又懒于动弹。稍后，亚里士多德又告诉我们，"强盗蜂"，即懒蜂和坏首领蜂皆为"长蜂"所产，这就意味着蜜蜂可分为两种：上品蜜蜂和长蜂。长蜂筑造的蜂房很不规则，产蜜量少，或者根本不产蜜。亚里士多德还发现了两种类型的首领蜂。

维吉尔也沿用了这一分类法："蜂王和臣民都有双面性：有些丑陋可怖……有些色泽亮丽，全身布满规则的斑点，如黄金般晶莹耀眼。这是你应优先选择的品种。"稍后，他在描述首领蜂之间的决斗时补充道，"把你认为最弱的那只首领蜂拿去决一死战，不要让它成为无用的包袱，让最佳的首领坐镇朝廷。"

古希腊和古罗马人所描述的蜜蜂种类，今人了解如何？虽然近50年来，我们观察到蜜蜂出现了基因混合，这一现象在近20年来有所加快，但在此之前，这些蜜蜂都生活在其原生区域。我们的蜜蜂如今分布在整个地球，除了南北两极地区，从前却只分布在欧洲，一部分在亚洲和非洲大陆地区。蜜蜂演化成诸多种类，以适应其生长地区的气候、地形、植物等不同条件。虽然不同种类的蜜蜂会异种杂交，但各种类有着不同的体态和行为特征，因此，各种蜜蜂之间的年发育周期、产卵能力以及食物储藏、管理和囤积本能等，都可能有很大的不同。

体形、舌头（长短）、颜色、性情（温和或富于攻击性）等，不同种类的蜜蜂各有不同，例如，西欧的"欧洲黑蜂"，体形小，以广适性著称；意大利蜂为黄色蜂种，产蜜量高，适应较温和的气候条件；中欧的卡尼鄂拉蜜蜂和高加索蜜蜂（猜猜在哪儿）为灰色蜂种；此外，还有希腊的马其顿蜂、北非的突尼斯蜂等。如今，同一蜂群中出现不同种类的蜜蜂已不足为奇。要找到当地纯种蜜蜂反倒很成问题。保护当地生态型蜂种已成为蜂农团体的重中之重。蜂后出生几天后就在蜂巢之外交配受精（参见《采蜜篇》之二十），而且是与来自不同蜂巢的雄蜂交配，这些蜂巢往往在交配地点数公里之外，雄蜂可能属于不同的蜂种。事实上，20世纪期间，随着蜂群转地饲养的发展，以及蜂群和蜂后的饲养、选种和销售，一些最初来自某特定区域的蜂种目前遍布全球，与当地的原生蜂种共处，并对后者产生不良影响。在两千年乃至两千五百年前，这类混合是不可能出现的。

但一些线索表明，古代的情况未必与当今有太大的差别，只是规模大小有异。某些养蜂实践和知识或许随着古老世界的崩溃而一时消失，却在现代世界得以重见天日。重读科路美拉，我们发现，转地饲养游牧在希腊和意大利早已盛行，只是到18世纪之后才在欧洲（重新）发展（参见P.玛什内：《人与蜜蜂》，巴黎：贝尔热-勒弗洛尔出版社，1987）。这位罗马农学家在著作中建议建造易于携带的蜂巢，并推荐下列方法，让转地饲养不会对蜜蜂产生负面影响：晚上转地，白天让蜜蜂进食。此外，他还认为转地饲养十分有益，并指出，古希腊时期人们就已在阿哈伊亚州和伊萨卡两地之间，以及基克拉泽斯和斯波拉泽斯群岛上的斯基罗斯岛和斯波拉得岛之间转地饲养，岛上冬夏气候宜人。他还补充说，西西里的养蜂人曾把蜂巢移至海布拉山上饲养，因为那里产出的蜂蜜以优质著称。

就同一主题，老普林尼曾写道："我在蜜蜂的食物中发现了一件奇特之事，值得报道。有个小镇，名叫荷斯提利亚，在波河边上，周边食物匮乏的时候，居民就把蜂箱放在船上，每晚航行五千步的距离；白天蜜蜂外出采蜜，随后回到船上。如此不断变换地点，直到船越来越重，吃水线越来越深，此时便知蜂房贮满了蜜，于是返航，采集蜂蜜。在西班牙，出于同样的原因，人们用骡子驮着蜂箱，转地饲养。"（《自然史》，第二十一章）

珍妮·吉尔维兹指出（参见《介于神话和现实之间的蜜蜂》，http://remue.net/spip.php? article5137），在以色列养蜂场发现的蜜蜂化石，可以追溯到公元前一千年，蜂种的特征与现今的安纳托利亚蜂种相近。由此可见，长距离地转地饲养和蜜蜂交换早就盛行。当然，我们尚缺一部真

正的蜜蜂遗传史，但根据古人的描述去想象蜂巢遗传的多样
性，并非奇谈怪论。我们不妨想象，或许正因为维吉尔建议
优先选择带有金色斑纹的蜂种，我们现在才如此青睐意大利
黄色蜂种。

注　释

①柏拉图：《高尔吉亚》，508 a。

②西塞罗：《论神性》一，425。

③柏拉图：《斐多篇》，82 b。

④西蒙·比尔：《亚里士多德与蜂巢世界》，《比利时哲学与历史杂志》1978年，56，1，第15—28页。亚里士多德：《动物志》第二卷，J. 特里科　法译，巴黎：弗兰出版社，1957，五，21、22，四，40。亚里士多德：《动物之生殖》，P. 路易　法译，巴黎：美文出版社，1961，三，10。亚里士多德：《动物之构造》，皮埃尔·贝尔格兰　法译，"GF"丛书，巴黎：弗拉马里翁出版社，2011，二，2。皮埃尔·贝尔格兰对亚里士多德这三本生物学著作的特殊目的做了很好的分析（参见其著作《亚里士多德对动物的分类、生物地位和亚里士多德主义的共同性》，巴黎：美文出版社，1982，第171页）：《动物志》盘点现象；《动物之构造》探寻因果；《动物之生殖》起源。

⑤亚里士多德：《动物之生殖》，二，5；《论灵魂》，三，12。

⑥亚里士多德：《动物志》，4，9；4，8，9，27。

⑦亚里士多德：《形而上学》，980 b。其实这一问题在《动物志》（627 a 16）中悬而未决，在书中，亚里士多德指出它似乎喜欢声音；亦可参看其《后分析篇》（二，19，99 b 39）。关于想象力参见其《论灵魂》三，5，428 a 9。

⑧亚里士多德：《动物之构造》，二，2，648 a 5—7；四，650 b 24—274。

⑨亚里士多德：《物理学》，二，8，199 a 21。

⑩P. 奥本格：《亚里士多德的审慎》，"卡特里热"丛书，巴黎：法国大学出版社，第138页。

⑪托马斯·阿奎那：《神学大全》，一a，Q. 96，第一条和一a 二ae，Q. 13，第二条。

⑫亚里士多德：《动物志》，八，1，588 a。

⑬亚里士多德：《动物之生殖》，三，10，760 a 5。

⑭亚里士多德：《政治学》，一，2，1253 a 7—18。

⑮亚里士多德：《动物志》，一，1，487 b 38—488 a 13。

⑯同上书，九，40，626 b 23—28。

⑰亚里士多德：《动物之构造》，639 b 19—20。

⑱亚里士多德：《动物之生殖》，三，10，761 a 4—5。

⑲亚里士多德：《论灵魂》，二，4，415 a 26—415 b 8。

⑳亚里士多德：《动物之生殖》，三，10，760 a 4—761 a 5。

㉑同上书，三，10，759 b 27—32。

㉒同上书，三，10，760 b 5续。

㉓同上书，三，10，760 b 20。

㉔同上书，三，10，760 a 31。

㉕亚里士多德：《动物志》，627 b 8。

㉖分别根据普林尼：《自然史》，十一，9和第欧根尼·拉尔修：《名哲言行录》，五，44。

㉗亚里士多德：《动物之生殖》，三，10，760 b 27。

㉘马库斯·伊姆霍夫：纪录片《采得百花成蜜后》，2012。

㉙亚里士多德：《尼各马克伦理学》，十，8，1178 b 7—32；十，7，1177 b 26—27。

㉚维吉尔：《农事诗》，四，1—7。

㉛吕西安·杰法农：《古罗马史》，塔朗迪埃出版社，2002。

㉜维吉尔：《农事诗》，四，30续。

㉝同上书，四，264续。

㉞同上书，四，149—169。

㉟普林尼：《自然史》，十一，4。

㊱伊利安：《论动物本质》，三，11，巴黎：美文出版社。

㊲维吉尔：《农事诗》，四，67续。

㊳同上书，四，第90—94行。

㊴同上书，二，第531—535行。

㊵同上书，四，第218—227行。

㊶皮埃尔·格里马尔：《古罗马的伊壁鸠鲁主义》，载《纪尧姆·比代协会第八次研讨会论文集》，巴黎：美文出版社，1969，第138—169页。

㊷“勤俭的人了解蜜蜂悲惨的命运，它们辛勤劳动，似乎觉得自己是永生不死的。”载让–皮埃尔·杜蒙主编《前苏格拉底哲学》，“七星文库”，巴黎：伽利玛出版社，1988，第901页。

㊸皮埃尔·格里马尔：《维吉尔或罗马的重生》，巴黎：弗拉马里翁出版社，1985，第125页。

㊹维吉尔：《埃涅阿斯记》，六，724—727。

㊺同上书，六，706—709。

㊻维吉尔：《农事诗》，四，197—208。

㊼同上书，四，225—226。

㊽同上书，四，125—148。

㊾同上书，四，51续。

㊿塞内加：《论仁慈》，一，19。

(51)普林尼：《自然史》，十一，18。

(52)皮埃尔·阿多：《波菲利和维克托利努斯》，巴黎：奥古斯丁研究学院，1968。

(53)波菲利：《亚里士多德〈范畴篇〉导论》，A. 德里贝拉、A. P. 瑟贡德 法译，巴黎：弗兰出版社，1998。

(54)荷马：《奥德赛》，十三，102—112。

(55)吕西安·杰法农:《哲人之幸福》,“多元”丛书,巴黎:阿歇特出版社,2004,第105页。

(56)波菲利:《反基督徒》,第77段:“怎能接受神性变成了胚胎,出生后,被裹在襁褓里,被血和胆汁还有其他更肮脏的东西所玷污呢?”

(57)波菲利:《论斋戒》,一,29,3;二,52,4。所使用的词是Oikeiotès;参见皮埃尔·阿多:《波菲利和维克托利努斯》,一,第289页续。

(58)诺瓦利斯:《经文》,P.克拉克霍恩、R.塞缪尔主编,斯图加特—柏林—科隆—美茵茨:科尔哈默出版社,1981。

(59)L.布里松:《神话哲学入门》,巴黎:弗兰出版社,2005,第53页、第112页续。

(60)波菲利,据马克罗比乌斯:《西庇阿的梦想评注》,马尔凯蒂—阿尔米森 法译,巴黎:美文出版社,2001,一,2,17,第8页。

(61)但丁:《天堂篇》,三十一,7—9。

(62)柏拉图:《理想国》十,614 b—c、615 d—e。

第三章

神学蜜蜂

蜡烛、圣母和修道院

> 人们满足于观赏花朵的色彩，呼吸花朵的芬芳；蜜蜂却从中撷取汁液以酿造蜂蜜。读书也一样，不纯粹追求乐趣和愉悦的人，可汲取最有用的养分去滋养心灵。我们应该向蜜蜂学习，处处以蜜蜂为榜样。
>
> ——凯撒利亚的巴西尔《致年轻人》，第四章

　　蜜蜂是神圣、绝妙、永恒的生灵，是深受哲学家、诗人和神秘主义者青睐的象征物，然而它突然间失业了。如何解释个中原因呢？这一协调人与神、天与地、感官世界与心灵世界、黑暗与光明的神奇生灵，突然沉默了，这怎么理解？蜜蜂是《圣经》中唯一的女先知底波拉的名字，这一名字（רבד）既指蜜蜂又指语言。可它为什么突然哑口无言了呢？总而言之，蜜蜂为什么在《新约》中再次消失了呢？确实，细读《福音书》时，我们会发现书中丝毫没有提到蜜蜂，没有任何暗示，哪怕是小小的象征。*相比之下，《旧约》却多处提及蜜蜂，它把希望之乡描述为"流

---

　　*　关于《圣经》中的蜂蜜，可参见《马太福音》第二章和第四章，《马可福音》第一章和第六章。

淌着牛奶和蜂蜜的国度"（《出埃及记》第三章，8），将上天的赏赐比作具有"甜蜜的蜂蜜香味的薄饼"（《出埃及记》第十六章，31），用道德谚语赞扬蜂群的辛勤劳作（《箴言》第六章，8），或用这种富有战斗和复仇精神的昆虫作比喻，还讲述了蜜蜂从死狮子中诞生的一些美丽故事（《士师记》第十四章，5—10）。但蜜蜂在《福音书》中却完全了无踪迹！

让我们试着解释这一显而易见的缺失吧：想必是人们当时不想再看见一个如此富有异教色彩且已使用过多的符号。况且，在新的宗教联盟中，协调者的地位已由基督本人所占据，甚至可以说是垄断。所以，万万不可再让蜜蜂在大地和天空之间飞来飞去，也不能再将蜂蜜看作是来自天界、给人灵感和奇思妙言的圣物。耶稣现在独揽所有的启示：圣言已化为肉身，神灵已不再需要蜜蜂这小小的使者。一般而言，所有动物都被剥夺了神圣的功能，因为圣餐仪式彻底地废黜了牺牲祭品，将动物限于世俗用途①。美丽的神话、宏伟的史诗以及神秘的异教隐喻就此寿终正寝。

但基督教的反蜜蜂行径好景不长。作为神圣的信使或反映宇宙的图腾，蜜蜂虽一时被驱逐出局，但很快又以讽喻的形式重新现身。它不再出现在《福音书》中，却在"教会圣师著作"中重新亮相。人们用这个词来泛指神甫的著作，即继"12使徒"之后，用希腊文和拉丁文写作，以传播、捍卫和阐明基督教教义的著作。这些神甫圣师的名单十分模糊，不同基督教派别之间尚有争议。但整体而言，其共同特征是极力抵制异教哲学。正是在这种有争议的背景下，蜜蜂披上基督教的外衣，重新现身。

1. 蜜蜂归来

蜜蜂以基督教寓言的方式获得新生

> 我们将去寻找这片森林，那是宗
> 教的摇篮。林中的树荫、声响和寂
> 静都充满了奇迹，乌鸦和蜜蜂滋养
> 着神甫。

——夏多布里昂《基督教真谛》，第一章，2

　　蜜蜂的"新生"发生在公元2世纪的亚历山大，当时波菲利尚未出生，倒是出现了希腊最重要的基督教教会，创始人为亚历山大的革利免（150—约215）。在这开始落后的古老年代中，这位博学的神学家以讲述各种彼此竞争的文化为己任。在他看来，人类的知识犹如两条河流，一为犹太法律，二为希腊哲学。二者交汇之处，涌现一股新流：基督教。基督教"在流动的过程中吸纳了其他源流，使河流逐渐变得波澜壮阔"②。因此，希伯来人的律法和希腊哲学均可滋养基督教信仰，但不会与其混淆。如何更好地阐明这一和谐的转变，将其与蜜蜂的工作相比较呢？蜜蜂飞舞花间，采集花蜜，不忽略也不破坏任何一朵花，它撷取花朵的精华酿造甜美的蜂蜜。这正是革利免在他名为《杂记》的书中所阐述的内容。他在书中提倡广泛使用哲学，使其服务于宗教信仰。他认为，就像蜜蜂善于融合各种不同元素，将其化为和谐甜美的蜂蜜一样③，基督徒也可以利用古老的源泉，升华真正的神圣教旨。"因为，如果邪恶以人之损失为喜，真理则犹若蜜蜂，不玷污任何生灵，而只为其永福而心生欢愉"④。蜜蜂因此重新成为传播真理的使者。革利免还给挚爱的恩师——哲学家潘代诺冠以"西西里岛蜜蜂"⑤之名。但这只基督教神学蜜蜂与异教的宇宙蜜蜂截然不同。

这是革利免最著名的弟子奥利金（184—253）告诉我们的。奥利金是一位伟大的哲学家和旅行家，曾与普罗提诺一同师从于阿摩尼乌·撒卡斯，后来被迫离开亚历山大，隐居在卡帕多细亚的凯撒利亚（今土耳其的尼斯卡），并在那里建了一所学校和一座图书馆，后迅速成为影响深远的知识中心。神甫贵格利·纳齐安（329—389）、大巴西勒（约330—379）*和他的兄弟尼撒的格列高利（335—395）均在此研修过。奥利金于250年被逮捕并惨遭酷刑迫害，此后健康每况愈下，几年后去世。

奥利金最出名的著作是《驳塞尔索斯》，塞尔索斯是一位伊壁鸠鲁学派哲学家，曾在其著作《真教义》（约178）中猛烈抨击基督教。他认为，无论是人还是动物，灵魂完全没有任何区别。因为在他看来，所有的生灵都遵循同一个内在的宇宙法则。他写道："如果有人从天上往地下看，我们的所作所为和蚂蚁或蜜蜂的所作所为又能有什么区别？"为了阐明这一看法，塞尔索斯指出，蜜蜂或蚂蚁和人类一样，都拥有国王和统治制度，会发动战争，赢得胜利，建有城邦和郊区⑥，还有作息制度，"并向胆怯和懒惰之徒行使正义"⑦。

奥利金反驳说，这样想就大错特错了。蜜蜂和蚂蚁确实令人

* 参见《集锦篇》之七。

钦佩，但它们之所以令人钦佩，并不是因为盲目地遵守宇宙法则，而是因为恢宏神意具有强大的仁慈力量："所以，不应赞美蚂蚁和蜜蜂的行动，因为它们那样做不是出于理性；应该敬仰神性，它赋予这些毫无理性的动物理性光辉和形象。"

蜜蜂和蚂蚁不同于人，它们毫无辨别能力和主观意愿，所以，我们用"社会""战争""工作"或"正义"等字眼来描述它们的行为是不恰当的。其实，它们只"本能地盲目运动"。但为什么"既是原始原因也是宇宙之王的上帝之子"将理性的外表披在这些微不足道的小生灵身上呢？

奥利金的自问自答值得一提，因为它对基督教思想的影响一直持续到17世纪。我们从马勒伯朗士的著述（参见《集锦篇》之八）以及有关蜂巢的争论（参见第五章）中仍能找到其踪影。奥利金说，如果上帝把那么多的人性寄寓在这小小的昆虫身上，是因为：

刻意让人感到羞耻，使得他们无论在何处都以蚂蚁为榜样，从而更加勤劳、热爱家庭。而且，蜜蜂也会教育他们服从上级的命令，并承担相应的分内工作，为社会团体的福祉和繁衍尽自己的一份力量。

奥利金在余下的文本中，详细罗列了塞尔索斯对蜂房的错误诠释：

也许在蜜蜂中出现这些战争景象，是为了告诉人类，如果不得不发动战争，也必须是正义的、有序的。蜜蜂没有城邦和郊区，但它们有蜂巢和六角形蜂房，它们辛勤劳作，轮番休息，无非是为了人类的福祉，让其享受甘甜的蜂蜜：用作疗效显著的药物和非常纯洁的食物。但不可把蜜蜂攻击胡蜂的行为与城邦里对待懦夫和劣等公民的做法或对他们的制裁相提并论。正如我前面所说，我们应当敬仰其神性，还要充分赞美人类深入思考和认识事物、统率事物的能力，除了上帝的神意所赋予的自然本能，还应该有独立思考的先见之明。⑧

反驳的理由十分明显：蜜蜂不仅是和谐宇宙的缩影，更是一种道德寓言，敦促我们不负上帝的期望去行事。我们不要试图将它看作解读创世奥妙的钥匙，而应将它视为美德的榜样和典范。于是，蜜蜂又开始了新的职业生涯：它成了基督徒的精神指南或向导，尤其是当他们处于无知状态的时候。因为善良无比的上帝为此小小昆虫注入了诸多意义，使所有的人，包括最低微的人、文盲、精神贫困者，都能从它身上看到迈向幸福的道路。蜂巢于是化为一种虔诚的形象，一部《为文盲而写的福音书》。奥利金还非常明确地指出：对他来说，《圣经》犹如蜂巢，神圣的作家犹如蜜蜂，而基督是蜜蜂中的蜜蜂，是蜂巢之王。⑨

富有基督教色彩的蜜蜂在其漫长的历史中，总是处于一种矛盾的地位：一方面拒绝异教的象征主义，它带有过多的世俗意义；另一方面，又倾慕仁慈的神性，为人类提供小小的生活和信仰向导，人人可及，哪怕是最无知的人都能从中受益。此时，我们已经与波菲利的精英理念相去甚远。在波菲利看来，世间最微妙的奥秘和永福，只有具有高尚精神才能解读。

我们将在蜜蜂所处的三个领域中找到这种双重性。接下来的几个世纪，在逾越节的蜡烛仪式、圣母玛利亚的纪念会和修道院的生活中，蜜蜂将无所不在。

2. 蜜蜂与复活节蜡烛
蜜蜂列席复活节守夜仪式

　　据圣奥古斯丁称，复活节守夜礼是"一切守夜礼之母"[⑩]。那天晚上，首先要行烛光礼，祝圣蜡烛是耶稣给人类带来光芒的象征。先念《逾越颂》，首句为："天上的众天使，请欢欣踊跃……"《逾越颂》有多种版本，在从前的礼拜仪式上，并非写在书中，而是写在一条长幅上（参见插图5和插图6），由上往下唱诵。执事将已唱诵的经文挂在讲台前，站在前排的信徒可顺着画在反面上的插图，跟随所唱诵的经文。我们可以想象当时的情

插图6　带有插图的表现复活节守夜礼的《逾越颂》卷轴。经文赞颂蜜蜂。画中的蜜蜂状若飞鸟，蜂巢被加高且呈横向状

丰迪圣玛尼奥修道院的《逾越颂》（约1130年）

景：在幽暗的教堂中，唯有点燃的蜡烛微微晃动，照亮室内。金色或彩色的精美小彩画徐徐移动，给人以巨大的联想：这也许是世界上的首部动画片！

烛光仪式最初伴随着这样的说明："这支蜡烛，我们怀着无比的虔诚敬献给您。它非不洁的动物脂肪做成，未被俗世的圣油所玷污，也未被亵渎之火所点燃。它是用蜂蜡、油和纸莎草做成。点燃它是为了祭拜您的名字。"⑪这与异教徒的祭礼差异很大；烛光礼毫无崇拜偶像之意，而是对信仰纯洁的致礼。

为了表明与血淋淋的祭祀仪式的差别，最初版本的祝圣颂向产出神圣蜡烛的蜜蜂致以感人至深的颂词。以下是其中的一个版本：

第八节：蜜蜂优于所有臣服于人类的生灵。它虽然体态娇小，狭小的胸膛里却拥有一颗强大的心灵；力气虽小，但勇敢无畏。

等到采花季节来临，当布满雪霜的严冬脱去白色的外衣，当和煦的春风使寒冰融化……（原文缺）蜜蜂立刻出巢采蜜，翩翩然飞落到田野各处，翅膀时刻保持平衡，双腿来回摇晃，不时停下，用嘴吸吮园中鲜嫩的花朵。载满食物后，蜜蜂便回到大本营。一部分蜜蜂忙着以高超的技艺、用坚固的蜂胶建筑蜂巢，另一部分则负责积累蜜液，有的把花朵转化为蜂蜡，有的用嘴喂养幼蜂，还有的在储存从花中采集来的花蜜。⑫

在古代和中世纪的文人墨客看来，这篇短文几乎是维吉尔《农事诗》第四章的翻版。它很快就引发了一场辩论，这太不可思议了！圣洁的复活节守夜祈祷的核心经文竟然抄自一个异教诗人！这不免造成混乱，尽管维吉尔可以作为"福音"三先驱出现：他在一首诗中（《牧歌》第四章）不是曾经宣布，圣母生下圣婴，将标志着黄金时代回到人间吗？单凭这一点，他就足够成为准基督诗人了。尽管如此，维吉尔对蜜蜂的赞颂被引用到复活节守夜礼《逾越颂》中，仍不免在神甫、圣师中掀起轩然大波。由圣热罗姆（347—420）和圣安布罗斯各自领头的两个派别针锋相对，最终才由圣奥古斯丁仲裁定案。

圣安布罗斯（参见插图7）是一位博学广识的文人，曾任米兰大主教和圣奥古斯丁的老师，据称他便是复活节守夜礼《逾越颂》经文⑬的作者。关于这一点，仍存在诸多争议。不过，圣安布罗斯随后确实成了养蜂人的守护神，他生前一直对蜜蜂这个小生灵情有独钟。根据其私人秘书保兰在他去世后撰写的《圣安布罗斯生平》中记载，圣安布罗斯与蜜蜂的特殊关系竟始于其襁褓之时。

> 他还是婴儿的时候，躺在宫殿庭院中的摇篮里，张着嘴，睡得正香。突然，一大群蜜蜂飞到他脸上，塞满他的嘴，自由地进进出出。当时，他父亲正和妻子、女儿在附近散步，不让保姆驱赶蜜蜂（保姆担心蜜蜂会蜇伤婴儿）。过了一会儿，蜜蜂飞走了，飞入高高的天空，肉眼再也看不到它们。父亲感到十分困惑，说："如果这个孩子能活下来，肯定会成为一个了不起的人！"耶和华在这孩子的童年时代就使得下文显灵："良言如甘蜜般甜美。"（《箴言》第十六章）这群蜜蜂为我们酿造了其作品的甘蜜，预示上天的恩赐，使人类的精神脱离大地，升向天国。⑭

其实保兰不过是重复过去的一些老生常谈。类似的说法曾先后用于小荷马、幼年的赫西奥德、蹒跚学步的柏拉图、孩童时代的品达和青年时期的维吉尔及诸多后人。但在一部主要论及养蜂的著作中插入这一传说，其意义非同凡响。圣安布罗斯从不错过

插图7 养蜂人的保护神圣安布罗斯肖像

米兰的圣安布罗斯,雅克·娄丹,铜板珐琅绘画(17世纪)。香槟沙龙省考古美术博物馆

©摄影亨利·马佑

任何赞扬蜜蜂的机会，对蜂巢的组织形式或基督教美德，对蜜蜂的启示作用、几何天才、精神力量等，总是赞不绝口（参见《集锦篇》之九）。总而言之，圣安布罗斯用拉丁语将奥利金和巴西尔用希腊语提出的理论加以发扬光大（参见《集锦篇》之七），把一些说法据为己有，提倡"模仿蜜蜂，它给人带来光明，却从不伤害他人，对他人没有任何期待"[15]。作为圣热罗姆修道会的创始者，他经常使用蜜蜂这一意象。

圣热罗姆是达尔马提亚修道士，曾将《圣经》从希伯来语翻译成拉丁文，他的译本后来成为通行本，他的著述中也有诸多有关蜜蜂美德的描述。他借助蜜蜂来思考修道院的清规戒律[16]。然而，384年，当普雷桑斯的执事普拉西杜请他撰写复活节烛光礼的赞美诗时，圣热罗姆终于怒不可遏，强烈反对这一颂诗的世俗性甚至异教性，因为《圣经》中无任何文字能为其提供依据[17]。这些灵感源自维吉尔和昆体良等伟大诗人的颂歌无疑很优美，但用于神圣的仪式则不合时宜。圣热罗姆的愤怒其实由于内心不安，他本人喜欢古老文化，曾做了一个可怕的梦，后来一直心有余悸。他梦见自己死了，出现在上帝的面前。上帝问他："你是谁？"圣热罗姆回答说："我是基督徒。"上帝大声说道："你不是基督徒，你是西塞罗信徒！"可怜的圣热罗姆背上遂遭一阵棒打，睡醒时竟然还能看到伤痕。此梦传递的信息不言而喻：必须用《圣经》驱逐异教文化。所以，谁也不敢在颂歌中援引维吉尔和蜜蜂。*简单地说，也可能是圣热

---

* 这种对任何与异教仪式相关的事情都抱以怀疑的态度，我们可以在托马斯·阿奎那论述蜜蜂的内容中找到踪影：参见《神学大全》第102问，"礼仪戒律的宗旨"，第3条，方案14。"蜜蜂不列入祭献给上帝的牺牲祭品中，是因为它被用于祭拜偶像，同时因为向上帝祭献的人必须戒除任何甜蜜的滋味或感官的快乐。"

罗姆在这封信中伺机攻击圣安布罗斯，他从来就不欣赏圣安布罗斯，并怀疑他的正统观念。总而言之，圣热罗姆的保守态度最终占了上风，对蜜蜂的赞美也逐渐消失。但蜜蜂仍然坚守阵线，因为虽然从13世纪起，英诺森三世的教会改革正式取消对蜜蜂的赞美，但七个半世纪之后，才由第二次梵蒂冈大公会议通过决定，正式予以取消。

　　然而我们的小蜜蜂还没有发出它最后的"嗡嗡声"。蜜蜂在圣安布罗斯的弟子圣奥古斯丁的著作《上帝之城》（ⅩⅤ，22）中重新出现。圣奥古斯丁当时担任希波主教，承认自己是勤劳的养蜂人，并谈到少年时代所撰写的蜡烛赞美诗。这首诗虽然已寻无踪影，但在他的作品中仍能找到一篇完全以逾越节蜡烛为主题的布道文。将这篇《逾越节蜡烛布道》归为圣奥古斯丁所作一直备受争议，但很难不引述它，因为它对当时的习俗有一定的象征意义。⑱

　　该文将蜡烛与基督徒进行比较，首先指出，蜡烛由三种物质组成：蜂蜡、灯芯和火焰，是肉体、灵魂和智慧的象征，这是显而易见的！一如"火焰照亮，灯芯燃烧，蜂蜡溶解"，"智慧的教诲萦绕灵魂，战胜肉体的抵抗"。但蜡也是"蜜蜂的作品"，《圣经》是这样给我们解释的："懒汉啊，看看蜜蜂吧！"（《箴言》第六章）看它们多么辛勤地工作。它们的工作是多么神圣，因为国王和子民用它们的劳动成果来维护自己的健康。在所有人看来，蜜蜂优雅而美丽，虽然柔软无比，却总是以智慧取胜。

　　这段关于蜜蜂的引述被错误地添加在《圣经》希腊文版本

中*，希伯来文版本中只提到了蚂蚁，然而正是这一错误才使赞歌得以继续：

哦，耶稣，你教授我们什么？我们在蜜蜂身上应学习什么？这个小生灵，长有翅膀，因为那是谦卑在飞升。蜜蜂凭着两片光彩亮丽的翅膀飞翔。然而，有什么会比慈善更光亮呢？慈善有两个戒律，爱主和爱他人，这犹如两片翅膀，携带着我们飞向天国。甜蜜是蜜蜂劳动的结晶，真理出于义人之口；因为主对我们大声说："我就是道路、真理、生命。"（《约翰福音》第十四章，6）轮到先知这样对我们说："尽情地品尝与神同在的甘甜吧。"（《诗篇》第三十三章，9）蜜蜂热爱它们的蜂后，一如义人热爱他们的耶稣。蜜蜂筑造蜂窝，义人建造教堂。蜜蜂在群芳中采集花蜜，一如义人从《圣经》中撷取美感，《圣经》旨在宣扬主和遵奉主，对于义人而言，《圣经》犹如五彩缤纷的草原。蜜蜂生育无任何玷污，一如义人凭借福音的贞洁预言培育基督徒……我们在蜂房中能分辨出蜂蜡、蜂蜜、幼蜂，在教会中，则有《圣经》、智慧和聆听。一如蜂蜡含有蜜蜂，《圣经》隐藏着智慧，幼蜂在蜂蜡中有自己的巢，信众将挚爱倾诉在《圣经》中；又如蜂脾中已含有幼蜂，但仍未含有蜂蜜，一如神秘的经文，在散发智慧之前，首先需要义子的信仰。年轻的蜜蜂羽翅丰满后，将蜜填满从前曾滋养它的蜂脾，一如年轻的信众，在信仰中逐渐成长，开始展开慈善的翅膀飞翔，使《圣经》的围墙更为

---

*   "懒惰者啊，你去察看蚂蚁的动作，就可得智慧。"《箴言》的希腊文版本在此引入了一个很有启发意义的注释："或者去察看蜜蜂吧，看看它们是多么勤劳，它们完成的工作是多么高贵。国王和平民享用它的产品保健。蜜蜂受人喜爱，闻名遐迩。它虽然身体娇小弱，却精力充沛，智慧超人。"（《旧约》，《圣经》通行译本，巴黎：塞尔夫出版社，1978，第1527页。）——译注

坚固……挤压蜂脾，蜂蜜便从中流出，将其收集在瓶中，一如耶和华的激情充满律法和先知的经书。

做完了详细的比较之后，布道文以《圣经》中的参孙故事诠释收尾（《士师记》第十四章）。所涉及的段落，是参孙不顾父母反对，决定娶非利士女子为妻。在路上，他必须赤手空拳，将一只少壮狮子撕裂，"如同撕裂山羊羔一样"。过了些日子，他回去看死狮，见有"一群蜜蜂和蜜在死狮体内"。他用手取蜜，边吃边走，并带回去给父母吃，但未告诉他们蜜从何来。参孙后来让一群妇人猜谜，看谁能找到答案："被吃是因为吃人，温柔是因为强大。"对于布道文的作者而言，信息非常清楚：基督教的温柔之光战胜了异教的冷酷阴影，同时印证了身体起死回生的信念。[19]

必须承认，在这篇冗长的布道文中，蜜蜂的隐喻比比皆是，甚至有过分之嫌：从中很难找到圣奥古斯丁式的细腻。但另一方面，由于这是一篇布道文，面对的是广泛而多样的受众，借用蜜蜂比喻更容易打动人心。此外，该文还汇集了《圣经》中关于蜜蜂的所有引文，虽然真实性难以定夺，但应当承认，通过对异教象征的改造利用，基督教义关于蜜蜂的争吵便找到了解决方案。

我们可以这样总结：面对富于魅力但往往会误导人的异教诗歌，比如荷马和维吉尔的诗，《福音书》的蜜可以自诩无比甘美，因为那是真理本身；面临苛刻的犹太律法，基督教的博爱精神让信徒自愿而清醒地臣服，如同蜂房里的蜜蜂。总而言之，方法已经全盘托出：所有传播或将传播这种精神的人可以被誉为"流蜜圣师"，亦即口才绝佳、文辞甜美流畅如蜜的人，其代表人物包括奥利金、圣安布罗斯以及教皇格列高利（590—604）、圣伯纳德（1090—1153）等。

《采蜜篇》之十

蜂蜡这种材质从何而来？

长期以来，人们一直以为蜜蜂是在蜂巢之外采集蜂蜡、蜂蜜、花粉和蜂胶。但后经观察，发现了两种采集技术：一是蜜蜂用嘴来吸吮花蜜，并将其存储在嗉囊内；二是蜜蜂用两条后腿运输花粉或蜂胶。人们经常将蜂胶和蜂蜡混淆，尤其是伟大的亚里士多德。

"蜜蜂于腿部携带蜡及蜂粮（花粉），用嘴将蜜吐入蜂窝"（《动物志》，第五卷，7）。"蜜蜂趴在花朵上，用前腿迅疾地刨扒，以采集蜂蜡，然后把它们擦刮下来，移至中腿，再从中腿移至后腿的曲凹处"（《动物志》，第九卷，27，7）。关于采集的对象虽有错误，但采集方法的描述则完全正确。应该记住，蜂胶是采自花朵和嫩芽的一种树脂物质，常用作蜂巢内部的消毒涂料。"蜂房门口和两边涂抹着蜂漆，这种物质颜色较黑，像是蜡的残渣，气味浓烈，可用于医治刀创与脓疮。"亚里士多德认为，蜂胶就是浓缩的蜂蜡。虽然普林尼本人也将树脂与花粉区别开来，将前者视作建筑材料，将花粉视作"蜜蜂劳动时的食物"，但由于花粉采集技术与蜂胶采集技术十分相似，因而二者的混淆仍然继续发生。

这一现象一直延续到18世纪末。雷奥米尔（《昆虫史记》，1740）也提到花粉是"蜡料"，尽管他做了很多实验，以证明花粉和蜂蜡之间的差别。他将花粉颗粒的各种颜色和新造蜂蜡的白色相比较，还注意到刚放入空巢里的蜂群，在采集花粉前会先造蜂脾，蜜蜂以花粉为食，有时会存储较长时间。他在观察过程中发现存储的花粉没有什么变化，便下结论说，从"蜂蜡的原材料"转化为蜂蜡的过程是在蜜蜂的胃中完成，然后再通过口腔吐出，"即时可用"。在此，我们有一个绝妙的例子来说明语言知识学的障碍，即使用"蜂蜡的原材料"这个术语来指称花粉。

最终揭开这一奥秘的是才华横溢的弗朗索瓦·于贝（《蜜蜂新观察》，1802）。蜜蜂体内长有蜡腺，能分泌出蜡但不会采收。他在称赞雷奥米尔的同时，也以批评的眼光指出了问题的症结："他确实注意到在授精花粉和蜂蜡之间存在很大差异，做了很多试验。如果他能做出正确的结论，本应能够避免这一错误观点。"*

1793年，弗朗索瓦·于贝发现"工蜂腹部环带下"有蜡块。"蜡块在环带下成双成对排列，置于形状特殊的小囊袋中……但雄蜂和蜂后的环带下则无。"于贝指出，蜜蜂的胃与腹部环带互不沟通，并得出结论，认为蜂蜡乃由蜜蜂的特定器官所分泌。该"物质看似属于植物"，其实是"动物的分泌物"。这一发现"提出了诸多问题，为生理学研究和自然历史爱好者提供了一个更广泛的研究领域。这种看似属于植物的动物分泌物，也为化学家提供了开辟新研究的途径。

---

* 弗朗索瓦·于贝：《蜜蜂新观察》第二卷，1814，第38页。——译注

总而言之，这是一座新大厦的基石"。

　　于贝继续他的实验和观察，证明蜡板经由蜜蜂的嘴巴加工——咀嚼并与唾液混合（正是这一点使雷奥米尔误以为是蜜蜂从嘴里吐出蜡），最后明确指出，花粉和蜂蜡之间没有任何联系，分泌蜂蜡所需食品是花蜜和甜性物质，而花粉却是喂养幼虫必不可少的食料（参见插图8和插图9）。

插图8　今日养蜂人: 在巢框上可见有封盖的蜂蜜和保护幼虫的蜜蜂

摄影: 缪德·达瓦佑

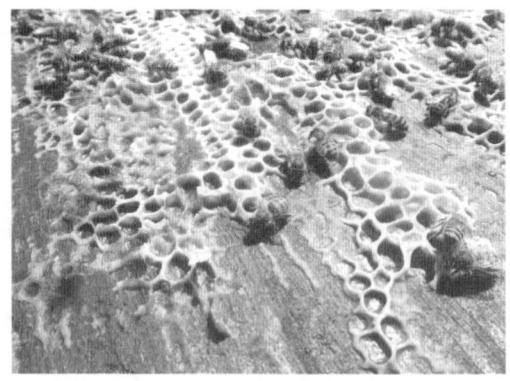

插图9　移开的巢框盖上用以筑造巢脾的巢础

摄影: 缪德·达瓦佑

3. 蜜蜂与圣母

蜜蜂为圣母无玷始胎作证

> 童贞女的确配得上与蜜蜂相提并
> 论，她们真的和蜜蜂一样："勤奋、
> 纯洁、贞洁。"
>
> ——圣安布罗斯《论童贞》

继蜡烛之后，允许基督徒引用蜜蜂的第二个原因，是他们所谓的"贞洁"。我们已经谈到，古希腊人如何将蜜蜂视为"理想女人"的楷模，谈到（荷马[20]和赫西奥德）如何讴歌它的童贞；还介绍了蜜蜂的贞操如何令亚里士多德深陷困惑。这一主题在基督教中得到加强，用以宣传基督教教义的两大奥秘：圣母玛利亚的童贞和她的无玷始胎*。上文提到《逾越颂》，就是以蜜蜂礼赞结尾的：

哦，可爱可敬的蜜蜂，雄蜂并未交媾，繁衍后代既不影响子孙，也不会坏其贞洁！所以，圣母玛利亚就是这样，童贞受孕，贞洁终生！

---

* 在此重申，备受争议的无玷始胎指的并不是圣母玛利亚的童贞，而是她的出生无染原罪。这两点需要区别。

　　关于这一主题，神甫们此次达成了共识，因为蜜蜂提供了一把钥匙，可揭开《启示录》中最神秘的问题之一：救世主是一个无染原罪，即无玷始胎的童贞女所生。救世主怎能生自一个凡人的腹中？如果没有精神辅助受孕（PSA），谁会相信复活的许诺？困难在于无性繁殖也很难想象……蜜蜂除外！拉克坦提乌斯、鲁芬、圣安布罗斯（参见《集锦篇》之九）及其他诸多学者都曾不断使用这个简单的论据，让那些指责基督教奥义虚假、荒谬、异想天开的人哑口无言。他们都异口同声地驳斥对方："那蜜蜂呢？"[21]

　　既然蜜蜂能够繁衍后代而我们却从未见过它们交配，可以推断，生命的创造并非仅仅取决于性，它遵循的是一种更为原始和高尚的原则。这是圣奥古斯丁在谈及生命起源时再三强调的。上帝是唯一真正的造物主，他发散"精粉"，由人类收纳，以繁衍后代。"在花朵上采集精粉而受精的蜜蜂就是证明。而精粉的创造者恰是创造万物的上帝；在我们眼前出生的生命，均从各元素所拥有的原始繁衍力中禀受精子，生存发展。所以，他们的生长速度以及形状的多样性都必须遵循原始繁衍规律。"[22]生命是人人都能得到的上帝馈赠。

　　这使得圣奥古斯丁能以子之矛攻子之盾。他认为，从本质上说，无论是无玷始胎还是圣母玛利亚的童贞，均毫无神秘可言。相反，肉体的性行为才是"不正常"的。事实上，在原罪之前，人类繁殖从未受到这一有害激情的腐蚀，遭受痛苦并成为凡人。他在《〈创世记〉字面意义评述》上这样写道，自亚当和夏娃犯下原罪以来，正是性欲和贪婪使我们远离了永恒的生命：

　　　　为什么不相信早在原罪之前，我们的先人就在繁衍后代的行为中，控制自己的肉身，在既无痛苦又无快感的情况下，让灵魂指挥器官，行使某些功能？造物主的威力超乎我们的赞美，他将自己伟大的身躯化为微小的生灵，赋予蜜蜂繁衍后代和制作蜂脾或蜂蜜的能力。那为什么他就没有赋予第一个人温顺的身体，使这个人可以用自己强大的思想，像指挥他的脚一样去指挥他的生殖器官呢？如此，生育后代便可既无炽热的激情又无痛苦。但自从违背了神圣的戒律，他感受到的律法就与精神律法相矛盾了，我的意思是说，器官已经承认死亡：如同婚姻规范淫欲，贞洁也包含欲望并且主导它。同样，惩罚与罪行相关，唯有德行能逃脱惩罚。㉓

所以，蜜蜂让我们想起纯真无邪的时光，原罪前的黄金时代，看到善，就要去做，不然的话便会为贪欲所主宰。可现在，"（他）所愿意的善，（他）反而不做，（他）不愿意的恶，（他）倒去做"（圣保罗《福音书》，第七章，19）。

但由蜜蜂引起的对伊甸园的怀念，也使我们重新走上了拯救之路，因为它向我们表明，从自然的角度看，没有"力比多"的性是可能的，在精神上也是必要的。但圣奥古斯丁提醒大家不要矫枉过正："我们钦佩蜜蜂，它采集百花，聪明地酿成蜂蜜，然后飞走。从这一点看，它远胜于人，但我们也不应就此偏爱它，把它与我们自身相比。"㉔给了蜜蜂如此多的溢美之词之后，也得提醒大家：同样，也不要将蜜蜂女神奉为神明！为了避免这一点，只需让它皈依宗教……

4. 蜜蜂与修道院

蜜蜂入教

> （诗人）告诉我们，在动物当中，最接近人类智慧的动物注定会保持贞操。难道我们不是在蜂巢里认出了修道院的模型？贞洁女子用美德之花酿造了天堂之蜜。
>
> ——夏多布里昂《基督教真谛》，第一卷，
>
> 第九章，"论宗教圣事"

托马斯·德·康提姆普雷就这样大张旗鼓地在一本趣味横生且令人惊讶的书中进行了上述比较。该书名为《采自蜜蜂的普世之善》⑳，写于1256年，作者于1200年前后出生于布鲁塞尔附近的一个小贵族家庭里，早年应父亲之愿，在坎布雷进修道院"修道"，居住在康提姆普雷修道院，奉行圣奥古斯丁的教义。加入多明我会之后，他继续在科隆研修，与托马斯·阿奎那（1225—1274）一同师从大阿尔伯特（约1200—1280），随后到巴黎大学进修。之后在鲁汶教授哲学和神学，约1270年去世。托马斯一生笔耕不辍，撰写过多本圣人圣女传记，并花了15年时间撰写长达20卷的《物性论》（1240）。这是一部为了感化教徒而撰写的

自然科学百科全书，在当时非常成功（参见《集锦篇》之十）。

《采自蜜蜂的普世之善》写于1256年和1263年，托马斯将《物性论》中专门论述蜜蜂的篇章单独抽出来，放入书中。他将文章截成小段落，作为新书82个篇章的目录。每段节录分别介绍蜜蜂的一个优点，如政治才华、谨慎小心、富于正义感、顺从、尊老爱幼、上下有别、宽宏大量、童贞守节、纯洁卫生、天真无邪、温柔节俭、团结互助、忠心耿耿、忠孝虔诚、严谨、有先见之明等。蜜蜂的这些优点都附有神甫及古代哲学家的神学或道德评注。随后列出的是所谓"范例"，采用短小精悍的故事或趣闻轶事的形式，并注明出自真人真事，其实有时显得很神奇，目的是为公众提供有益的教诲。其中一些"范例"有时离题较远，有点类似道德课或神奇故事甚至是时尚人物杂志的"奇闻逸事"栏目文章，偶尔也有类似八卦文章的东西。这些微型故事汇编成册，为神职人员的布道提供灵感。与蜜蜂的关系有时很少甚至根本没有，却构成了讲道的脉络经纬，向基督徒尤其是修道士提供有关日常生活中时刻都必须遵守的行为准则。

这部著作以脍炙人口的蜜蜂作为引子，加上丰富多彩的主题，娓娓道来，融诸多元素为一体，出版后一举成功。该书的手稿现存尚有八十多部，可见它在当时的流行范围很广。该书1372年出版，一个世纪之后，查理五世要求予以翻译出版，教皇利奥十世在拉特兰会议（1512—1517）上也提出同样要求，这表明此书曾是中世纪名副其实的畅销书。

托马斯本人向多明我会（即布道兄弟会）会长亨伯特修士祝圣时，如下介绍了他这部书的内容：

应一些挚友的再三请求，我呕心沥血，写了一本关于尊长和臣民的书。为此我重新编辑拙著《物性论》，该书乃本人花费长达十五年的心血写就。我从书中特选出以蜜蜂为主题的篇章，引述了哲学家亚里士多德、索林、普林尼、大阿尔伯特、圣安布罗斯主教和阿克尔主教雅克关于蜜蜂的论述，其视野宽泛，可展现人类的所有状态，尤其是尊长与臣民，以及他们特殊的宗教生活。因此我想象征性地简单介绍这一章节的内容。我完成了第一本专门论述尊长的书，分为多个篇章，均配有题目。各个篇章都根据主题附有一些发生在当今或不久前的有用而恰当的实例。㉖

　　该书近五百页，通篇采用隐喻修辞，将蜂巢比作修道院的"镜子"，用来描述修道院，制定运作规章。高级神职人员或尊长应具备什么品质？选举应如何进行？对臣民的作用和责任何在？在修道院的言行举止应如何？修道院院长主管下的三个级别的职能和位置该如何分配？修道院女住持或院长，幼蜂或唱诗班的信徒，雄蜂或蜂卵，对这些问题均一一进行论述，并佐以从蜜蜂城邦观察所得的诸多故事。这种类比毫无新意可言，早就被许多基督教修道制度的制定者借用和滥用。托马斯只是对这些老生常谈予以进一步发挥，而且似乎做得有些过分。

　　他在书中讲究的更多是叙述、编撰或堆砌，忽略了"建筑"的严谨或系统的艺术：这本蜜蜂之书杂乱无章，啰唆累赘，有时甚至混乱不清，完全不能与其旧日同窗托马斯·阿奎那所撰写的《神学大全》同日而语。亨利·帕拉忒勒在其版本中将托马斯比作拉伯雷《巨人传》中的道听途说老汉，可谓不无道理。㉗那个畸形的四肢残废的瞎子，拥有无数只耳朵，口中有七条舌头，所以可以记下所有的谣言，并孜孜不倦地传播给其他听众。他总是以"道听途说"的方式获取知识。今天看来，这位老汉还一直活着，只不过是改了名字：他现在名叫"嗡嗡"，亦即采集百花的蜜蜂的名字……

在托马斯笔下，蜜蜂成了一个异乎寻常的象征寓言，即便无知或文盲的基督徒也能理解基督教的神秘奥义并心服口服：等级森严的教会组织，不仅不会束缚自由，反而给了自由必需的条件；圣母玛利亚是贞洁的，有蜜蜂为证，质疑其真实性的犹太人和异教信徒受到强有力的反驳；复活的希望不仅见于蜜蜂的生生不息和蜂巢的永久不灭，也可见于严冬消逝新春归来时蜂群的壮观景象；通往永福的障碍有内在的也有外在的，常见的有蜜蜂的天敌如恶魔般的燕子、贪得无厌的青蛙、阴险的黄蜂或妖魔般的马蜂等象征性动物。[28]

我们会带着同样的兴趣去阅读这本奇异独特的著作，并牢记修道院生活为现代带来的裨益：社会性的个人主义、权利的平衡、静默的阅读以及美食、威士忌、查尔特勒甜酒、单人卧室、孤独漫步，等等。从诸多方面看，我们已成为无上帝无教条无修道院的修士，借用人类学家路易·杜蒙的说法，是"出世之人"[29]，即从前的"出家之人"和尚、修士的忠实继承人。蜜蜂的类似性为我们展示这一隐秘的嫡系关系。

托马斯的著作最后以一系列神奇的故事结尾，这些故事都是他在漫长的僧侣生涯中所辛勤收集的典故。

在此，我们可举"范例"中"圣礼中的蜜蜂爱慕者"为例（《采自蜜蜂的普世之善》II，XI）。该故事收入"蜜蜂颂"一章中。托马斯对我们说，对那些善于聆听的人，蜜蜂的嗡嗡声中隐藏着一个甜蜜无比的声音，预示教堂甚至是天使的合唱。这是一位神甫向托马斯讲述的。一天，一个穷人来参观他的大蜂巢，发现里面的蜜蜂正兴高采烈地唱歌。当蜜蜂同时停止工作时，他细细观察，发现合唱共分六个声部，于是在傍晚时分走近蜂巢，听见蜂巢内传出美妙的歌曲，便邀请神甫和主教同来观察。主教决定打开蜂巢，结果惊奇地发现在一个洁白的小蜡瓶中盛放着一个圣体饼，周边群蜂齐声引吭高歌，正在庆贺瞻礼。主教大为惊叹，遂请人就地建造一个小祈祷室。不久后，两个窃贼惊恐万分地前来向他忏悔，供认在附近教堂里偷窃了一个银质圣体显供台，后因急着逃命，只好将已祈过福的圣体饼扔在附近的一个蜂巢下面。托马斯写到，这时，小蜜蜂们认出了"这一来自天界的活饼"，便悉心照料，将其置于蜂房中央的蜡坛上，并自行组合成完美的修道院格局，向其献上一曲隆重礼赞。

这一神奇的故事为托马斯的神秘蜜蜂之说画上了完美的句号。因为，如果说修道院应该模仿蜂巢以达臻完美，涉及人类的美德和永福时，蜂巢也应该效仿修道院，修道院与蜂巢互为镜像，完美至极！

完美至极？或许还不能称之为完全完美，因为深谙蜜蜂品性的托马斯对蜂群的一个特殊行为颇感为难：这就是分蜂（参见《采蜜篇》之十一）。

一些修道院其实已把"分蜂"纳入日常生活，如西多修道会教派，他们认为一个修道院只能容纳12个修士和1个神甫以及同样数目的居士。一旦超出这一数目，就必须增设机构。但如果机构规模过大，形象就会受到损害！分蜂也让人想起教会分立，这对于自认为"天主教"是普世教的教会而言，是最糟糕不过了。但在13世纪中叶，此类事件如火如荼：当时在教皇（英诺森四世）和皇帝（弗雷德里克二世）之间的冲突正趋于白热化。皇帝首先声称要建立相对于宗教的某种"政治自主"[30]。托马斯毫不示弱，坚决维护教会的统一性，将至高无上的精神权利与临时政权的野心相对立。不，绝对不能"分蜂"！

那就走着瞧吧……

5. 异端蜂群
蜜蜂与魔鬼缔约

让我们横跨三个世纪，来到1569年。

彼得·勃鲁盖尔，亦名老勃鲁盖尔，在去世前四个月创作了最后一幅画，后世把它命名为《养蜂人》（参见插图10）。这幅画作具有很高的史料价值，因为它是反映文艺复兴时期养蜂工作罕见的写实绘画作品之一。但这不是一幅简单的风俗画，而与当时发生在荷兰西班牙语地区的宗教血腥冲突密切相连。老勃鲁盖

插图10 老勃鲁盖尔笔下的养蜂人颇像那些搜查信徒灵魂的宗教裁判所法官，支持分蜂（宗教改革）

老勃鲁盖尔，《养蜂人》(1569)。© Akg-images

尔虽然是公认的天主教徒，却与新教阵营交往甚密，对当时"裁乱委员会"领导的西班牙宗教裁判在法兰德斯德所施行的残暴行径义愤填膺。现在让我们脑海中带着这些历史背景，仔细观察这幅画：画中养蜂人的形象看起来令人惊怵，很像那些搜查信徒灵魂的宗教裁判所法官。他们掏空并毁坏蜂巢——教堂（其造型颇像教皇的三重冠），将巢中蜂蜜盗窃一空。远景中，一个孩子躲在树上遥望一座没有十字架的教堂，那是谁呢？他象征着充满童真清新的信仰，渴望在英国或德国看到真本教会重生。树上也可能栖息着一群从被毁灭的蜂巢逃出来的蜂群，准备寻找更为温馨的家园。总之，老勃鲁盖尔以一幅风景画为幌子，表示自己对宗教改革的赞同。㉛

　　另有一点使这一诠释更为可信：1569年恰好出版了一本让欧洲新教人士欢欣鼓舞的书，名为《神圣天主教徒之蜂巢》，作者署名是鲁汶的伊萨克·拉伯武努，但大家都能辨认出菲利普·马尼克斯·凡·圣阿尔德弘德（1540—1598）的犀利文笔。马尼克斯是虔诚的加尔文教徒、诗人、神学家、杂文家和威廉一世未来的左膀右臂，也是荷兰国歌的作者。他在书中极尽诙谐幽默的手法，风格可媲美《绑鸭报》或托马斯在《采自蜜蜂的普世之善》中运用的双关语。书中有一个人物是天主教教士，对教堂充满爱心，将其誉为美妙的蜂巢，但对加尔文教徒却恨之入骨。不过，他的赞美之词过于笨拙蹩脚，自相矛盾，漏洞百出，使得天主教博士、传教士、裁判所法官的各种恶习和蛊惑人心的伎俩暴露无遗。在马尼克斯笔下，天主教蜂巢中的蜜蜂毫无道德可言，它们不择手段地掠夺他人的花蜜，以酿造难以消化的蜂蜜。它们不专心采集独有的蜜源以生产蜂蜜（《福音书》），而是置和谐和忠诚于不顾，四处寻花问柳，只光顾最具诱惑力的花朵，酿造出不成体统、混乱不堪、毫无章法的泥浆，赠送给无知而闭塞的信众。无论是在老勃鲁盖尔还是马尼克斯身上，我们都察觉到他们对分蜂的赞美。逃离这一狭隘僵化、腐败不堪、罪孽深重的蜂巢（教堂）已刻不容缓！

我们在此看到的是蜜蜂的另一种神学用途，这是一种负面的用途，重新回归《福音书》初期的质疑。蜜蜂无疑纯洁无比，然而它太纯洁了，最终难免变得可疑。一味追求精神升华、恪守严格的道德操守和过分的忠孝仁义，往往会变得毫无分寸、专横跋扈；神圣的蜜蜂由于过于信守教条，很轻易就会摇身变为异端分子，犯下异教徒最可怕的错误！在宗教改革之前，已经听到一系列宗教裁判所式的言论，将异教徒与蜜蜂相提并论，其中包括过分追求纯洁和平等（反对社会和僧侣等级）、拒绝肉体的感官享受（反对性生活和食肉饮食）、反对僧侣垄断教旨的启示和诠释权以及批判偶像崇拜（反对加冕、象征含义和僵化的宗教礼节）。分蜂期间的蜜蜂在各个方面都成了一个明显的符号，象征重蹈古代异教最严重的错误。*

这一用途后被路德（1483—1546）扩大，并以子之矛攻子之盾。他当时虽然被教会视作分裂主义者，但不断控诉形如"分蜂"的宗教狂热。在其之前，只有蜂群分蜂；在他之后，Schämerer这个词专指与真正信仰背道而驰的敌手及其宗教狂热情绪。这其实是一个双重的敌手：天主教会不仅像分蜂的蜂群

---

* 有许多传说提到蜜蜂成群出现在某些婴儿的嘴唇上，这些婴儿后来成为著名的诗人、学者或圣人：赫西奥德、柏拉图、品达、圣安布罗斯等。但中世纪的编年史作家拉乌尔·格拉贝尔栎（985—1047）却提供了一个"相反"的版本：一群蜜蜂经由"底部"穿进一个人的身体，并从其口腔飞出，随后这个人的说教便变得相当坏。在这种情况下，他的话有异端之嫌，他所受的启示明显是来自恶魔。参见弗兰克《"异端蜜蜂"与中世纪千禧年"清教徒"》，《中世纪》杂志，2005年第一卷，CXI，第71—93页。

离开蜂巢那样，叛离《福音书》，同时也像一个升华的哲人，远离世俗的经验，投入理性这一"可耻魔鬼"的卑鄙怀抱（参见《采蜜篇》之十二）。哲学精神和语言因而开始无休止地凭空嗡嗡作响，导致最脆弱的灵魂完全迷失方向。"真正的宗教"被哲学所玷污，腐蚀了它们共同的家园，需要完全重建。

在蜂巢的生活中，分蜂虽然十分平常，却非正常状况。养蜂人惧怕分蜂，对他而言，分蜂是纯粹的损失，因为这是倒退的象征：因监控不周或文明过度而倒退到野蛮状态。事实上，往往是蜂巢过分富足导致蜜蜂团体分裂，使其中的一个蜂群出走。分蜂是分，而蜂巢是合。我们明白神学家们为何会穷尽这一如此简单而完美的意象，去阐明分裂主义的危险和教会的理想：唯有确保群体的统一才能通向极乐，即战胜死亡。蜂巢若能团结统一，便可长生不死；一旦分裂，便有消失的危险。由此可见，当代人害怕蜜蜂消失，其实也是基督教义的世俗反映；因为如果蜜蜂消失，便是长生不死的一种具体表现的终结，表明生命不再延续。这将是悲剧战胜宗教、物质战胜精神、死亡战胜生命的最终胜利，即魔鬼的辉煌时刻。蜜蜂啊，把我们从恶中解救出来吧！

《采蜜篇》之十一

分　蜂

　　分蜂是蜂房生活中非常特殊的时期，因为它虽然仍被视为一个整体，但已开始繁殖。这一繁衍方式与单细胞生物的繁殖方式相同，即分裂。春季，蜂房里的蜂群数量达到最多时，蜜蜂便开始筑造蜂后产卵的王台。第一批蜂卵破茧成蛹之前，蜂群中的一部分蜜蜂和年老的蜂后离开蜂巢，先一窝蜂地停挂在一棵树的树枝上，等待侦察蜂寻找到新的落脚点，让分蜂群驻扎下来（参见第六章）。分蜂并非时时发生，但以下因素都会促使蜂群分蜂：基因因素、蜂后老化、蜂巢过分拥挤、好坏天气交替变化过于频繁。油菜花或蒲公英的蜜露过多也会引发分蜂现象。面对这种现象，古今养蜂人的态度各不相同。很长一段时间内，在诸多地区，自然分蜂是更新或扩大蜂群的唯一可能。当时的蜂房一般设在养蜂人的住宅周围，蜂群离开时更容易监督。在法国乡村，直至不久前，将蜜蜂当作普通的昆虫并进行出售是不可思议的。因此，当可用的蜂巢都被占满时，多余的蜂群会被送给蜂群不多的邻居。但职业养蜂人由于不能每天监视蜂巢，限制分蜂便成了确保蜂蜜产量的必要措施。所以，同一现实可以正面地看，也可以反面地看。从蜜蜂的生殖繁衍和原蜂群蜂后

的更新换代而言，这是有益的事情；相反，蜂群分化和弱化
了，则是不好的事情。事实上，分蜂矛盾的两面在象征意义
方面都已被开发利用。

《采蜜篇》之十二

康德与狂热

　　路德使用"狂热"（Schwärmerei）一词来揭露哲学，对后世哲学产生了重要的影响。康德（1724—1804）后来便是用这个词来定义其哲学的计划。*康德所谓的"批判哲学"，预示着真正的哲学研究，即在使用我们的认知能力时，要审慎细致地定出界限。要注意绝不能远离实践，同时又不能完全贴近。离实践太远，我们会踏空：这是理性的教条主义；离实践太近，我们就什么都看不清：这是怀疑的经验主义。二者均营造一种恶性循环，密谋让人类远离自我，即悲剧和形而上的双重条件。人必然走向死亡，但又有精神灵性，因此需要在这两个歧途之间游弋，进而远离自己的宿命。为了对抗（教条主义）狂热分蜂的危险，对抗蚂蚁独有的枯燥无味的积累（艰苦的经验主义），必须让人类的思想回到共同的家园，使他们真正富于生产力。人类的精神，回归蜂巢吧，不要飞得太久！回去采蜜吧，不要无休止地重复一些老生常谈！专心去酿制"形而上未来"的蜂蜜吧！

---

　　* 在泛神论争论（1780—1789）中尤为如此，这是德国唯心主义的标志。参见皮埃尔-亨利·达瓦佑：《光明之黄昏，泛神论争论资料》，巴黎：塞尔夫出版社，1995。

注　释

①伊丽莎白·丰特纳:《动物的沉默哲学经受动物性的考验》,福里奥袖珍本,巴黎:伽利玛出版社,第269页续、第332页。

②埃蒂安·吉尔松:《中世纪哲学》,巴黎:帕约出版社,1952,第49页。

③亚历山大的革利免:《杂记》,1,6。

④亚历山大的革利免:《异教徒的劝勉》,"基督教源流"丛书,巴黎:牡鹿出版社,1941,第59页。

⑤亚历山大的革利免:《杂记》,1,1,11,2;W.特尔费尔:《亚历山大的革利免笔下的蜜蜂》,载《宗教研究论刊》1927年第28期,第167—178页。

⑥在此,奥利金(或许是塞尔索斯)在翻译时曲解了原意,把propolis(pro为"前"和polis为"城邦")译成了faubourg,意为"郊区"。

⑦奥利金:《驳塞尔索斯》,四,80和续,"基督教源流"丛书,巴黎:牡鹿出版社,1969,第385页续。

⑧同上书,四,81。

⑨"我认为将所有神圣经典冠名为'蜂巢'最恰当不过,恰如其分地表达了人们的想法。"参见奥利金:《数字布道辞》,27,12,12,"基督教源流"丛书,巴黎:牡鹿出版社,2001,第339页。亦参见《论以赛亚》,2,2,圣热罗姆 法译。

⑩圣奥古斯丁:《布道辞》,219。

⑪L.达切斯纳:《基督教崇拜的起源:查理大帝之前的拉丁礼仪研

究》，巴黎：布罗卡尔出版社，1920，第276页。

⑫由B.卡佩尔复根据各种来源的文本复原的《安普罗斯的〈逾越颂〉》，载《乔瓦尼·梅尔卡蒂杂记》第一卷，1946年，第219—246页。

⑬同上。M.特斯塔德针对这个问题予以归纳，参见《维吉尔、圣热罗姆与〈逾越颂〉：围绕文字批评的问题》，载《拉丁研究专刊》，1982，第60期，第283—297页。

⑭保兰：《安普罗斯生平》，3，2—5。

⑮凯撒利亚的巴西尔：《创世六日》，5。参见大卫·恩格斯、卡拉·尼哥莱耶主编《文化和历史贡献：古老的蜜蜂象征及其理解》，希尔德斯海姆：G.奥尔姆斯出版社，2008，第165—183页。

⑯圣热罗姆：《书简》，125，11。A.苟隆：《教父时代的蜜蜂与蜂蜜的象征涵义：古代遗存与全新诠释》，载《从特土良到穆扎拉比，献给雅克·封塔纳的杂记》第一卷：近古和早期基督教（3—6世纪），巴黎：奥古斯丁研究所，1992，第525—535页。

⑰圣热罗姆：《复活节蜡烛》，载《拉丁语教父》（P. L.），30，182。有关复活节蜡烛的书信，其真伪问题曾引起争论。东格尔曼·莫林在《古文献公报和基督考古文献》第三卷（1913），第54—58页中对文本予以批评分析，确认其真实性。

⑱该讲道载入由迈克尔·丹尼斯1792年在维也纳发表的著作中，参见《布道：第一个系列》，载《圣奥古斯丁全集》第六卷，罗莱克斯 法译，巴勒迪克，1866，第1—605页。

⑲这是奥古斯丁或阔吾德乌斯著作中常见的诠释，参见H.德·鲁巴：《中世纪的训诂：文字的四种意义》第二部分，"神学"丛书，巴黎：牡鹿出版社，1859，第599—620页（第600页）。

⑳荷马：《献给赫耳墨斯的颂诗》，载《荷马颂》，巴黎：美文出版社，1976。

㉑圣奥古斯丁：《论婚姻的益处》，二，2。

㉒圣奥古斯丁：《论三位一体》，二，8。

㉓圣奥古斯丁:《〈创世记〉字面意义评述》,九,10,18。

㉔圣奥古斯丁:《驳学院士》,一,第三场辩论,第七章。

㉕托马斯·德·康提姆普雷:《〈蜜蜂之书〉的范例》,载亨利·帕拉忒勒、图尔努、布列博编译《中世纪观》,1997。亦参见发表于1650年的布鲁塞尔多明我会修士加文森特·威拉特的法译版(非常不忠实,但有电子版),书名为《普世之善或玄学蜜蜂》。

㉖托马斯·德·康提姆普雷,《〈蜜蜂之书〉的范例》,第56页。

㉗亨利·帕拉忒勒:《绪言》,载托马斯·德·康提姆普雷著《〈蜜蜂之书〉的范例》,第23页。拉伯雷:《巨人传》第四卷,第三十一章。

㉘所引述的章节出处:二,33;二,29;二,50—54;二,55—57。

㉙路易·杜蒙:《论个人主义》,巴黎:瑟伊出版社,1983。

㉚E.康托罗维奇:《腓特烈二世》,巴黎:伽利玛出版社,"季刊"丛书,2000。

㉛R.米拉—维耶纳:《加尔文主义在荷兰崛起时期的彼得·勃鲁盖尔的两种道德观念》,《人文主义、宗教改革和文艺复兴研究协会专刊》1980年第11卷,第11—2期,第188—201页。J.锡贝斯马:《勃鲁盖尔的"养蜂人"的接受:选择的问题》,《艺术公报》1991年9月,73,3,第467—478页。

第四章

蜂巢的政治

蜂蜜制度

> 哲人将政客引向蜜蜂，因为蜜蜂
> 会告知责任何在。
>
> ——约翰·德·索尔兹伯里《论政府原理》，
> 第六章，24

　　蜂巢里的产品，除了蜂蜜、蜂蜡、花粉、蜂王浆之外，还有一种奇异的物质：蜂胶。那是一种暗红色的胶，由蜜蜂在栗树或柳树的芽鳞上采集而来，用途广泛，既可用来封堵蜂巢的缝隙，又可用于粘贴蜂蜡，还可用于蜂巢墙壁的涂层。此外，它还有消毒灭菌的功效，可帮助蜜蜂以及采集蜂胶的人抵御细菌及其他东西的侵袭。这种药用广泛的蜜蜂神药，词源不清，众说纷纭。有人认为该词源自拉丁语propolire，意为"涂抹"；有人则认为该词源自希腊语pro-polis，意为"在城邦前"，或许指某类蜜蜂在蜂巢洞口前放置该物质，以避免天敌入侵。

　　我们接受第二种说法，并非因为它确凿无疑，而是因为它刚好吻合蜜蜂在思想史上的另一普遍用途。因为蜜蜂不仅被视作知识的源泉、道德的楷模、智慧的向导，同时也被视为*政治艺术*的先师。既然我们在政治上经常处于不知所措的局面，深入蜂巢这理想的城邦，又有什么危险可言？我们或许不会遵循这位备受赞颂的小小天才老师的所有教诲，但起码可以聆听一下公民蜜蜂的嗡嗡声：它身上浓缩了政治哲学的所有历史！

1. 帝国蜜蜂

　　1804年4月，波拿巴·拿破仑想称帝已有一段时间。为了实现这一计划，他抖擞精神，身体力行，不错过任何小细节。他深知象征意义的重要性，于是交给国务委员会一个任务，委托他们酝酿其行将建立的帝制的象征符号。我们不难想象，这些政治公关专家的先驱如何跃跃欲试，谋划一场帝国广告的大选。他们制作标识、检查标语，堪为媒体策划大师之鼻祖。经过一番思考，入选象征物的动物包括大象、狮子、雄鹰、公鸡等，蜜蜂占首位。其实早在法国大革命时期，为了抗衡"旧制度"一千多年的沉重历史传承标志，蜜蜂便已多次入选。法国大革命也是一个绝妙的象征工厂①。早在共和第四年雾月三日的国民工会上，蜜蜂便差点成为法兰西共和国的象征。蜜蜂勤勉灵巧、有条不紊、贞洁简朴，且具有斯巴达人的战斗精神，蜂巢拥有各种优点，代表着新的精神。但蜜蜂有一个致命的弱点：其首领竟是一个女王。蜜蜂成为新象征物的计划因而胎死腹中……

　　当"革命结束"时，这一弱点便成了优势。在拿破仑看来，雄鹰代表帝国政权乃当之无愧，而蜜蜂则位居第二，因为正如帝国未来的司法大臣坎巴赛雷斯侯爵所言，蜜蜂"提供了一个拥有领袖的共和国的形象"，亦即"法国自身的形象"。身为国家顾问的拉屈埃将军补充道："蜜蜂既是螫针又是蜂蜜。"②

　　1804年12月2日，拿破仑加冕当天，蜜蜂在巴黎圣母院洋洋

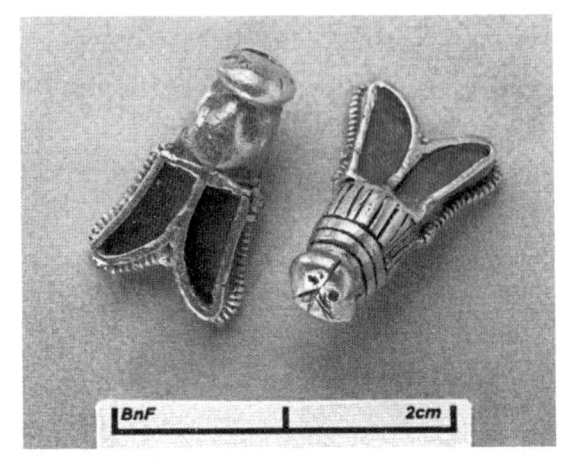

插图11　在图尔奈·希尔德里克一世的坟墓发现的蜜蜂形金饰。这些蜜蜂形制成
　　　　为拿破仑的皇家蜜蜂的蓝本

巴黎, 卢浮宫博物馆/© RMN−卢浮宫博物馆/让−吉尔·贝里兹

得意，其形象无所不在；或金碧辉煌，或精心缝制，或精雕细
琢，或装饰在挂毯上，或刺绣在皇帝礼袍上。其设计师是作家兼
画家维旺·德侬，他是拿破仑远征埃及的战友，日后成为帝国的
准"文化部部长"。他以1653年在图尔奈的克洛维之父希尔德里
克一世（481年卒）的坟墓中发现的蜜蜂金首饰为蓝本（参见插
图11）。当时的一位博学者曾错误地认为这是皇家百合的原始蓝
本。维旺·德侬在设计中强化这一假定的相似性，使之成为重要
的再生象征，在不容置疑的合法性的延续和断裂上做文章，而这
恰是拿破仑所急需的。在仪式中，雄鹰象征罗马帝国，冠冕模仿
查尔曼大帝的形制，而蜜蜂则为墨洛温王朝的象征物。在深谙古
典著作的文人雅士看来，这同时微妙地暗示维吉尔笔下的帝国蜜
蜂。这一切都是法国与自己数千年历史和解的象征，它为自己的
强盛自豪，对未来充满信心（参见插图12）。

帝国蜜蜂便由此诞生（重生），它忠实地伴随和赞美拿破仑一世和拿破仑三世两个法兰西帝国的伟大。

伟大或者……也可以说是渺小，雨果曾写过一首著名的诗，在此不能不引用。雨果在诗中号召被背叛的小昆虫奋起反抗在他看来已经与这崇高象征不相配的小拿破仑。

插图12 拿破仑身着绣有蜜蜂图样的皇袍

安格尔，《御座上的拿破仑》(1806)。巴黎，法国国家图书馆，古代钱币和勋章部（国王宝斋）

/©法国国家图书馆。/© Akg–images/Erich Lessing

蜜蜂与皇袍

啊！欢乐就是你们的劳动，
天上的呼吸是气幽香浓，
这就是你们的掠夺对象。
十二月一到，你们就逃避。
你们给人间酿成的蜂蜜，
来自从百花偷来的花香。

童贞女把露水制成佳酿。
你们就如同那一位新娘，
去看山坡上的百合盛开。
啊！你们金红花冠的伴侣，
蜜蜂，你们是光明的闺女，
请从这件皇袍上飞下来！

女战士们，向他发动冲锋！
啊！你们都是高贵的工蜂，
你们是责任，你们是美德，
金色的翅膀，发火的飞箭，
纷纷飞到无耻者的面前！
对他说："你看我们是什么？"

"我们是蜜蜂，你这个畜生！
山间木屋有葡萄的凉棚，

屋顶下住着我们的蜂群。
我们在蓝天出生，飞到
玫瑰花绽开的朵朵花苞，
也曾飞临柏拉图的嘴唇。

"谁从泥中来，复回泥中去。
去黑窝里和提比略相聚，
阳台上把查理九世找寻。
去吧！你那紫金色的皇袍，
不要伊梅特的蜜蜂，只要
隼山上黑色的乌鸦一群！"

大家都来刺他，你咬我追，
让发抖的人民感到羞愧，
把卑鄙骗子的眼睛戳瞎，
要狠狠地对他猛刺猛扑，
让成群的蜜蜂把他驱逐，
既然做人的都对他害怕。*

（雨果，《惩罚集》，1853年6月流亡于

泽西岛时创作，程曾厚译）

　　这只是将蜜蜂运用到政治思想史中的诸多实例之一。然而，在我们看来，拿破仑帝国的优势在于它浓缩了各时期和各种参考

---

* 其他人可能会对第二帝国更为宽容，如1853年娇兰公司设计出一件杰作：一个蜜蜂香水瓶，给约瑟芬皇后装古龙水用。

元素。在其象征符号中，它融合了古代的回忆和中世纪的暗喻，以及某些关于强化国家和人民主权的绝对现代的计划。由于蜜蜂糅合了君主制、共和国、帝国制、贵族制、共产主义、自由主义、无政府主义的特性，因而可以综合所有经实践检验过的制度，包括最优等和最劣等的制度，并且列出一个完整的单子。当我们的民主失去魅力，要寻找新的灵感时，我们很可能又经不起诱惑，想再次进入蜂巢这所政治学校。

2. 蜂巢，混合政府的理想模式
蜜蜂使国王、贵族与平民和解

政治哲学伴随着"城邦应由谁来统治？"这一问题而诞生。这个问题在我们这些民主人士看来好像很普通，因为每次选举在即，我们都会提出这一问题。请记住该问题有颠覆性质，因为它意味着无论是既成事实还是暴力、恐惧均不足以长期掌权，还需有正当理由和一定的合法性。如何才能找到这一合法性呢？对于古希腊人尤其是希罗多德而言，根据追逐权力者的数量，可考虑三个解决方案。权力可以赋予一个人，但条件是他必须是最富有道德和最高尚的人，这一制度将被称为"君主制"。如果首领为数个，无论他们是最富有的，还是显贵家庭的后代，或是"最优人士"，都称为"贵族"。如果政府由组成城邦的所有公民的大会所掌管，那就是民主制度或共和国制度。困难在于这些解决方案都既有优点又有缺点。君主政体的优势在于独一指挥的高效性，但总是存在专横暴政和任意的风险；贵族体制的确具有精英集体执政的优越性，但可能会引发无休止的派系斗争；民主体制虽能促进民主参与公共决策，但有可能招致永久的混乱。如何才能打破这种僵局呢？

在古代，人们试图透过"综合提案"找到解决办法，糅合上述三种制度优点的同时避免其缺点，这就是罗马时代所谓的"混合政府"。这一说法先是由希腊历史学家波利比乌斯，继而是西塞罗提出的，但我们发现柏拉图和亚里士多德也有过这种想法。
如何构想一种完善的政治体制，它既能融合领袖的非专制统治，
又能让精英担任重要角色，还能使每个人参与城邦生活？答案从
理论上看很复杂，但观察一下大自然，就会变得很简单：其实这
就是原汁原味的蜂巢原型！

君主制式蜜蜂

这是绝代君王的最佳典范。

——塞内加《论仁慈》，第十九章

他的声音、他的机智和他整个
人所表现出来的天生的高雅和庄严，
使他在去世之前都像蜂王一般与众
不同。

——《圣西门公爵回忆录》
（论路易十四），第十二章

很自然，国家的元首在城邦的地
位犹如蜂巢中的蜂王。

他执掌大权的时候必须时刻想到
这一相似性。

——普鲁塔克《政治箴言》

　　让我们从最明显的事实出发：蜂巢中有一个与众不同的个体（我们称之为蜂后，古人则称之为蜂王），它比一般的蜂形体更大，更强壮，有些人认为它也更俊美，蜂群的生存完全取决于它，所以蜂群很快就被视作一个微型的君主制模型。但这种现象也经常会使古代的政治思想家过分强调这一体制的优越性，因为它很"自然"。

　　让我们聆听塞内加（前4—65）在其《论仁慈》中是怎么说的。他对其学生——刚接替克劳狄皇帝的年轻皇帝尼禄说，透过对蜂巢的观察，便可知道如何以最佳的方式去履行自己的职责。

　　王权乃大自然的原创：我们只需观察其他动物，例如蜜蜂，便足以信服。蜂王占据着最宽敞、最核心和最安全的住所。而且，它没有任何负担，却要其他蜜蜂向其汇报工作；蜂王死后，整个蜂群就散了。蜜蜂只能接受一个蜂王，它们寻找打仗最英勇的。再说，蜂王也以其外形引人注目，它体形硕大，周身发亮。③

　　塞内加不肯定自己的学生是否认真听取了这些建议，因为也许这已是古代的老生常谈④。总而言之，塞内加创造了一种新的文学体裁，日后被称为"君子明鉴"。这个词来自该著作的绪言："我撰写这本《论仁慈》，是为了向您，尼禄·恺撒，赠送一面明镜，帮助您鉴往知来，为您引路，为您提供鉴戒，成就世间最大的幸福。"⑤这种文学体裁持续流行于中世纪、文艺复兴时期和古典时代，从未中断。其风格较为特殊，夹杂着对朝臣的赞美、刻板的道德说教和教育思考（参见《集锦篇》之十二）。尽管说法有差异，但目的却从未改变：它试图给君主提供能真实反映其面貌的理想形象，引导其进行反思。因为君主明鉴所传递的信息是：如果我们不能支配自己，便不能统治他人。而所谓暴君，就是那些不懂得与自己专横暴虐本性抗争的人。

正是本着这一精神，蜜蜂再次闪亮登场：蜜蜂因其道德天性，成为君王的一面明镜，即一个典范模型。它能让君王明白，如何在不施加任何暴力的前提下，妥善治理，获得民众的爱戴，让他们口服心服——这是政治艺术的最高境界！

让我们再听听塞内加的论述：

> 与国王的不同之处，在于蜜蜂十分容易发怒，它个子虽小，决战起来却英勇无比。它总是将螫针留在对方的伤口上，蜂王则相反，身上没有螫针，大自然不希望它凶狠成性，也不希望它不惜代价去报复他人，于是便不赋予它螫针，让它手无寸铁，使它无从施展利器来泄愤。[⑥]

蜜蜂的螫针问题在古代曾引发广泛的讨论，并让人思考威力与强制力的区别（参见《采蜜篇》之十四）。

我们现在知道蜂王其实是蜂后（参见《采蜜篇》之十五），其实它有螫针，但只用螫针去刺杀从其他蜂巢中养殖出的蜂后。古人早已观察到王位竞争者之间的这种"奇异"搏斗，并认为这是蜂巢的政治智慧的另一个表现。他们指出，这难道不是避免发生血腥内战的最简单、最经济的办法吗？当然，维吉尔和科路美拉都认为，蜂房里可能会发生战斗，但多个国王共存只能是暂时的，因为动物和人类一样，"帝国江山容不得分享"[⑦]。至少在蜂巢中，蜂王的决定是毋庸置疑的：这是大自然或上帝立下的规矩……

养蜂者的守护人圣安布罗斯再次阐述了这一点，以表明蜜蜂君主制的巨大优越性。他在《创世六日》一书中，重申了巴西尔的观点（参见《集锦篇》之七），指出，人类选定城邦首领的办法有三种：抽签法（民主方式）、选举法（贵族方式）和嫡系法（君主制）。而蜜蜂的生活表明，相比之下，这些方法都不令人满意。原因如下：

圣安布罗斯写道："蜂王的选定不是靠抽签，因为抽签带有偶然性，缺乏辨别力，而且由于命运的任性，往往会倾向于选择最后一名。它也不依据毫无经验的人群那粗俗的欢呼声去选定，他们所看重的既非优点又非美德，也不考虑给公众谋福利，而是摇摆不定，波动无常；蜂王占据王位，既非由于继承特权，也非由于出身显贵，如果无视公共事务，它就不可能高瞻远瞩，也不可能胸有成竹。"⑧

唯有自然的选择（在此即上帝的选择），才能避免变幻莫测的命运、缺乏远见的错误选择所带来的迷乱和嫡亲传承的无常多变。因此，我们必须从这个角度出发，去理解圣保罗的那句名言：一切权柄皆出于神（《罗马书》13，1，7）。

但在古人眼里，蜂巢首领的价值，并不仅仅在于他的美德、威望或是仁慈胸襟，首先是因为它是集体凝聚力原则的化身。若无这一原则，社会联系便会消失。在此，我们可以引述伊利安的《论动物本质》，书中汇集了不同古老传统对这个问题的论述。

蜂王密切关注蜂房，以确保蜂巢以下列方式运作：它要求一组蜜蜂负责运水，一组蜜蜂负责在室内劳动，建筑蜂巢，一组负责外出采蜜。然后按照严格的轮班制度彼此交换工作。蜂王唯一的任务，是以大国明君的姿态，去制定我先前提到的规则，并确保它们得到严格遵守。对这些大国明君，哲人往往赋予它们良好臣民和明智君主的美德。⑨

　　根据亚里士多德的观点，伊利安补充说，其实发出睡眠信号的也是蜂王。然而，一旦蜂王去世或消失，"混乱和无政府状态便四处蔓延：雄蜂开始在蜂房里产卵，蜂巢一片混乱，不能再长期繁荣发展，由于蜂群无首，蜜蜂最终纷纷死去。"

　　因此，养蜂人将蜂后已死或只能产下雄蜂（因为蜂后的精囊已经干涸）的蜂巢称为"嗡嗡乱叫的蜂巢"，它注定要灭绝。

　　以此意象观照人类，可证明君主制是绝对必要的。若无领袖，便无社会；若无社会，便无人类。*然而，领袖虽说是集体的顶梁柱，其存在是必不可少的，但仅靠他尚不足以建立最好的体制。

贵族蜜蜂

　　第二个条件是城邦的成员能够超越各自的差异，共同生活和工作。在此，蜂巢仍堪为典范，因为相对其他昆虫（尤其是在古人看来过于"平等"的蚂蚁），蜜蜂为我们提供了多样化的范本。除了蜂王，还有工蜂和雄蜂。但古人发现，即使在工蜂当中

---

*　关于蜜蜂的社会性，见西塞罗的《论责任》（I，44，§ 157）："蜜蜂成群结队并非为了共同酿蜜，而是出于共同建造蜂房的自然本能。同样，人类也是出于一种自然冲动聚合在一起，这种冲动更为强烈，令结成社会的人类活动和精神得以蓬勃发展。"另见瓦罗的《论农业》（第三卷，第十六章）："蜜蜂天生不像雄鹰那样离群索居，而是像人类那样过着群居的生活。"

也存在差别：分工的差别（采蜜者、守护者、养育幼虫者各司其职），甚至像亚里士多德认为的那样，存在不同的种类。然而，蜜蜂社会非常接近人类的城邦，每只蜜蜂、每个等级都严格各守其位，一丝不苟地遵守自然等级制度。因此，蜂巢既是君主制，也是贵族制，因为在蜂王的权威统治之下，每一等级的蜜蜂都依照等级的高低发挥自己的作用：最优秀的位于上层，最差的（即懒惰而无用的雄蜂）位于最底层（参见《采蜜篇》之十三）。但所有蜜蜂，无论优劣，都与整体保持和谐。关于这一点，人们经常引述维吉尔《农事诗》第四章中的有关内容，它论述了蜂巢中职能的多样性和蜜蜂等级的优劣。

在中世纪的文学中，这种影响仍然很大。在此，我们要引述一本在中世纪政治思想史上起着重要作用的著作，那就是约翰·德·索尔兹伯里（约1120—1180）的《论政府原理》。作者是一位杰出人士，早年就读于巴黎著名院校并担任过罗马教廷的高级官员，在英格兰亨利二世统治时期曾发挥过关键作用。他担任过坎特伯雷大主教的秘书，并成为国王的大臣托马斯·贝克特的朋友。他强烈反对亨利二世旨在限制教会权力的改革计划，并因此而失宠，流亡他乡（1163），晚年担任沙特尔大教堂的主教。《论政府原理》出版于1159年，被认为是中世纪最伟大的政治著作。该书既批评王室的虚荣，又为君王提供明鉴，它动用了所有的资料，不管是《圣经》还是古籍，劝诫君王遵守和笃信基督教，服从教会的权威。

但我们在书中发现一个颇有新意的说法，即如果君王是虔诚的基督徒，便可赋予他相对教会权力更多的自由度。一些专家认为，约翰·德·索尔兹伯里首次提出政治社会犹如人体❿，在这个身体中，神甫是灵魂，国王是大脑，皇家委员会是心脏，法官和各省的行政主管官员是眼睛、耳朵和舌头，财政管理部门是肚子，士兵是手，农民、工匠和商人则是脚。

从前有人用这种身体比喻来描述教会（《罗马书》，12，4—5）或修道院，但索尔兹伯里将其应用于描述国家时，似乎承认国王在其中拥有无限的威力……当然前提是他必须像蜂王那样，墨守自然和神灵的正义法则⑪。国王是次于上帝的唯一主宰，如果听从上帝的公正原则，便可确保蜂巢共和国神秘身躯的和谐统一。索尔兹伯里在书中写道，共和国"依照它与自然的相似性而构建，而其构造乃衍生于蜜蜂"⑫。在引用了维吉尔《农事诗》第四章很长一个章节后，他总结道："纵观共和国的所有权力部门，研究了共和国的历史，我们发现，唯有在蜂巢中，公民生活才体现得如此准确和优雅。如果共和国采用这种生活方式，可能会无比幸福。"随后他又补充道："哲人引导政治家以蜜蜂为师，让他们了解自身的责任何在。"⑬既然国家是一个模仿自然的艺术品，蜂巢就是它理想的模型。

为此，国王，如同蜂王，是有别于暴君的：他尊重每个个体在政治群体中的合适地位，但由于君主制总会受到专制武断和权力不受限制的诱惑，因而无可避免会发生偏差，贵族制度便可用以弥补。在人类的城邦中，国王倾向于反对贵族，而贵族则倾向于反对人民，但蜂巢可让我们恰当地"融合各种对立面"。

深谙当时政治环境的莎士比亚（1564—1616）在《亨利五世》中借坎特伯雷之口，说出下面这番话：

上天把人体当作一个政体，赋予了性质各不相同的机能；不同的机能使一个个欲求不断地见之于行动；而每一个行动，就像系附着同一种目标或者是同一种对象，也必然带来了整体的服从。蜜蜂就是这样发挥它们的效能；这种昆虫，凭着自己天性中的规律把秩序的法则教给了万民之邦。它们有一个王，有各司其职的官员；有些像地方官，在国内惩戒过失；也有些像闯码头、走外洋去办货的商人；还有些像兵丁，用尾刺做武器，在那春季的丝绒似的花蕊中间大肆劫掠，然后欢欣鼓舞，把战利品往回搬运——运到大王升座的宝帐中；那日理万机的蜂王，像正在视察那哼着歌儿的泥水匠把金黄的屋顶给盖上。一般安分的老百姓又正在酿造蜂蜜；可怜那脚夫们，肩上扛着重担，放在小门口；只听见"哼！"冷冷的一声——原来那瞪着眼儿的法官把那无所事事、呵欠连连的雄蜂发付给了脸色铁青的刽子手。我的结论是：许许多多的事情只要环绕着一个共同的目的，不妨分头进行。就像从各个不同的角度发出的箭，射向一个目标；东西南北的道路都通向一个城镇；千百条淡水的河流汇聚在一片海洋里；许多线条结合在日晷的中心点——就像这样，千头万绪的事业一旦动手，共同完成一个使命，什么都顺利进行，不会有一些儿差错。⑭
（方平译）

这种观点好像一下子传开了：首先应用于教会（圣保罗），随后又应用于国家（索尔兹伯里），身体的形象也可以应用于社会本身。日后——我们将会看到——发展成为曼德维尔和亚当·斯密的"市场"理论的雏形。但是，我们已经看到，通过神圣王权和世俗民众、贵族和庶民、上与下的有机统一，蜂巢提供了一个真正的共和国应有的面貌。

共和国蜜蜂

> 莱库格斯（著名的斯巴达立法者）训练公民不要思考，甚至不会过独立生活，而是永远像蜜蜂那样，为了公共利益团结在领袖的身边。
>
> ——普鲁塔克《莱库格斯传》，25

　　身为战士、劳动者、公民的蜜蜂，全心全力效忠于城邦，这一典范给人印象深刻。在古代和中世纪文学中，蜜蜂为捍卫集体利益并以牺牲自身生命为代价时才运用暴力，这被誉为共和国的最高美德。其实这一思想在荷马的作品中就已出现。在《伊利亚特》中，荷马将亚细亚人比作蜜蜂，将特洛伊人比作蝗虫。在古希腊，当阿伽门农（国王，荷马说他是人类的牧师）咨询了其他国王（最好的国王，"手持权杖之人"）后要求希腊阵营召开协商会议时，出现了这样的情况："在他们身后，紧跟着熙熙攘攘的兵勇，像大群的花蜂，一股接着一股，没完没了地涌出空心的石窟，一个个抱成团，飞访着春天的花丛，四处游移漫舞，成群结队。就像这样，来自不同部族的战士涌出营棚和海船，一队连着一队，行进在宽阔的滩沿，走向集会的地点。"[15]随后，荷马描述道：一切喧嚣渐渐停止，代之以一片寂静；这是自由的寂静，而非强迫的寂静，是由这一广

大人群中每个人所决定的寂静。这个希腊军营所提供的是最佳
形式的民主城邦形象：这是一个微观世界，每个人在其中都找
到了自己恰当的位置。在对面的阵营里，却都是一些蝗虫，一
个既无秩序又无意图更无统一性的阵营：特洛伊人在希腊人的
追击下，仓皇逃窜⑯，成为混乱的化身。宇宙的蜂蜜与混沌的灾
祸相对照，尽管希腊人的宇宙秩序总是受到希腊人原罪——傲
慢、无节制、自负的诱惑。

　　在往后的几个世纪中，城邦的统一受到了威胁，但蜜蜂的共
和国形象依然深入人心：在维吉尔的作品中可以看到这一点。16
世纪末，当法国人谴责内战的有害影响时，蜜蜂共和国的形象重
新亮相，而在英国17世纪革命背景下，有关蜜蜂的文学作品也层
出不穷，数目之多，十分惊人。*

　　但毫无疑问，最频繁使用这一象征形象的是年轻的美利坚
共和国。当然，托马斯·杰斐逊（1743—1826）曾声称，君
主蜜蜂的原产地并非美国大陆，所以美国是个共和国大陆，而
且必须保持下去（参见《采蜜篇》之十六）！许多作者甚至指
出了蜂巢与美国之间的所有差异：蜜蜂社会臣服于一个国王，
而美国却从国王体制中解放了出来！蜂后一旦死亡，蜂房便崩
溃，而独立却使得美国繁荣昌盛！天主教徒喜欢蜜蜂，但美国
人却一点都不喜欢天主教徒。此外，蜜蜂容忍懒惰的雄蜂，而
在美国，这是完全不可能的！⑰

　　尽管如此，蜜蜂还是占了上风，甚至成了年轻的美利坚合
众国的主要象征符号。革命后成立的诸多技术、农业、商业公

---

*　在法国有皮埃尔·贡斯当的《蜜蜂共和国》（巴黎，1582）、夏尔·埃斯田的
　　《农业与乡宅》（巴黎，1564）和菲里贝尔·吉德的《法国蜜蜂》；在英国有
　　查尔斯·巴特勒的《巾帼王朝》等。

司都纷纷以蜜蜂为象征标志，并催生了大量寓言，颂扬美国的
独立与繁荣。应该说，蜜蜂拥有很多优点：勤劳，在所有领域
都表现出同样的天赋，无论是农业、工业还是贸易；而且，蜜
蜂身上微妙地融资本主义精神和清教禁欲为一体，因而深得美
国新教徒的青睐。蜜蜂虽是组织严密的文明动物，却对广袤的
空间和漫长的远足仍情有独钟。为了保护这一切，它身上时刻
带着武器！正是这四个决定性的原因，使这只漂洋过海移民到
美国的小昆虫，摇身成为拥有官方执照的美国共和党甚至民主
党人士。

　　让我们移步，来到数年之后的另一个革命背景前。故事发
生于新创建的法国高等师范学院，自然史教授多邦东（1716—
1799）刚开课就用一堂课的时间来批评文体对科学的影响，尤其
是批评布封（1707—1788）对狮子的描述。布封曾任皇家花园
（植物园）主管，是多邦东的上司。多邦东的课引起了学生们很
大的兴趣，作为结束语，他说了下面一番话："狮子并非动物之
王，大自然也没有国王。"十天后，他的一名学生拉佩吕克重提
这个结论，反驳说在大自然中，比"国王"更厉害的是"王后，
而且是一个非同凡响的共和国王后"。当然，多邦东教授有理由
认为狮子不是动物世界之王，因为并非所有动物都对它趋之若
鹜，而是避而远之。但蜂后呢？它周围簇拥着诸多"朝臣""护
卫""保镖"，我们怎能视而不见？多邦东回答说：女王并不统
治蜂巢，而且我们应该称之为"母蜂"，因为它唯一的功能是产
卵。蜂巢中真正掌权的是工蜂，工蜂"似乎尊重雌蜂和雄蜂，但
那只是因为它们对物种的繁殖不可或缺"[18]。当然，这只是一个
趣闻轶事，却表明情况发生了变化。在美国革命和法国革命之
后，蜂巢像城邦制一样发生了变化，如果不是变成了民主制，至

少是变成了这么一种体制：在三种古老的制度中，占上风、拥有特权、有价值的是第三种，即"人民的政府，由人民管理，为人民服务"。现在轮到君主制和贵族制向民主制致意，民主制已成为最佳的制度，或至少如"狮子"丘吉尔所言："除了其他所有已经试验过的体制之外最糟糕的制度。"

《采蜜篇》之十三

屠杀雄蜂

秋天到来的时候，蜂巢不需要增加蜜蜂，工蜂便将雄蜂杀尽灭绝。一般来说，雄蜂的命运真的不值得羡慕！别忘了，那些有幸在飞舞过程中为邻近蜂巢的蜂王授精的雄蜂，完成任务后便顷刻死去。因为在它们抽出雄性器官的同时，腹腔也被撕裂开了！"这就是放荡之徒的好下场！"曾于1790年撰写过一部养蜂著作的修道院院长德拉罗卡如此评论道。普林尼曾因雄蜂这种令人悲伤的处境及其无生育功能而认为雄蜂是"最后一批繁殖出来的发育不完全的蜂种，其父母是那些疲惫不堪的蜜蜂，可谓晚育的后代，它们是真正的蜜蜂的奴隶"（《自然史》，第六卷，27、47）。从这一观点看，蜂巢是罗马社会的忠实缩影……但我们也可以在一些更为悲剧性的环境中找到同类影射。在由雷米·肖万主编的《蜜蜂生物论著》（第四卷，巴黎：马松出版社，1968，第90页）中，我们惊讶地看到D.扎汉撰写的一篇文章《非洲和马达加斯加的蜜蜂和蜂蜜》，里面谈到卢旺达问题。作者写到，人们经常引用蜂巢这个形象来思考卢旺达社会问题：在"良母"国王的领导下，以农为本的胡图族自视为勤劳丰产的良种蜜蜂，而尚武好战的图西族被视为雄蜂，在某些屠杀的背后总会隐藏着其他杀机……

《采蜜篇》之十四

皮肤里的……和历史上的螯针

我们不妨想象一下，在蜜蜂的腹部末端，隐藏着很多刺的两个螯针，二者相互平叠，可往复来回，彼此紧贴。它们均与位于腹部的一个毒囊和液腺相通。两个针刺之间有一个通道，用以输送有毒液体。蜜蜂螯刺时，因为其上有刺，因而无法拔出螯针，只能留落于受害者的皮肤中。但蜜蜂折断自己的伤害性器官之后，便注定要很快死去。螯针的两枚针刺入动物（或人）的皮肤后，仍继续进行来回往复运动，插进皮肤更深处，同时将毒液扩散到伤口，酸液作用于皮肤，造成人们深为惧怕的极度痛苦。遭到蜜蜂螯刺时，往往只发生短暂性的肿胀，但有时也会引发致命的过敏反应。

现在，我们又说回蜜蜂的双重象征意义：既给人甜蜜又令人痛苦，酿造蜂蜜的蜜蜂，也是一种能导致敌人和自身死亡的可怕武器。根据不同情况或时代，人们或赞颂蜜蜂克己忘我的精神，为保卫蜂巢或蜂王不惜牺牲自己的生命；或讥讽蜜蜂的傲慢和愚蠢，因为它犹如17世纪决斗的贵族，根本无法控制自己的攻击冲动。在费奈隆的一个寓言中，一只蜜蜂谴责一只苍蝇靠蜂箱太近，苍蝇回答说："贫穷不是罪恶，但愤怒是一种巨罪。你虽然能够酿出甜蜜的蜂蜜，但你的心永远是苦的；你定出的法则很明智，但你的行为举止却毫无分寸；你的愤怒刺向你的敌人，却也招致自身的死亡；你的疯狂残忍给自己造成的伤害大于给别人造成的伤害。你最好还是少些优点，多点克制。"

这种双重矛盾体现在一名西班牙人与教皇乌尔班八世（1568—1644）的对话中。教皇八世以蜜蜂为武器，像自己所出身的巴贝里尼家族一样（参见第五章），在家族纹章和家族座右铭"欣然领受蜂蜜，遗憾的是它长有螫刺"的下方，可看到下列字样："蜂蜜献给法国，螫针留给西班牙。"据说西班牙的回应是："蜜蜂螫人时，却把螫刺和性命留在伤口里。"教皇反驳说："蜜蜂以蜂蜜造福所有人，却不伤害任何人，因为蜂王没有螫刺。"

"蜂王螫针"问题在古代一直是广泛争论的焦点。两个阵营互为对垒，伊利安在其《论动物本质》（I，60）中对此进行了描述。第一个阵营包括塞内加等人士，他们认为蜂王没有螫针，并对其神奇的威望大加赞扬，它虽无强制力，却行之有效，狄奥·科塞安努斯（30—116）便是其中的一个例子。这位哲学家是罗马皇帝图拉真的顾问，他在《关于王权的第四论》中，想象亚历山大大帝和愤世嫉俗的提奥奇尼斯之间进行对话，后者大肆嘲弄亚历山大大帝懦弱。亚历山大愤怒地回答道："什么，你说我是个胆小鬼？"提奥奇尼斯反驳道："是呀，你总是全副武装到牙齿。因为你如果不害怕，为什么身上总是带着剑？看看蜜蜂的国王：它根本就不携带武器，这才是真正的权威！"

我们还找到了另一个例证：数百年后，1507年4月29日，法国国王路易十二（1462—1515）征服热那亚。据说当时他穿着一件绣满金色蜜蜂的皇袍，以此来彰显他的座右铭"国

王无螫针"，意味路易十二原谅热那亚人的反叛：还是源于宽恕……（参见插图13）

在另一个阵营中，我们发现有许多亚里士多德的继承者，他们认为蜂王确实长有螫针，但从来不用，这就使它们更显得宽宏大量，从而值得赞扬，这是对自身权威掌控有度的绝佳范例，是自我完美控制的理想典范。

插图13　1507年路易十二进驻热那亚：其身上的盔甲饰满蜜蜂，以印证他的座右铭：Rexs spicula nescit（国王无螫针）

让·马罗的彩色画手稿，笃信基督教的路易十二顺利攻占热那亚（1508）。

巴黎，法国国家图书馆/© Akg-images

《采蜜篇》之十五

你们想了解的关于蜜蜂的性别……
蜂后的性别

长久以来，人们一直以为蜜蜂的首领是蜂王，最先发现蜂王其实是蜂后的人是英国人查尔斯·巴特勒（约1559—1647）。虽然古代有些作者已经承认"蜂巢首领的女性特征"（如色诺芬或爱比克泰德，《哲学语录》，3，22，99），尽管西班牙人路易·曼德兹·多莱斯1586年在其一部著作中谈到"蜂后"，但自亚里士多德以来，螯针（即武器）的存在一直被用以佐证蜂王是雄性的论据。巴特勒在其《巾帼王朝》（1609）中，首次描述了蜂后产卵的情形。该书的题目和副标题虽然都很拟人化，却是史上基于对蜂巢严谨的观察之上的首部研究著作。当时的英国由被称为"童贞女王"的伊丽莎白一世（1658—1603）执政了整整45年，这一特殊的政治背景无疑对巴特勒的发现起到了推动作用。但史上却将荷兰生理学家约翰·施旺麦丹视作蜂后性别的真正"发现者"，因为是他借助显微镜首次对蜜蜂进行了细致的观察，发现并画出了蜂后的卵巢，而且成功地计算出卵巢中有五千个蜂卵！其画作在他去世后收入他的著作的拉丁文译本中（《自然圣经：昆虫史》，1737—1738）中。施旺麦丹的著作精确而严谨，为蜂巢的"去人性化"起到了促进作用。他在书中揭露了有关蜜蜂选举或"治理"的虚幻性。总而言之，人们在承认蜂后的雌性特征的同时，也否定了它所有的权力！而且，它所具有的母亲特性大于王后特性。雷奥米尔在其《昆虫史记》（1740）中则让蜂后完全失去了魔力。他指出，蜂后不动用它的螫针，并非出于仁慈，而仅仅是为了保护其受精孕育的能力。如果它走路的姿势"威武庄严"，只因为它的腹部装满了蜂卵！总之，它唯一的功能是产卵。然而，雷奥米尔虽力图客观，却无法抵御将动物人格化的诱惑，这一点我们将在下一章进行论述。

《采蜜篇》之十六

托马斯·杰斐逊与美国蜜蜂

"蜜蜂并非美洲大陆原产昆虫。马克罗夫（当时的博物学家）曾提到过一种巴西蜜蜂，但这类蜜蜂没有螯针，所以跟我们的蜜蜂不同，美国的蜂种酷似欧洲蜜蜂。传统上我们认为美国蜂种是从欧洲引进的，印第安人也同意这一看法。至于是什么时候引进的，谁引进的，我们对此却一无所知。蜜蜂一般是在美洲自行传播，而且比白人殖民者来得稍早。印度人称它们为'白种人的飞行'，把蜜蜂的接近看作是白种殖民者到来的前奏。"*

的确，意大利蜂种虽然很早就在全球大部分地区传播，但它却很晚才被引入美洲，大概是在四百年前的殖民初期。杰斐逊提到的"巴西蜜蜂"属于无螯蜂种，是一种不长螯针的社会性蜜蜂，包括生长在热带地区的诸多品种。早在欧洲殖民之前，中美洲和南美洲已经进行无螯蜂的驯养。目前，巴西、墨西哥和圭亚那也推出恢复传统驯养的项目，但常常中途放弃而转向意大利蜂。与欧洲蜜蜂一样，围绕这种无螯蜂，也有许多象征性的解读，特别是在玛雅人当中。

---

* 托马斯·杰斐逊：《弗吉尼亚札记》，载M.D.彼得逊主编便携式口袋书《托马斯·杰斐逊》，纽约：企鹅出版社，1977，第111页。

北美则相反，所有的当地蜂种，除大黄蜂之外，都是独居蜂种，目前共发现三千五百个蜜蜂品种，其中包括地花蜂、隧蜂和壁蜂。这些蜜蜂的授粉作用已不容置疑，但它们也与欧洲姐妹面临同样的命运——因栖息地变化而死亡率超高。

3. 介于公民社会与国家之间的蜂巢

蜜蜂轮番变为无政府主义、共产主义和自由主义者

　　蜂巢成为民主制的象征后，并没有终结人们对民主政治的担忧：民主制，很好嘛，但是要什么样的民主制，要什么样的人民？如果在他们所谓的"公民社会"中，即在由个人构成的集体或"国家"中，当大家想共同行动时，它是否能真正起到作用？社会和国家之间的这个关系问题，将取代最佳制度问题，而蜂巢是最具有代表性的象征。在当代政治哲学中，它起码可以代表三个流派：无政府主义、共产主义和自由主义，每个流派都会以某种方式维护民间社会和国家之间的关系。

　　在这种新背景下，不知疲倦的蜜蜂继续辛勤劳动。它重新披挂上阵，帮助人们解决新问题："人民"由谁组成？代表国家意志？它犹如大脑，确保社会的和谐一致，在这个社会中，一切都是众人共有（共产主义）？或恰好相反，各部分自由操作，犹如一个活生生的有机体，内部拥有统一的原则（无政府主义）？又或者在面临社会冲突和不和谐现象时，探寻保持集体和谐的渠道（自由主义）？

无政府主义蜜蜂：蒲鲁东

> 请看卑鄙懦弱的大黄蜂
>
> 去掠夺蜜蜂酿造的蜂蜜。
>
> ——布瓦洛《讽刺诗》，第一章

"社会秩序中最高等级的表现，是最高等级的个人自由。一言以蔽之，就是无政府主义。"这就是蒲鲁东提出来要实现的革命性纲领。之所以说它是革命性的，是因为它要彻底颠覆当时在政治上已完成和思考过的东西。他不想征服或改革国家，而是要完全摧毁它："取消政府！……既不要君主制，也不要贵族制，民主制也要摒弃，因为民主意味着任意一个政府，均可用人民的名义行事，并标榜自己就是人民。根本无权威可言，更谈不上什么政府，甚至是民主政府。革命已经来临。"[19]他在另一篇文章中还补充说明了自己对法律的憎恨，那是所谓的普遍意志的专制，从来只不过是私人利益的面具。"法律在社会中犹如蜂巢中的蜘蛛，只用于捕捉蜜蜂。"[20]民众很少具有民主精神，他们往往更愿意臣服于一个暴君，而不去行使自己的特权。无政府主义就是要破坏这种注定要统治、压迫和毁灭自由的力量。混合性的制度是一个甜蜜的梦想，注定要变成悲剧性的梦魇。

然而，"这更大的自由度"一旦实现，无政府主义怎么能声称自己创造了"最伟大的秩序"？蒲鲁东告诉我们，那时，应该好好观察蜜蜂这一范例。他说，是蜜蜂发明了"自我管理"。

自我管理的蜜蜂

蒲鲁东沿用布封的说法*，继续说："在动物社会中，所有个体都做着完全相同的事情。一种相同的天性在指挥着它们，一种相同的意志在激励着它们。一个由鸟兽所组成的社会是一些圆的、弯曲的、立体的或三角形的，但永远是完全等同的原子集合体，它们的个性全都一样，好像只有一个我在支配着全体。动物无论是单独还是集体完成工作，都清楚地反映出它们的性格。蜂群是由本性相同和价值相等的若干蜜蜂组成的。同样，蜂房也是由永远不变的六角形小蜂窝构成的。"[21]

然而，在人类社会，理性却驱使个人的意志各不相同（好还是不好？）。这就是人的双重矛盾：一方面，人会寻求社会生活；另一方面，他又会离群索居，拒绝约束。

如果每个人都像蜜蜂那样，生来就具有完全成熟的才干、完善的专业知识、一门早已灌输在他头脑中的科学，总之是他应该具有的本领，那么即便他缺乏思考和推理的能力，社会仍能自动地组织起来。我们会看到一个人在耕种土地，另一个人在建造房屋；一个人在冶炼金属，另一个人在裁制衣服，还有一些人在储藏产品并负责合理分配。大家都不追问自己劳动的理由，也不考虑自己所做的工作究竟多了还是少了，而是按照规定好的日期

---

* 蒲鲁东：《什么是所有权？》。译文引自商务印书馆1963年孙署冰译本，局部有细微修改。——译注

提交产品，收取工资，按时休息，并且不用算计，不必羡慕任何人，不用抱怨那个永远公正办事的分配者。君主只会管理而非统治，因为像拿破仑说过的那样，统治就是做一个肥头胖脑的老板。而且，由于每个人都各就各位，什么也用不着指挥，所以，分配者更多是联络沟通的中心，而不是权力代表和咨询之地。我们将看到的是谁也离不开谁的共同体，而不是互相提防、自由接受的社会。㉒

相反，如果赋予蜜蜂思考和推理的能力，而非"盲目但步调一致、互相配合的本能"，那么这个小社会就会陷入一片混乱：有些蜜蜂就会自行创新，例如尝试"把它们的小蜂窝造成圆形或方形的"。蒲鲁东继续说：

接着就会发生叛乱。蜂群会要求雄蜂自食其力，要求蜂后从事劳动。雌性的工蜂之间会互相妒忌，突然发生倾轧。每只蜜蜂很快就会只想为自己生产，蜂房将被抛弃，蜜蜂将会死亡。祸害会像一条躲在花朵下面的蛇，通过甚至应该带来荣誉的东西，通过推理和理性，潜入酿蜜的共和国。

总之，理性本应代表人类的优越性，结果却使人类陷入混乱和冲突，甚至使之心甘情愿地遭受奴役。人类不能像蜜蜂那样，他唯一的出路是借助更高的理性，找到一个更深邃更强大的原则，无为而治。我们会想到传统或宗教，它们给个人立下一些社会规范，但人们却意识不到自己在服从这些规范。不过，在蒲鲁东看来，两者均是统治、等级制度、压迫的起源，它们在本质上是污浊的。无政府主义认为，必须超越传统，超越宗教，在经济上寻求救赎！

事实上，经济、生产和贸易反映了人身上最自然的本质，倾向于简化人与人之间的关系。没有不合适的荣誉，没有不现实的梦想，没有强加的服从，但对下列原则，大家都牢记在心：互相服务，利益明确的自发合作，对财产的集体发掘。无政府主义所憧憬的社会秩序，只有让国家意识消解在社会经济交流中才能实现。

工业蜜蜂（圣西门）

蒲鲁东在此重申了圣西门（1760—1825）在20年前提出的思想和意象。1819年圣西门发表了著名的《蜜蜂与黄蜂的寓意》，流传至今。他在文中阐述了下列思想：假如法国突然同时损失近三千名"杰出的人才"，即450名最优秀的学者、艺术家，200名最能干的商人，600名最勤劳的农夫和1700名最灵巧的工匠，一旦失去这些"社会之花"，法国马上就会变成一具没有灵魂的僵尸。然而，如果法国失去的是三千名在职的国家领导和僧侣首领，即"国王的兄弟、安古雷姆公爵殿下、贝利公爵殿下"以及"王室所有的达官显贵和国家大臣"，所有朝臣、元帅、红衣主教、大主教、省长和副省长以及一切"养尊处优"的大财主，法国人或许会感到可惜，"因为他们心地善良"，但这绝不会"给国家带来政治上的不幸"。如果没有勤劳的蜜蜂，我们会一无所成；但若没有好吃懒做的胡蜂，我们会无所不成，并且会做得更好。"科学家、艺术家和手工业者，只有他们的工作才是积极有用的"，但从属"王公显贵和其他统治者"，这些人大多都是无能的官僚，他们拥有统治权，仅仅是由于"出身高贵"或"不太光彩的作为"。这是因为政治身体病入膏肓了，

"当前的社会是一个黑白颠倒的世界"[23]。这个寓言表明，政治的精髓不在国家，而在创造社会财富的血脉并促使其流通的看不见的力量。为此，圣西门做出以下结论：应该把权力交给国家的生产和管理力量，尤其是那些被他首次称为"工业家"的人。

蒲鲁东在此不再追随圣西门的思想：将权力交由"工业家"，在他看来是用一种等级关系取代另一种等级关系（即便这种等级关系很有用），而不是取消统治。为使蜜蜂真正获得自由，使生产和贸易能够在不受限制的情况下进行，并为每个人带来最大的切身利益，不能仅仅取代种姓权力，还要将它们彻底摧毁。唯其如此，人类方可调和蜂巢的完美秩序和理性崇高的自由。

互助主义蜜蜂

为了实现这一目标，蒲鲁东打算建立一个大型的合作和互助联邦组织。该组织以蜂巢为模型，取消建立在单一社会契约上的垂直的"国家—社会"关系，代之以多个平等互惠的契约关系，编织成一个庞大的关系网。蒲鲁东写道：在联邦式的无政府体制中，"每个人同时是生产者和消费者、公民和王子、管理者和被管理者"[24]。由此可见，政治权力并没有被摧毁，而是被无限地分割。因为要摧毁政治权力，必须使用与蒲鲁东的无政府主义思想不相容的暴力。限制并未消失，但人人皆可把握和掌控。自由不是绝对的，但会自然而非任意地受到集体生活的局限和约束。我们很清楚，蒲鲁东的计划旨在借助互助原则，重新对社会进行整体规划，将其视为一个合作联邦。这样，"同样的互助保障原则必须确保每个人享受教育和工作的权利，拥有财产……同时要确保给所有人……提供秩序、正义、和平、平等、适度的权力等"㉕。这是重新规划，而非重建，因为它有助于揭示社会——有机整体的——深刻现实。

因此，令人赞叹的是，动物学、政治经济和政治学在此都同意我们的看法：第一，最完美的动物，是内脏器官最好，最活跃、最聪明、最易于统治的动物，是能力和成员分工最专业、最系列化、最协调的动物；第二，生产效率最高、最富有的社会，是最具保障、不受体制臃肿和贫困威胁的社会，人人各司其职，分工明确，竞争最公平，交易最忠诚，交流最频繁，工资最恰当，所有权最平等，所有行业彼此很讲信用；第三，最自由和最道德的政府，是权力分配最合理、行政分布最科学、组织的独立最受尊重，中央政府为各省州、市政府提供最好的服务的政府，简而言之：联邦政府。㉖

这是蜂巢的忠实画像，以至于许多互助和保险合作公司纷纷以蜜蜂命名。例如，勃艮第蜜蜂公司，这是一个1856年由葡萄种植者创立的股份有限公司，旨在预防冰雹和火灾的危害，1858年成为国有公司，直到1952年，业务不断扩大，多次合并后，于2002年改名为AVIVA；另一个例子是，全法互助联合会（FNMF）统合了法国几乎所有的健康保险互助机构，其公司标志就是蜂巢的蜂窝，以此来表明其座右铭："联合互助公司，构建更为团结的社会。"此类无政府主义的例子不胜枚举，无政府主义既畏惧黄蜂的资本主义，也惧怕蚂蚁的国家官僚主义。

共产主义蜜蜂：马克思，巴霍芬，梯也尔

养蜂人是共产主义者，因为他热
爱蜜蜂，崇尚其社会组织。人们在蜂
后问题上嘲讽他。

——吉贝尔·切斯布隆《无日期的日记》，第二章

共产主义蜜蜂与无政府主义蜜蜂十分相似，二者均赞赏明晰的劳动分工和共享财产，主张个人利益服从集体利益。1926年，法国伟大的昆虫学家路易·欧仁·布维埃（1856—1944，曾任自然史博物馆昆虫学教授）出版了《昆虫的共产主义》一书，他在书中沿用了蒲鲁东的比较，但却将其颠倒过来：他不是从蜜蜂出发去宣扬共产主义，而是将共产主义作为描述蜂巢世界的方法。他虽然强调避免将该形象用于政治用途，却想证明"除却多细胞组织以外，我们只有在昆虫世界中才能观察到彻底且完美的共产主义"[27]。确实，无论是在白蚁窝、马蜂窝还是蜂巢，貌似独立的特殊活动掩盖了共同而坚定的方向，"明确的工作分工意味着必须做出牺牲"。

理想的共产主义是在一个群体中，所有人都共同参与活动，分享资源，团结一致，以至于一旦离开群体就会缩短寿命，无法继续物种的繁衍传承。个人主义恰好相反，每个人都相互独立，只为个人的利益而工作，即使是共同生活在一个小部落中也是如此。[28]

　　这本书对蜜蜂的行为进行了完美无缺的描述，问题的关键是要了解："是什么精神激励这些成千上万的个体共同努力，创造社会财富，创造我们以为只有人类才会创造出来的作品？"（《昆虫的共产主义》，第6页）。布维埃认为是出于两种精神力量：一是出于本能的精神力量，用今天的术语来说，是一项每个个体都盲目响应的"计划"；二是塑造力量，使得每个个体都"能够自发地使自己的行为适应相应的环境"（《昆虫的共产主义》，第282页）。在昆虫世界，占主导地位的是第一种力量，但不能否认第二种力量，因为蜜蜂懂得适应特殊的环境。人类的情况则恰恰相反，因为他们的做法往往会与个人和集体的利益相悖。这种反差导致布维埃对蒲鲁东让后者模仿前者的计划存有疑惑。布维埃完全赞同其瑞士同事奥古斯特·福莱勒（1848—1931）的说法："人类的所有历史都证明，我们绝不能生活在以蚂蚁窝或蜂巢为代表的幸福的无政府状态之中。"（《昆虫的共产主义》，第283页）

蜜蜂与建筑（马克思）

　　但无政府主义与共产主义之间却有明显的区别，其差异主要表现在目的上而非方法上。卡尔·马克思（1818—1883）在对蒲鲁东的尖锐批评中，不断强调这一问题。蒲鲁东主张彻底摧毁国家这种不公平的统治工具，而马克思却认为有必要去征服它。在马克思看来，只有通过"上层"（即国家统治和"无产阶级专政"），社会才能产生深刻的变化，最后导致"国家消亡"和共产主义的到来。马克思责备其先师既不了解现有的权力关系，也不了解规范整体社会现实的辩证法机制。一旦明白这一程序（即阶级斗争），我们就必须考虑，至少暂时要考虑在国家中解散社会，从而回归国家融合到社会中的无政府主义甜蜜梦想。

但在蒲鲁东和马克思之间还有另一个同样出名的区别，它直接涉及蜂巢。马克思和后来的布维埃都拒绝承认在蜜蜂和人类之间存在任何相似性。这就是那段将蜜蜂与建筑师相比较的言论所讨论的焦点，法国前总统弗朗索瓦·密特朗曾将其用作一本书的名字（从而让他以很低的成本摇身变为共产主义者）：

> 马克思写道："蜜蜂用蜂蜡建筑蜂房的高超本领，使许多建筑师感到惭愧。但是，哪怕是最蹩脚的建筑师，他一开始就有比最灵巧的蜜蜂高明的地方，那就是他在建筑房屋以前，已经在头脑中把它建成了。劳动的结果事先已经在劳动者的想象中理想地存在了。他不仅使自然物发生了形式上的变化，还实现了自己想达到的目的，这个目的作为规律决定着他的做法，他必须服从自己的意愿。"㉙

马克思秉承古老的思想，但也不排斥亚里士多德的思想，他不承认在人类与蜜蜂之间存在任何相似性。蜜蜂做得很完美，但完全出于本能；人类做得很蹩脚，但是出于思考。这种损失其实是受益，因为蜜蜂的行为是出于本能，而人类的行为则是作用于本能。因此，说蜜蜂在工作是用词不当。事实上，人类只不过将意愿转化为行动，这并不会妨碍建筑师模仿蜜蜂的工作，正如柯布西耶（1887—1965）声称自己曾模仿蜂巢的构造。马克思笔下的社会没有任何有机的或生物的隐喻，他写道："我们考虑的是专属于人类的劳动。"

这是一个不可逾越的障碍，马克思禁止蜜蜂"成为共产主者"。蜜蜂不可能成为共产主义者，因为它对工作一无所知，没有能力将生产手段集体化。蜜蜂不可能成为共产主义者，因为它对历史一无所知，不能成为宏大的"历史唯物主义"程序的一名主角，哪怕是一名无意识的主角，而恰好是这一程序决定了阶级斗争。

女权主义蜜蜂（巴霍芬）

但在撕破亲爱的昆虫的党证之前，必须关注马克思死后，他的朋友和弟子恩格斯根据其笔记编写的文章：《家庭、私有制和国家的起源》（1884）。在1891年出版的前言中，恩格斯详细地介绍了一本他认为极为重要且具有先驱性质的书，即约翰·雅各布·巴霍芬出版于1861年的《母权论》，这是第一部真正的家庭史。恩格斯指出，在这本书问世之前，家庭系谱的想法完全不合时宜并有异国情调之嫌：父权家庭等同于资产阶级的一夫一妻制，除了几个原始或病理特例，这种模式被视为家庭自然、原始和普遍的形式。巴霍芬开拓了家庭史的研究，恩格斯指出："家庭史的研究始于巴霍芬于1861年出版的《母权论》。"

约翰·雅各布·巴霍芬（1815—1887）是瑞士法学家和人类学家，德国历史法学派创始人弗里德里希·卡尔·冯·萨维尼的学生。巴霍芬隶属于浪漫法学派，认为法律准则是民族精神活生生的表现，它所证明的并非是冰冷和抽象的道理，更多是形成（往往是无意识地）民族特征的隐秘关系，这使它区别于其他所有民族。巴霍芬是英国反革命派埃德蒙·伯克的崇拜者，并启发了尼采和摩根的学说，摩根是首部"家庭人类学"著作的作者。但巴霍芬是作为研究母系制度的理论家而闻名，虽然他本人更喜欢用"母权制"（女性的权力）这个词，但这个术语在他之后没有沿用下来。他这部洋洋大观、迂回曲折、全名为《母权论：根据古代的宗教和法权本质对古代妇女统治的研究》的著作，汇集了数个专论。他后来撰写的序言综合了一些普遍想法，可简述如下。

巴霍芬认为，在古代文献中可找到诸多关于"母权"或者"母神"崇拜的痕迹。这些线索既涉及神话、宗教、考古和文学，又涉及习俗和法律，揭示了人类历史早期的最后遗迹。一个原始的但已然消失的政治组织架构："妇女执政"或妇女统治。这种组织形制可见于特性各异的地理空间（如希腊、埃及、印度等），"并不专属于一个特定的民族，而是反映了某一阶段的文化状态"[30]。巴霍芬认为，这种原始状态十分容易解释，在史前时期，男女双方关系的维系或断绝完全建立在性欲之上（即"杂婚"），唯有母亲的身份可以获得确认。"因此，妇女作为母亲，作为年轻一代唯一确切知道的亲长，享有高度的尊敬和威望，巴霍芬认为，这种尊敬和威望之高，可上升到完全的妇女统治"。[31]但父权制（及其男性万神殿）很快就取代了女权制。在巴霍芬以及其后的恩格斯看来，希腊悲剧，尤其是《奥列斯特》，堪为两种权制对峙的绝佳剧场。当然，恩格斯反对纯粹以宗教缘由去诠释这种转变过程。

但若要论述完整，还需补充巴霍芬分析的最后一点内容。在他看来，蜜蜂社会是女权统治的最佳形象，蜂巢组织证明女权统治是最原始的政治形式。

所有这些特征（即女权统治特征）均可在蜜蜂王国中找到。我们完全可以引以为证，况且古人也经常引蜜蜂为例，蜜蜂对人类的发展起到了极为重要的作用。[32]

在引述了维吉尔的《农事诗》第四章之后，巴霍芬继续说：

蜜蜂的生活为我们展示了女性统治最清晰和最纯粹的形式。所有的蜂巢都拥有王后，它是所有蜜蜂的世袭之母。在它身旁，聚集着不计其数的雄蜂，其分配给雄蜂的唯一任务是繁殖后代。它们不事劳作，一旦完成自己的使命，便被雌性工蜂置于死地。因此蜂巢中只有一个母后，却有诸多的父亲。蜜蜂与其父亲无任何亲情可言，雄蜂被自己的亲生孩子驱逐出蜂巢外，或在雄蜂的屠杀中一命呜呼。雄蜂让蜂后受精后便完成了自己的使命，注定要死亡。蜜蜂与其母亲关系如此密切，以至于它们对自己众多的父亲无动于衷甚至充满敌意。一个近乎神奇的因缘将它们与给它们生命的蜂后联系在一起，只有蜂后才能保持蜜蜂群体的和谐。蜂巢不能容忍任何外来的蜜蜂，所有的个体都必须是同一个母亲的儿子和侄子。如果蜂后去世，维护团体秩序的所有联系就会消解，工作就此告终。蜜蜂开始独自寻找食物，直到死去。蜂巢被洗劫一空，经过不懈劳动建成的东西被毁于一旦，所以蜜蜂要誓死捍卫自己的蜂后。蜂后的个体比子民要大出许多，维吉尔及其他古代作家都以为蜜蜂的首领是公的，但细致观察之后，却清楚地发现，领头的蜜蜂是母的，公的是一般的蜜蜂。蜂后是一巢之母，其唯一的作用是繁殖后代，它将蜂卵一一放入专用以孵育的蜂窝，由此诞生的蜜蜂不会成为母亲，而是过着处女的生活，专事劳作。由于这种特性，蜂群是人类社会最完美的范例，它建立在母权统治的基础之上，正如我们上面谈到的民族习俗。㉝

这段独特的文字需要做出多个注释。

首先，作者以自己独特的方式解释古人对蜂后的盲目。如果古人拒绝承认领头的是蜂后而非蜂王，那是因为他们正为刚刚获胜的父权制欢欣鼓舞，试图摒弃他们所摧毁的母权制。这是精神分析中所谓的"压抑"的典型例子。

其次，这段文字体现了政治浪漫主义的"母性思想"（暂且这样说吧）：想象一个自然与文化、欲望与意志、整体与个体之间完美和谐的黄金时代。蜂巢的原始体制就是这样的，整个集体非常美好，但冰冷、理性和机械的现代社会已粗暴地把我们从中拉了出来。

与此同时，这段文字清晰地揭示了**某种女权主义**的家谱。在共和派女权主义之外，尚有浪漫派女权主义，前者以个体同属人类大家庭为名，主张享有平等权利；后者则认定男女之间存在着彻底的差异，将女人归于自然和谐一面，与男性的艰苦耕种相对立。根据这种思想，"人性"是一种抽象的圈套，它掩盖了人类状况的两个对立面，在世界观上，男人和女人是不可调和的。在两性的斗争中，女人站在蜜蜂一方，与养蜂人针锋相对，是真正的也是唯一的生态学家。

最后，让我们再回到恩格斯的解读上。人类的初始状态印证了马克思主义的"原始共产主义"蓝图。因为，在这个无国家、无历史、丰衣足食的社会中，共同拥有财富和人力似乎是显而易见的事实。随着人类劳动的发展，这一原始的平衡被打破之后，就引发漫长的辩证探索，人类奔向光明的未来，寻找崭新的平衡：并非是没有国家，而是超越国家；并非是没有历史，而是超越历史；并非只是丰衣足食，而是繁荣昌盛。在马克思看来，共产主义革命将造就一个与原始蜂巢相似的社会，但将是一个"去自然化"的社会。所以，尽管马克思不是十分赞同，蜜蜂还是不能从党内开除出去。蜜蜂的灵魂从前是、现在仍然是红色的，它在行动上仍然是共产主义者。

政治蜂巢的幽灵（梯也尔）

> 难道大革命所造就的，就是这样
> 一个不再是自由和文明的社会，人们
> 在其中只能像蜜蜂、河狸那样勤恳卖
> 力地工作？
>
> ——1848 年 9 月12 日，托克维尔
> 在制宪会议上关于《劳动法》的演讲

　　正是这段话引发了阿道夫·梯也尔（1797—1877）在其1849年发表的《论共产主义》一书中对托克维尔的责备。这本书是在"人民之春"革命运动在欧洲爆发、引起轰动数月后出版的。梯也尔曾任法兰西第三共和国的第一任总统，是著名史学家和经验丰富的政治家，路易斯-菲利浦的支持者，历任七月王朝的内政大臣（1832）和参事院院长（1836—1840），后被排挤出局。1848年他加入了试图阻止大革命偏向左翼的保守派和自由派的共和党人阵营。正是在这前提下，梯也尔撰写了一篇严厉批判共产主义的文章*，瞄准的目标是马克思和蒲鲁东。此时马克思与蒲鲁东已经断交，为了回应蒲鲁东的《贫困的哲学》（1846），马克思发表了《哲学的贫困》（1847）。然而，在梯也尔的眼里，这两人都愚蠢而危险，因为他们摧毁了构建人类社会的一切因素，即劳动、自由和家庭。关于自由，梯也尔以蜜

---

* 而马克思是这样答复梯也尔的："梯也尔这个侏儒怪物，半个多世纪以来一直
　受法国资产阶级的倾心崇拜，因为他是这个阶级腐败最完全的思想代表。"
　（《法兰西内战》，1871）

蜂为证：

这是一个什么样的虚幻社会！在这个社会中，由于害怕人们犯错、迷路、不成功或过分成功、一生贫困或变成富翁，就要求他们为社团劳动，为他们提供吃、穿，供养他们，给他们分配工作，依次为农民、铁匠、织布匠、文人、数学家、诗人、战士。他们依次被喊来享受精致的生活，有时被降级去忍受粗俗的生活。除非由于分类困难，那就让他们保持牧人那样粗犷的平等。这是什么社会？啊！我告诉你们吧：这是一个蜂巢或是蚂蚁窝。㉞

蒲鲁东或巴霍芬眼中的理想模型，在梯也尔的眼里变得无比低下。当然，蜜蜂从来不会犯错误，而蜂巢的秩序又完美无缺，但这个由本能指导的完美无缺却否认人类最伟大的东西——自由。

而你们的社团，你们知道那是什么样的吗？一个蜂窝。你们想要塑造的人，你们知道是什么样的吗？只不过是一种动物，一种低级动物，本能的奴隶。总而言之，没有任何自由，而所谓的自由，是有权犯错，有权遭受痛苦。错误与真理，痛苦与享受，这才是人类的灵魂！

我们可以引述下文，因为它也谈到了此前已遇到的许多问题：

蜜蜂不会犯错。它从一个灌木丛飞向另一个灌木丛，在空气和阳光中舞动，毫无疑问很高兴，但不会感受到我们人类所特有的强烈情感。回到蜂巢后，它不断旋转，用小腿作为圆规。这部机器绝对不会犯错，就像沃康松*发明的机器，因为它的沃康松，就是上帝本人。人则完全不同：他的蜂巢，是雅典、佛罗伦萨、威尼斯、伦敦、巴黎。他所要做的工作也完全不同！他不需要从一个灌木丛跑到另一个灌木丛，但可能犯错。他需要判断内容最广和最复杂的报告，他要借助最精细的艺术来调制精美的食物，他要运来世界各地的各种产品，不滥用其价值，使它们在有利的条件下安然抵达。要找到这些产品，他必须研究星辰的运行、季风和季节的变化，一路上要祈求鲁伊特、让巴特、纳尔逊等神灵的保佑。在做这些事情的时候，他可能做对，也可能做错。如果他不会犯错，如果他能一眼就绝对无误地看到真相，他就没有自由，他就将像这一只只毫无错误地完成自己有限的小小任务的蜜蜂，犹如一台活生生的机器，由万无一失的自然（人们把它叫作本能）弹簧主宰，或者他就像这只勤劳的苍蝇，或上帝本身，如同我们所设想的那样。在永恒的真理面前，它没有中介，不会中断，因为它本身就是真理。

梯也尔反对将人变成蜜蜂，将城邦变成蜂巢，将人类的艺术变成冰冷的机械，他赞扬劳动，因为劳动让每个人都得到升华，充实自我，造福自己的孩子。如果他们有功绩，还可以造福社会，除非他们陷入贫穷和痛苦，因为这也是一种自由。梯也尔还补充说，这就是"世界的景象"："我们在丝绸上看到一个可怜的工人出生在麦秸上；我们在麦秸上看到一个大贵人出生在丝绸上。"（《论共产主义》第41页）这些偶然机遇，"这些如此惊人的对比，人类如此激动人心的能力，这些恶习，这些美德，这些财产，这些邪恶，就是自由：这不是动物，而是人"。

---

* 雅克·沃康松（1709—1782），法国工程师、机械师，发明了许多机械人。

但梯也尔在此也假装忘记了一个令人不安的细节，使得他将蜜蜂沦为自由主义的企图走向失败。他忘记提醒大家，蜜蜂在成为无政府主义者之前，首先是……自由派人士！多亏了它（或者由于它，这要看情况），自由主义才被创造了出来……

自由主义蜜蜂：曼德维尔

我们现在必须追溯至1848年、1789年和1776年的大革命时代，甚至上溯至1688年，催生了英国君主立宪制的"光荣革命"。1705年，有人在伦敦匿名发表了一首题为《抱怨的蜜蜂，或骗子变作老实人》的小诗㉟。作者是伯纳德·曼德维尔（1670—1733），一位侨居英国的荷兰医生，曾翻译过拉封丹的作品。这首诗后来收入书中，曾数次再版（1714年、1723年和1729年），每次内容都有所增加，并被译成多种欧洲文字，获得空前成功，但也遭到激烈的口诛笔伐。

书的开篇是一个寓言，以直观的方式借用蜂巢影射当时的英国。这个小小的国家经济繁荣，由权力明智地受到限制的君主立宪制来统治。但是仔细观察，便不难发现，贪婪和虚荣是国家财富的主要动力源泉。每只蜜蜂都只专注于找寻自己的优势，只关心自己的切身利益，不顾他人：所有行业都"孕育着欺骗和谎言"，律师只会"聚敛资金，算计律师费"，医生看重的是"名声而非医术"……总之，"每个领域都充满邪恶，而蜂国却是一个繁荣的乐园"，"个体的邪恶增加了大家的狂欢"。因此，"数百万穷人挥霍无度"，"大部分人都自负得讨厌"，"嫉妒心与虚荣心，就像工业大臣，促进艺术和商业的繁荣"。到了最后，"赤贫者竟然活得比以前的阔人还要快乐"。

但在这个欣欣向荣的国度中，有些人，特别是神甫，不时抨击这些时代的恶习和道德的堕落。朱庇特听到后，立即听取他们的话，一下子就把所有的坏蛋统统清出了蜂巢，尤其是让他们远离蜜蜂。"变化多么大又是多么快！不到半个小时，全国肉价跌至一磅仅值一文钱。从国家政要到乡下百姓，伪善面具统统被丢到了地上。"顷刻之间，监狱空无一人，律师、法官和屠夫都失业了，医生医术败落，僧侣锐减，大臣们逃之夭夭，女人不再淫荡，艺术、时尚、奢侈品及相关行业奄奄一息。总之，一切都变得极其简单和低廉，工业萧条，商业一蹶不振，经济陷入瘫痪。

邻近的蜂巢看到我们诚实的蜂国活力渐衰，决定发起进攻，抢夺我们最后的宝贝。但道德高尚的蜂国凭借其成员的勇敢和牺牲精神，成功地抵御了劲敌的侵袭："它们获胜的代价非常惨重，成千上万的蜜蜂为此捐躯疆场。苦难和磨砺使它们变得坚强，它们甚至把舒适视为恶行。这大大增强了它们的自制力，以至于为了防止骄奢淫逸，它们飞进一个树洞里，那里只有两种财富：知足与诚实。"㊱坏蛋变成诚实的人，变得……越来越渺小，越来越节约，最后消失了，因为它们身上只剩下了美德。

故事的"道德寓意"很容易归纳，它全然体现在该书的副标题上："私人的邪恶造就公众的利益"。

所以，愚蠢的人啊，不要抱怨了！你们想让一个国家既伟大又诚实，这是做梦……放弃这种徒劳的梦想吧！如果我们想享受甜蜜的果实，就得忍受欺诈、奢侈和虚荣……对一个繁荣的国家来说，邪恶是必要的，正如人饿了才吃饭一样。光有道德是不可能让国家变得繁荣昌盛的。如果想复兴黄金时代，就必须既要能

啃硬骨头，又要能诚实地生活。㊲

这一说法太大胆了，曼德维尔因此被敌人取了一个难听的绰号，因谐音恶人被称为"恶毒之人"*。它完全颠覆了蜜蜂通常给人的贞洁、勤俭、诚实、纯洁形象，它虽然并未颂扬邪恶，但指出，想消灭人类身上的恶，这是一种虚荣，是危险的。

传统的蜂巢形象在此被用作反模型，其中不乏讽刺和幽默。人类的城邦不可能建立完美永恒的秩序，而应懂得利用人类生存条件固有的混乱，还要学会疏导而非取缔马基雅维利（1469—1527）所谓的"喧嚣"，以及继曼德维尔之后被英国哲学家们视作对"利益"有用的热情。

一个多世纪以后，另一位自由主义思想家邦雅曼·贡斯当（1767—1830）十分清晰地概括了这一想法：

如果为了维持（秩序）而牺牲所有慷慨的情感，我们就会沦落到与辛勤劳作的动物没什么区别的状态，井然有序的蜂巢和惨淡筑造的蜂窝不能成为人类美好的理想……让我们超越这一狭隘的体系吧，它只能为人类提供实现物质福祉的目标。我们不能把自己禁锢在这一短暂、不完美、单调、动荡的生活中，像动物一样被圈在物质的牢笼里。㊳

但这些激情，既造就了人类的伟大，也不断使人类社会陷入困境。应如何协调？方法有多种。第一个就是托马斯·霍布斯（1588—1679）在其著名的《利维坦》（1651）中所论述的强大的国家力量。他从自然的政治体制，尤其是蜜蜂的政治体制出

---

* 曼德维尔（Mandevil）的名字分开就是"恶毒之人"的意思。——译注

发，试图理解人类为什么无法达到相似的和谐。在他看来，主要原因是人类"总是为了荣誉和尊严而不断竞争"[39]，每个人都自以为比别人智慧和清醒，那些领导人尤其如此。因此，在人类社会中，嫉妒、仇恨、战争便不可避免。由于这些东西是非自然的，仅仅基于一个人为的协约之上，"因此必须拥有另外的东西（伴随着这种协约），使（个体）能够恒久持续地同意"[40]。在霍布斯看来，这个东西当然就是国家。

曼德维尔在其《蜜蜂的寓言》中却提出了一种完全不同的解决方案。在他看来，仲裁纠纷时确实需要国家，但仅靠国家是不能确保社会的生存与繁荣的。社会生活独立于公共权力之外，必须予以尊重，不能过度干预。霍布斯写道，在蜜蜂社会中，"私人利益与共同利益并无差别"，蜜蜂"天生为自己的私人财产着想，从而也造福于社会的共同利益"；人则不同，人喜好攀比，从而使自己陷入险境。曼德维尔则认为恰恰相反：激情并不会让人类相互远离，相反会使社会团结和繁荣；使之成为可能的"计谋"并非来自全能的国家，而来自社会本身，它在思想史上第一次被视为"市场"。

因此，政治的任务并非是以巨大的恐怖去压制激情，而是让激情之间相互作用。

此乃这蜜国的诡计，每个分支都在抱怨，整体却得以维持：这就如同音乐里的和声，总体和谐中亦存在不谐和音。直接对立的党派实为互助，虽然表面上似有敌意与怨怒；而节制饮酒的约束更会导致众蜂的酩酊大醉与狂饮暴食。[41]

大约在同一时期，德国哲学家莱布尼茨（1646—1716）也出版了《神义论》（1710），尽管并未发现其内容与《蜜蜂的寓言》有什么直接关联。莱布尼茨在书中阐述了以下的观点，受到了伏尔泰的嘲笑（参见《集锦篇》之十五）。莱布尼茨认为恶不过是一种幻觉，它来源于我们看待事物有限的观点。从（上帝）整体的观点出发，一切都是善的，灾难只是表面的，因为一切都是由一个"预先确定的和谐"所确定的，万事万物虽然表象不同，但均参与这一和谐性。

我们可以支持此后被曼德维尔的崇拜者与继承人亚当·斯密称为"市场理论"的东西，它在《蜜蜂的寓言》中已初显端倪，为莱布尼茨竭力论证的"神意"提供了一个非宗教版本。

当我们看到曼德维尔的下列文字时，怎能不想到这一点呢？他写道："被我们称作现世罪恶的东西，无论是人类的罪恶还是大自然中的罪恶，才是使我们成为社会性动物的根源，才是所有贸易与职业的坚实基础、生命与依托，概莫能外！"[42]

新自由主义（或自由主义）在推行全球大市场这一思想时，理应记住这一点。这一思潮的大理论家，1974年诺贝尔经济学奖获得者弗里德里希·哈耶克也很乐意自称为曼德维尔的继承人[43]。

曼德维尔恶毒、讽刺、自由主义的蜜蜂，正是在这一点上与蒲鲁东严肃、道德、无政府主义的蜜蜂不谋而合。二者最终均采用非常相似的措辞提倡个人自由，如果我们不在国家、宗教和道德层面对它进行约束，它将进入一个高级阶段，这会有利于大家。马克思本人也高度赞扬曼德维尔，高度评价他的"怀疑哲学"。

因此，这是政治蜜蜂的一场奇异飞行，它曾将贵族、君主主义者和民主党人士调和在共同的共和国中，成功地在它甜美的蜜糖中融入了当代最坚定的反对者：无政府主义、共产主义和自由主义。无论是作为反衬还是典范，作为神奇寓言还是深入分析，蜜蜂都是各种政治思想所必不可少的连接点，所以，正如人们将看到的那样，它受到人们的强烈关注，引起人们的热情。今天，我们在它身上探寻超级现代化的民主奥秘，借助它研究解决公民叛离问题，探索尊重自由的集体智慧。蜂巢将继续为我们提供教诲：它似乎真的蕴含着共同组织的所有秘密。蜜蜂在所有国家都无处不在……

《采蜜篇》之十七

褐色蜜蜂：玛雅

谁不知道《蜜蜂玛雅》呢？这部日本儿童电视剧蜚声全球，但很少人知道它是根据1912年德国出版的一本书《蜜蜂玛雅历险记》改编的，作者名叫瓦尔特玛尔·邦瑟尔斯（1880—1952）。2012年3月，在庆祝玛雅一百周年纪念活动期间，慕尼黑的一份报纸《南德意志报》打破了活动的和谐气氛，因其刊登了一篇标题极富挑衅意味的文章：《玛雅，我们的褐色蜜蜂》。该文披露邦瑟尔斯不仅是个二流作家，而且是个投机分子和反犹太人士，他加入了纳粹党，想在其中占得一席之位……然而没有达到目的，因为他此前的无政府主义色情图书根本无人问津。1943年他试图讨人欢心，出版了一本具有强烈的反犹太色彩的小说《多斯托斯》，献给内政部部长威廉·弗利克。至于《蜜蜂玛雅历险记》这本书，它根本没有引起评论的关注，因为书中的小蜜蜂是以强烈的个人主义者的面孔出现的，拒绝接受蜂巢的集权统治。但书的末尾却十分大胆，接近民族主义思想。在最后一章中，当蜂后召集所有蜜蜂与胡蜂进行搏斗时，它喊道："以永恒权力和王后的名义保护王国！"

注　释

①J.斯塔罗宾斯基：《1789，理性的象征》，巴黎：伽利玛出版社，2006。

②W.德奥纳：《蜜蜂与国王》，《比利时艺术史与考古学杂志》1956年第25期，第105—113页。M.帕斯图罗：《法国的象征》，巴黎：博纳东出版社，1998。《著名的动物》，巴黎：博纳东出版社，2002。J.图拉尔：《拿破仑词典》，巴黎：普隆出版社，2012。

③塞内加：《论仁慈》，一，19。

④色诺芬：《居鲁士的教育》，五，1。普林尼（《自然史》，十一，16）补充说："蜂王的头上有白色的冠形斑"，它揭示了王室盛典的起源。亦可参见中世纪托马斯·阿奎那：《论王制》，一，2、12。

⑤塞内加：《论仁慈》，一，1。

⑥塞内加：《论仁慈》，一，19。

⑦科路美拉：《论农业》，十一。

⑧圣安布罗斯：《创世六日》，5，21，68。

⑨伊利安：《论动物本质》，三，1。

⑩E.卡罗奇斯：《国王的两个身体》，"卡尔多"丛书，巴黎：伽利玛出版社，2000，第733页续。C.布鲁克：《论政府原理入门》第五册，巴黎：德洛兹出版社，2006，第42页续，第463页续（五，第二章）。

⑪约翰·德·索尔兹伯里：《论政府原理》，二，13："自然也被称为上帝的意志"。

⑫同上书，六，21。

⑬同上书，六，21、24。

⑭莎士比亚：《亨利五世》第一幕第二场，F.基佐 法译，1862—1864。

⑮荷马：《伊利亚特》，二，87—89。

⑯同上书，二十一，12—14。

⑰费尔法克斯·威辛腾：《蜜蜂共和国：在美国十八世纪蜂巢中的政治经济》，《蜜蜂学院十八世纪文化研究》第十八卷，1988，第46—47页。

⑱J.-M.特鲁安引述，《大革命时期的昆虫社会形象》，《文摘》杂志1992年7—12月，3—4，第333—345页。J.-M.特鲁安：《昆虫哲学》，巴黎：瑟伊出版社，2014。

⑲蒲鲁东：《十九世纪革命的总观念》，载M.里维埃主编《蒲鲁东全集》第二卷，日内瓦：斯拉基纳出版社，1982，第199页。

⑳蒲鲁东：《无政府主义宣言》，V.瓦伦丁选编，巴黎：美文出版社，2009，第229页。

㉑蒲鲁东：《什么是所有权？》第二部分，巴黎：弗拉马里翁出版社，1966，第278页。

㉒同上书，第280页。

㉓圣西门：《蜜蜂与黄蜂的寓意》，巴黎：今后出版社，2012。

㉔蒲鲁东：《十九世纪革命的总观念》，第151页。

㉕蒲鲁东：《论工人阶级的政治能力》，第181页，引自《永远的自由中》，第35页。

㉖蒲鲁东：《经济制裁：农工联盟》，载《论联邦原则和重建革命党派的必要性》第十一章，巴黎：E.丹图出版社，1863，第107页。

㉗路易·欧仁·布维埃：《昆虫的共产主义》，巴黎：弗拉马里翁出版社，1926，第4页。

㉘同上书，第9—10页。

㉙卡尔·马克思：《资本论》，J.鲁瓦 法译，巴黎：社会出版社，1950。

㉚巴霍芬:《母权论》,E.巴里利埃 法译,日内瓦:人类岁月出版社,1996,第7页。

㉛恩格斯:《家庭、私有制和国家的起源》,莫斯科:进步出版社,1976,第11页。http://classiques.uqac.ca/classiques/ Engels_friedrich/ Origine_famille_moscou/Origine_famille_Moscou.pdf。

㉜巴霍芬:《母权论》,第109页。

㉝同上书,第109—110页。

㉞梯也尔:《论共产主义》,巴黎:朦胧之地出版社,第四章,第33页续。

㉟伯纳德·曼德维尔:《蜜蜂的寓言:私人的恶德,公众的利益》,吕西安、波莱特·卡里维 法译,巴黎:弗兰出版社,1985、1991(第二部分)。

㊱同上书,第39页。

㊲同上书,第40页。

㊳贡斯当:《论杜诺耶先生及其几本著作》,载《现代人的自由》,"普鲁里埃尔" 丛书,巴黎:阿歇特出版社,1980,第547、550页。

㊴托马斯·霍布斯:《利维坦》,G.梅雷 法译,"福里奥"丛书,巴黎:伽利玛出版社,2000,二,17,第286页。

㊵同上书,第287页。

㊶B.曼德维尔:《蜜蜂的寓言》,第33页。

㊷B.曼德维尔:《蜜蜂的寓言(英文版第6版)》,伦敦,1740,第242页。

㊸F. 哈耶克:《解读大师精神,伯纳德·曼德维尔博士》,载《英国科学院院刊》1966年第52期,第125—141页。收入《哲学、政治学、经济学和观念历史新研究》,伦敦、芝加哥,1978。

第五章

人文主义蜂巢

"不完美的花园"中的
蜜蜂

　　蜂巢在政治上的成功，向我们揭示了它"脚踏实地"的形象。这怎么可能！它向我们昭示了世界起源的奥妙，反映了宇宙秩序，帮助我们轻松地揭开了《启示录》神秘的面纱……什么？与神话和宇宙学密切相关的神秘的蜜蜂，竟然沦为纯粹的统治工具？

　　然而，说到底，为什么不呢？文艺复兴时期，随着现代性质的国家兴起，三大古老的世界观也受到了动摇：本已受基督教质疑的异教神话地位遭到日益自信的科学的动摇；甚至连宇宙观，即关于事物和谐秩序的观念也开始消失，代之以一个被盲目和机械的力量所贯穿的宇宙形象。而基督教教义，则被可怕的争吵所包围，让最真诚的信徒也陷入困惑、怀疑和恐惧之中。蜜蜂在此种令人眩晕的"无限空间的沉默"中能起到什么样的作用呢？在这种混乱的思想中它怎么继续活下去呢？它是否注定要再次消失，成为这无序世界的受害者？

　　如此看待蜜蜂，未免低估了它的抵抗能力。蜜蜂不仅没有衰落，反而在旧世界的僵尸上再一次起死回生，甚至成为人类的引路人。此时的人类，已经远离温馨的神话中的黄金时代、和谐的宇宙和充满希望的"启示录"时期，一心想去耕耘蒙田（1533—1592）称道的"不完美的花园"。人类已别无选择，必须直面最好的或往往是最糟的世界。此时的蜜蜂，无疑灵感更少，但却更勤奋；如果说它所酿造的蜂蜜失去了永恒的滋味，却更适合人类的口味。且让我们看看蜜蜂如何在诗人的笔下和科学家的显微镜下从幻灭中获得重生。

1. 蜜蜂对战蜘蛛

蜜蜂让古人与今人和解

> 人们称蜜蜂为缪斯的恩宠。
>
> ——瓦罗《论农业》，第三卷，第十六章，7

1697年，我们不知道具体月份，只知道那是一个星期五。在伦敦阴暗的圣詹姆斯图书馆里，读者都走了，门也关了。书籍像往常一样，开始说话，谈论白天发生的事情。这一天尤为热闹，因为古书的读者与现代书的读者针锋相对，掀起了一场剧烈争吵。现在轮到书籍讨论二者之间的利弊，它们相互交谈、较量和比较，想知道古书和现代书哪个更高明、更时兴、更伟大。双方先是彬彬有礼，转而充满火药味，开始对打谩骂，展开了一场激烈争斗，很快就使这一宁静安详的知识宝殿陷入一片骚乱。

这是《格列佛游记》的作者斯威夫特（1667—1745）在一首辛辣的讽刺诗中所描述的情景。该诗题为《上周五发生在圣詹姆斯图书馆里的古书与现代书之战》（1704），影射当时席卷整个欧洲的著名的"古今之争"①。"古今之争"十多年前肇始于巴黎，具体日期是1687年1月27日。当时尚未开始写作《贝洛童话》的夏尔·贝洛（1628—1703）在法兰西学术院发言，当众诵读歌颂路易十四的《路易大帝世纪》。他揭露了厚古薄今的行径，认为今人丝毫不比古人逊色。其开篇如下：

美好的古代向来为人敬仰；

我却从不认为它值得敬仰。

我对古人绝不卑躬屈膝；

他们的确伟大，但却与今人无异；

路易大帝时期可与美好的奥古斯都时代媲美，

我们无需担心评判失当……

辩护之后，又开始攻击：

柏拉图在我们祖辈时代被奉为神灵，

现已开始变得令人厌烦……

谁都知道著名的亚里士多德已失去声望，

他在物理上的成就逊色于希罗多德在历史上的贡献。

我们或许会以为这是精巧而简单的溜须拍马练习。其实根本不是！贝洛非常严肃，他想表达的是自己经过深思熟虑的立场。他发言之后，场内一片哗然，人们开始唇枪舌剑的辩论，布瓦洛与拉辛一马当先，狂热地维护古人的价值，鞭挞今人的轻浮浅薄。丰特奈尔很快加入了贝洛的阵营，竭力对战法兰西学术院的同行和仇敌。古今之争愈演愈烈，并如野火般迅速蔓延至整个欧洲。

在英国，斯威夫特的老师（堂兄）威廉·坦普尔出版《论古今学问》（1690），迎战丰特奈尔，重新掀起古今论争。该书引起了很大反响，斯威夫特正是为了做出回应，撰写了《书籍之战》。他以独特的方式，诙谐夸张地模仿《伊利亚特》史诗般的战斗。如此捍卫古人，十分滑稽甚至近乎不敬！但在斯威夫特看来，捍卫古代，并非要盲目崇拜，而应融会贯通，将古人的学问酿造成自身特有的蜜糖。这就是斯威夫特在《书籍之战》的间歇插曲中所叙述的内容，有如寓言中的寓言。

正当书籍短兵相接、准备动手时，窗户中有一块玻璃碎了，一只蜜蜂借机钻进图书馆，不小心撞上了窗边的蜘蛛网。蜜蜂奋力挣扎，终于成功挣脱，但毁坏了蜘蛛网。蜘蛛愤怒地从巢中冲出，凶狠地对着蜜蜂骂道：

你算个什么东西，无非是个流浪汉，要家没家，要积蓄没积蓄，祖上也没给你留下什么遗产，生来除了一双翅膀和低沉的嗡嗡声一无所有。你靠在自然界四处打劫谋生，是个强盗，无法无天地盘旋在草地和花园上空；为了偷窃，你会像抢紫罗兰那样轻松自如地抢劫一棵荨麻。而我可是一个居家的动物，依赖自身内部的资源生活。这么大的城堡乃是我一手建造（可见我在数学上的本领有多高超），所有材料也都取自我本人。[②]

蜜蜂马上反唇相讥：蜘蛛确实很有天分，网织得漂亮，技艺精湛，比例对称，但使用的材料实在太糟。理由是：我小小的身躯，不费多少力气就能冲破蜘蛛网。一切都是蜘蛛自吹自擂，说全靠自己吐丝织网，其实毫不耐用，一切不过是粪便和毒液，所以蜘蛛才那么狠毒，贪得无厌，妄想摧毁一切。蜜蜂虽然靠采蜜为生，但不会损坏花朵，且能酿制蜂蜜和生产蜂蜡。

两只昆虫针锋相对，争论越来越激烈，图书馆里的书都好奇地看着它们。最后蜜蜂说：

归根结底，就是一个问题：两个生物之中，哪个更高贵？一个仅关心弹丸之地且狂妄自负，虽然自给自足，却变一切为粪便和毒液，最后造出来的蜘蛛网不过是一个捕捉苍蝇的陷阱；另一个以天地为家，凭着不懈探索、潜心研究以及对事物的正确判断和辨别，奉献了蜂蜜和蜂蜡。（《书籍之战》，第41页）

说完这番话后，蜜蜂不等对方回答，就径直"飞向一片玫瑰花，丢下蜘蛛。蜘蛛像律师一样定了定神之后，正准备高声辩论，反驳对方申诉而自己并没有专心聆听的理由"。

蜜蜂走后，书籍便停止了争论。寓言作者伊索综述了这场昆虫间的辩论。他好像通篇都很愤怒，蜘蛛被描绘成代表虚荣的今人形象，吹嘘自己自给自足，吐丝织网，对外界的恩惠毫无感恩之心。它所代表的是法国笛卡儿主义者的傲慢形象，他们是从"我思"出发去归纳世界的，只要思维清晰就可以了。蜜蜂则代表古人或者古人的捍卫者，他们像拉布吕耶尔那样，认为"一切均已道尽，我们来晚矣。七千年（当时认为是创世记的日期）以来，已经有人在不断思考"（《性格论》，1696），我们现在唯一能做的不过是耕耘古人的花园，不断与其沟通交流。

斯威夫特并没有告诉我们这场论战是如何结束的，也没有说在这场书籍之战中，有否输家和赢家，但透过这则寓言，尤其是蜜蜂的寓言象征，他向我们提供了某种综合性提议。

蜜蜂与蜘蛛的双双论战，若加入第三个窃贼蚂蚁，则解读起来会更为明晰。另一位英国人培根（1561—1626）的表述最为精辟。培根被视为科学思想的先驱，斯威夫特从他身上也汲取了一些灵感。培根属于"今派"，因为他在《新工具》（1620）中，高声疾呼要在科学领域超越威望业已受到质疑的亚里士多德。但培根并未主张完全颠覆过去，而是使用下列三段式来定义新学人应遵循的方法：

从事科学的人，不是实验家，就是推论家。实验家像蚂蚁，只会采集和使用；推论家像蜘蛛，只凭自己的材料来织成丝网。而蜜蜂却是采取中道，从庭院和田野里的花朵中采集材料，再用自己的能力加以转化和消化。哲学的真正任务正是这样，它既非完全或主要依靠心或精神的力量，也非只把从自然历史和机械实验得来的材料原封不动、囫囵吞枣地累积在记忆中，而是借助智力把它们进行转化和加工。所以，应该把自己的经验（至今还没有做到）投入到通过更紧密更牢固的契约聚集起来的（实验和理性）才能之中。③

因此，蜜蜂向我们指明了知识的正确道路。它在枯燥地重复古代权威（蚂蚁）和自命不凡地声称要永远重新创造知识（蜘蛛）之间勾勒了一条中庸之道。它也在老年人喋喋不休的啰唆和青少年的傲慢之间找寻到了第三个字眼。这个字眼，就是工作。工作是成年人固有的特性，人类从此必须心向往之。工作既适用于文学创作也适用于科学研究。工作，意味着将已有的材料进行加工转化，给它以所谓的"附加值"。真理的唯一可能性便栖身其中。我们不要期许从超验性的启示或忠诚的传承中找寻到真理，但我们要不懈地探索人类精神和事物的本质。或许对于人类事务而言，古人是最好的向导，因为他们仔细研究了人类的激情、行为、语言和思想。但若要探索自然奥秘，则需制定一个全新的观察和实验方法。在这两条路的交叉口上，开始出现分岔，即人文与科学的分离，有感知能力的主体形象开始出现，蜜蜂将在此提供一个理想的象征形象。

这对我们来说是一个十分重要的时刻，因为我们发现蜜蜂这个象征物开始发生变化。它先是以缪斯或天使的形象出现，是直观认识和启示语的象征，如今却走向了"无产阶级化"。人们赞颂蜜蜂，不再因为它是狂热的诗人所歌颂的飞舞的小生灵，而是因为它刻苦勤奋的精神。此时我们已经远离柏拉图《伊安篇》中蜜蜂的用途，在他看来，诗歌不是一门技艺（即一门需要掌握的技术），而是来自纯粹神圣的灵感。他认为，诗人创作时，就不属于自己了，而是完全忘我了。

诗人不是告诉过我们，他们给我们带来的诗歌，是他们飞到缪斯的幽谷和花园里，从蜜泉中采来的，采集诗歌就像蜜蜂采蜜，而他们就像蜜蜂一样飞舞。他们这样说是对的，因为诗人就像很轻的东西，长着翅膀，很神圣，只有灵感袭来，自我超脱，摆脱理智，才能写出诗来。只有神灵附体，诗人才能作诗或发布预言。由于诗人的创作不是凭借技艺，而是来自天上的馈赠，所以他们发现和说出了关于他们的许多美好的事情，正如你谈的是荷马一样（这里他是在对以吟诵《荷马史诗》为业的伊安说话），他们只能在缪斯的推动下才可成功④……

在柏拉图看来，诗人不是"作家"，只是"摆渡人"。随着文艺复兴时期的到来，环境发生了改变，蜜蜂不再那么空灵和富于神性，而是更加勤劳、富于人性。与柏拉图相反，人文主义者重新回归古代的另一股思想源流，即斯多葛派的塞内加的思想。塞内加与他年轻的朋友卢基里乌斯讨论智慧问题并向他提供建议时，用蜜蜂采蜜来比喻阅读作为精神食粮的重要性。"阅读使我不会沾沾自喜。"但仅仅阅读、复制或默记是不够的，还要将所吸收的内容加以消化、合成，使其成为百分之百的原创作品（参见《集锦篇》之十七）。

彼得拉克（1304—1374）和蒙田都是塞内加的忠实读者，二人均重拾蜜蜂形象，用作新兴人文主义的象征。在1366年致薄伽丘的一封信中，彼得拉克这样写道："我们应该像蜜蜂酿蜜那样去写作，蜜蜂酿蜜并非是为了保留花蜜，而是将其化为蜂蜜，把千百种不同花蜜酿造成独一无二的、不同却更佳的产品。"1580年，蒙田在《随笔集》中写道："蜜蜂飞东飞西采撷花粉，但后来酿成蜜糖，便完全是自己的了，已不再是百里香或仙唇花的。同样，我们可以借鉴他人的内容，进行加工和融合，变成完全属于自己的作品，即自己的判断。"⑤

　　文学创作对古人充满敬仰和感恩，因而具有原创性和进步性。这些价值，我们今天称之为"现代性"，但文学创作也很艰难，要求我们不猎奇，不受时尚的诱惑。在法文里，"现代"一词衍生于"时尚"，由此引起了争论。因为"现代"在此指的并非是新近的或全新的，更多是短暂的，昙花一现的，一如"风气"或"时代气息"，与久经考验的稳定的古老学问相对立。普鲁塔克（45—120）对蜜蜂的比喻在文艺复兴时期被再次提出，产生了下列想法：专心聆听的学生必须深化其所吸收的内容，不能受到华而不实的思想的迷惑。不能像卖花女那样，将"芬芳亮丽的鲜花"扎成美丽花束，虽赏心悦目却迅速凋谢。应该学习蜜蜂，不留恋"紫罗兰、玫瑰和风信子"，径直飞向气味更馥郁、更沁人心脾的百里香，在上面驻足，酿造"花蜜的琼浆玉液"。勤奋好学、品味纯粹的听者，不能只顾钦慕演讲者的珠玑妙语，或迷恋其风采神韵，否则，在无用的奢侈中，只能寻觅到无用之草，只有黄蜂，即辞藻华丽而浮夸的雄辩才会喜欢。⑥

　　卢克莱修（前99—前55）可以让卖花女和蜜蜂达成和解。他跟老师伊壁鸠鲁对话时将自己形容为辛勤的采蜜者："从您的书本中，啊，贤名远播的您！正像蜜蜂吮吸繁花盛开的林地的每朵花，我们也采撷您闪光的语言来滋养自己。"（《物性论》第三首，10—13行）但当他说明自己为何用诗意的语言来讲授艰深的伊壁鸠鲁学说时，他用的是另一种象征方式。

因为诗性的表达并不是一种模仿，用来掩盖思想的单薄，相反，它也许可以切入一部艰深著作。在哲理长诗《物性论》第四首中，卢克莱修为自己选择诗性的语言去谈论伊壁鸠鲁学说进行了辩解。他深入浅出，用蜜蜂采蜜作比喻，以蜂蜜的甜蜜和苦艾酒的苦涩为隐喻来说明理由。在玻璃杯边缘抹上少许蜂蜜，可以让孩子吞下苦涩的药水，甜美的诗歌也可以帮助人们更好地理解伊壁鸠鲁的学说（参见《集锦篇》之十八）。

因此，艺术的甘美不仅不会阻碍我们走近真理，反而是洞悉真理最安全的方式。它不再是源自神性灵感，而是充满怀疑和脆弱的建设过程。它比通常的哲学演说更安全，通常的哲学演说往往很讲技巧，常常忘记应设身处地为人们着想，哲学家们常处于幻想和恐惧当中，难以将人们引向宁静的智慧境地。正如安德烈·孔特-斯蓬维尔在那本精彩的《蜂蜜与苦艾酒》中所言，卢克莱修无疑比伊壁鸠鲁更富于人性，伊壁鸠鲁这位圣人或许太贤明，因而远离了人性。

因此，人文主义者必须通过模仿蜜蜂的工作，成为文学的养蜂人。首先必须收集从前的知识，悉心遴选，不能被太鲜艳的颜色和太美妙的芬芳所诱惑。必须从中酿造出独特的蜂蜜，以滋养跟他一样，被禁锢在"不完美的花园"那可怕的无限空间中的不幸同伴：有限的人生中无限的悲剧。这就是人文主义者的蜂巢，它致力于寻找或创造悬在空中的世界的意义，这一蜂巢已失去神性或宇宙的担保。幸好在这"蜜蜂与知识"的综合中，出现了一个知识主体，他不仅能够重复旧日的知识，还能理性地分析观察所得的全新数据。

近两个世纪后，尼采（1844—1900）重新使用了这一形象，并将其推至顶峰。对他来说，幻想破灭的人类已不满足于生活在一个不确定的、毫无超验意义的世界里，他要对它进行全面塑造。清醒的思想家尼采必须这样说服自己：

> 真理究竟是什么？真理是人们已经遗忘了其初始样子的幻象，是多种多样的隐喻、换喻和拟人——一句话，人为联系的总和。这些隐喻、换喻和拟人被诗学化与修辞性地强化、转换和装饰，在其后长时间的使用中稳固化、经典化并带有强制性；隐喻变得陈腐不堪，不再给感官以快感；钱币也磨平了原有的图案，如今只是金属，而不再是钱币。⑦

人类的才华就在于这种象征力量，这种重新创造一个世界的能力。因此，尼采继续论述道："作为一个建筑天才，人比蜜蜂高出不知多少，因为蜜蜂用来建筑的蜡是它从自然中收集来的，而人却只能用来自自身的概念这一十分脆弱的材料来进行建造。*因此必须对他大加赞扬，但不是赞扬他的感觉的本能或纯粹的知识。"⑧

因为人类最可敬又最可悲的是，他固执地深信自己无所不能：他将表象视为真实，将需要视为神圣，将问题视为答案。尼采也使用蜜蜂这一"超级象征"，向其象征性的活力致敬：人类之所以伟大，并非因为他能透过理性去探索真实，而是他幻想的能力，即将救世主视为照路的灯烛。然而艺术与科学相反，科学忘了自己的骗人手法，而艺术却是一种充满幻觉、清醒且自觉的创作，唯有艺术能够反映真实的多样性。艺术比科学更真实，因

---

*　尼采此处的说法是错误的，他这方面的知识似乎有点过时。因为19世纪初期，人们已经发现蜜蜂是利用特殊的腺体来制造蜂蜡的（参见《采蜜篇》之十）。

为艺术深知自己是假的，而科学却深信自己是真实的。

先是形成概念……然后是语言，再后来是科学。正像蜜蜂一边筑造蜂房一边向里面灌蜜一样，科学也在"概念"这个宽敞的**骨灰陈列所**里，在直觉的坟墓中忙个不停，总是在建造新的、更高的楼层。它在制作、打扫、改进旧墓室，特别想填满这一巍峨的木筋墙，把整个经验世界，即拟人化的世界安排其中。⑨

透过这一分析，尼采为我们提供了一把珍贵的钥匙，帮助我们理解蜜蜂这一隐喻为什么总那么成功，即便现代世界的幻灭和宇宙的理性化也无碍其生机。尼采想告诉我们的，是人身上有一种比真理冲动还要强烈的"隐喻冲动"，人是"自己讲述故事"的生命，而科学只不过是其中的一种叙事，它或许比神话或宗教更为确切，但在人类生存条件的终极反思上，绝对不会比宗教或神话更真实。相信人类有能力消除所有的神秘、隐喻和幻想是很幼稚的，因为隐喻是人类不可或缺的需求。在下文中，我们将明确说明这一点。

2. 显微镜下的蜜蜂

蜜蜂成为科学研究的对象，却未丧失
其魔法师的迷人魅力

1623年9月29日，蜜蜂大举入侵罗马。不！这不是一部恐怖电影的名字，而是乌尔班八世当选教皇的庆祝仪式。乌尔班八世曾是伽利略的好友，也是其控诉人。这位圣彼得皇位的当选人，出身于显赫的巴贝里尼家族，很有学问，他沿用了饰有三只蜜蜂的巴贝里尼家族徽章。为了庆祝他的上台，在登基节庆仪式期间，他吩咐在罗马各处贴上小型蜜蜂复制品。随后，所有希望获得其垂青的艺术家都必须表示他们也喜爱教皇本人钟爱的昆虫。当时蜜蜂的形象可谓铺天盖地。我们在圣彼得大教堂（1633）的青铜华盖上可见到蜜蜂的雕像，在特里同喷泉（1642）贝尼尼的三件雕塑作品中也有其影子。蜜蜂还出现在巴贝里尼宫中彼得罗·德·科尔托纳的壁画作品《神意的胜利》（1639）中，连梵蒂冈新铸造的硬币上也印有蜜蜂。而圣依华教堂的设计则完全仿造蜂巢的模型。总之，处处皆见巴贝里尼的家族徽章（似乎有强迫症之嫌），蜜蜂一跃成为教皇普世和永恒的象征[10]。

蜜蜂形象的无所不在，使我们对这只深受宠爱的小昆虫的认识也发生了很大变化。在"猞猁学社"，来自欧洲各地的学者汇聚一堂，使用由荷兰人发明、经伽利略在罗马改进和推广的首批显微镜，对蜜蜂进行观察研究。他们以猞猁般敏锐的眼光洞察蜜

蜂，对其进行解剖和分类。这些早期的研究，使得科学家借助显
微镜对无限小的微观世界进行探索，其所引发的科学革命，堪比
当时借助望远镜对无限大的宏观世界进行探索所产生的争论甚多
的革命。全球首张微观图便是蜜蜂，由斯泰卢蒂（1577—1653）
和格劳特（1577—1653）刻印绘制，赠送给新教皇，庆祝其登
基。上面可看到巴贝里尼家族徽章上的三只蜜蜂，配有用显微镜
才能看到的蜜蜂微观解剖图。

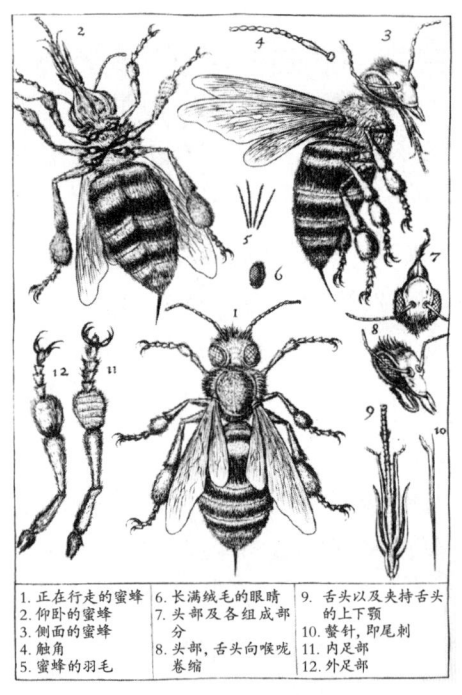

1. 正在行走的蜜蜂	6. 长满绒毛的眼睛	9. 舌头以及夹持舌头
2. 仰卧的蜜蜂	7. 头部及各组成部	的上下颚
3. 侧面的蜜蜂	分	10. 螯针，即尾刺
4. 触角	8. 头部，舌头向喉咙	11. 内足部
5. 蜜蜂的羽毛	巷缩	12. 外足部

图1 史上首张显微镜微观图为蜜蜂微观图

以这种方式洞悉蜜蜂的微观世界堪称一场小小的革命：小蜜
蜂借此而成为，或者说像在亚里士多德时期那样，重新成为知

识研究的对象。我们之前已看到，在中世纪期间，关于蜜蜂的著作，一如其他自然历史著作那样，主要是在古籍基础上编纂。因为值得了解的知识已为亚里士多德、维吉尔、普林尼等古代伟人所发现。所以，世人的主要任务就是编纂这些作家的论说，以最为忠实的方式重建其残存不全或被曲解的思想。这种做法一直持续到18世纪。但另一种方法于中世纪末，尤其是从大阿尔伯特的大百科全书开始风行。在古今之争的背景下，人们开始认为古代贤明或许并未全部看到、全部知晓或全部明了！因此，必须通过对大自然更为直接的观察，通过实验，对古代知识予以补充甚至纠正。实验或许能强迫它暴露自己的真相，如同我们巧施酷刑强迫一个有罪之人承认自己的罪行一样！在某些情况下，宁可多读大自然这本书，也不要死啃古人的书。事实上，这两个方法曾长期共存，而蜂巢则不仅是思考而且也是检验这两种方法的战斗舞台。让我们在众多实例中举两个例子。

　　1646年，一位名叫亚历山大·德·蒙弗尔的卢森堡皇家军队上尉，汇集了古人关于蜜蜂的各类文字，出版了《蜜蜂的肖像》一书。他将精彩的故事与所谓的描述相混合，长篇大论地赞颂蜜蜂的美德，并将其与懒惰、贪婪和酗酒之辈相比较，将蜜蜂写得完美无缺，说它既是几何学家、数学家、有远见的建筑师、测量师，也是医生和药剂师，能够预测未来，可以用作战争武器，等等。总而言之，无外乎是老生常谈和陈词滥调。*

　　然而，早几年，桑蚕养殖的倡导者——阿尔代什省的农艺师

---

*　在同一时期，意大利人乌利塞·阿尔德罗万迪（1522—1605）多次声称在切成两半的熊蜂身体中看到了"牛的头"，从而确证了牛生蜜蜂的来源。参见《动物昆虫》，博洛尼亚，1602年；也见于英国人托马斯·莫菲特（1552—1604）的《昆虫大全》（在其去世后出版，1634年）。

奥利维·德·塞尔（1539—1619）就已经出版了《农业剧场和农田劳作》（1600）。该书的风格和目的与前面那本书迥然不同。其第五卷第十六章题为《蜂房或蜂巢，蜜蜂的食物》，对古人的著述做出了非常有趣的概括，却带着批评的口吻。他对罗马人的农艺著述以及包括朗科多克、佛兰德尔在内的欧洲各地区的养蜂实践进行了一一探讨，并辅以个人观察。在该书的前言中，作者对自己的做法进行了说明："我常常仔细拜读古今农艺著述，通过实际观察发现了一些书中没有讲到的事物。我认为自己有责任将其公之于世……这是科学与实践的结合，我还要给它们增添一个伴侣，那就是勤勉。"勤勉，即身体力行，因为"科学若无实践则毫无用处，而实践若无科学则毫无保障"。理论指导实践，实践则可检验理论的可靠性。此处的目的非常实际，这类研究融理论和实践为一体，当时虽仍处于萌芽和不完美状态，但确是真实存在。当然，在奥利维·德·塞尔看来，蜂蜜确是从露水而来，蜂蜡确是采自鲜花；当然，"雄蜂"的角色确实令蜜蜂更活跃；当然，书中也提到了牛生蜜蜂，尽管它被认为毫无意义。但相对于整体提出的建议而言，有关养蜂场的安置、使用的材料、建造和使用方式，特别是在法国塞文山谷仍继续沿用的树干蜂箱、蜂群护理知识等，上述这些"传统"错误在书中极少见到。

　　显微镜的革命加速了科学探索的步伐。因为借助显微镜，蜂巢的奥妙和蜜蜂的生理构造一览无遗，有助于推动科学研究和消除人们的顾虑。*借助显微镜，荷兰人莱文虎克（1632—1723）

---

*　因此猞猁学社的成员弗雷德里·科塞西继续为蜜蜂的童贞和蜜蜂生自死动物辩护，而其朋友福图尼奥（De spontaneo viventium ortu, Vicenza, 1618）则坚信蜜蜂的两性繁殖。

描述了蜜蜂螯针的构造，发现蜂王确实长有螯针（这可谓显微镜引发的首个轰动新闻！参见《采蜜篇》之十四）；其同胞施旺麦丹则发现蜂王竟是个蜂后（第二个轰动新闻！）。天文学家马拉尔迪（1665—1729）则在用天文望远镜观察火星和木星的闲暇之余，饶有兴趣地丈量蜂房的几何尺寸。这一点我们下面还会进一步探讨。

现在让我们停下来，关注一下法国伟大的博物学家雷奥米尔（1683—1757）的研究。这是一位百科全书般博学的科学家，兴趣十分广泛。他是几何学家出身，曾发明了温度计，还研制出鸡蛋孵化器，对冶金、陶瓷和锚的制作、植物学和海洋无脊椎动物研究均有涉猎，蜜蜂自然也属于他感兴趣的范围。为了能够随时观察蜜蜂的活动，他发明了金字塔形的玻璃蜂箱，可随意拆卸。对此，他在《昆虫史记》第五卷中进行了详细描述。

雷奥米尔也悉心介绍了这一全新方法，将博物学家的工作与历史学家的工作相比较。对于历史学家而言，信息的唯一来源是前人的著作，但必须以批判的眼光加以利用，而博物学家"则不能仅靠阅读描写蜜蜂的著作来为我们提供蜜蜂的新故事……他们必须重新研究，密切跟踪，首先要考证前人的论述是否真实可信……面对认真而耐心的观察者，昆虫总会予以回报，让他观察到独特崭新的内容"[11]。因此，"施旺麦丹和马拉尔迪都观察到蜜蜂史上古人所未发现的特别之处。我有幸在有利的情况下，观察到他们当时无法看到的十分关键的东西。我深信可敬的蜜蜂尚未向我展露全部的奥妙，而是留待后人在新的环境中做出新的努力去发现它们"[12]。

通过观察，对蜜蜂的研究变得"历史化"了；通过积累新的观察结果，蜜蜂研究才有可能往前发展。当然，这一进步也包含了对前人论述的质疑和检验，前人的论述若有不实，还需予以摒弃。正如培根所言，"真理"因此而成为"时间的女儿"。

蜜蜂由此与人类拉开了距离（参见《集锦篇》之十九）：蜜蜂成了人类研究的对象，而不再仅仅是人类的一面镜子。显微镜在剥离蜜蜂外衣的同时，是否也导致其"魔幻魅力"失灵？蜜蜂是否因此（终于几乎）变成一只动物，（几乎）与其他动物别无二致？

我们对此可抱以怀疑，况且蜜蜂奋力抵抗，不让自己的魔法失灵。没有谁说得比雷奥米尔更好了；因为科学尽管有条不紊，严谨而合理，但并未脱离崇高和伟大的光环，相反，亲自观察、检验前人的论述，得以发现新事物，从而深知其他奥秘尚有待后人去发现……雷奥米尔补充道，结果，"人们从前赋予它的不实神奇将由众人曾不知的真正神奇所替代"[13]。换言之，神奇的科学发现取代了神话和寓言的幻想。归根到底，真正的蜜蜂比象征性蜜蜂和诗意的蜜蜂更高一筹，更值得赞美和钦佩。这便是布封、雷奥米尔和孔狄亚克（1714—1780）之间激烈的"蜂房之争"的焦点。

《采蜜篇》之十八

蜜蜂骑士团

　　法国的行会社团五花八门，无奇不有，数不胜数：木鞋、蒲公英、香肠和嵌猪油的小牛肉片、美食骑士、埃皮纳尔版画、蒜香面包、俄威和维格排骨肉、比多尔有柄小口壶、幽魂啤酒厂、维拉诺瓦黑松露、绿兵豆等，还有塔斯特文的骑士团，各行各业都有自己的行会。

　　若要一一罗列这类行会，需要许多篇幅。这些大力促销当地特产的组织，有点滑稽地模仿中世纪的社团和修士会，（几乎）直接沿袭中世纪的酒神巴克斯行会。它们组织村镇庆典和美食集市，吸收新的骑士成员，新成员发誓后，再向其发放帽子、斗篷、手杖和勋章。它们也负责保护砂轮和美酒，宣传胖阉鸡、肥蜗牛、幼雉或嵌猪油的小牛肉片等地方特产。

　　这些社团的大部分新成员或许并不知道，早在18世纪初，此类团体就十分盛行，当然，与食物无直接关系，却与我们宠爱的蜜蜂有关。曼纳省蜜蜂骑士团由曼纳省女公爵（安娜·路易丝·贝内迪克特·德·波旁）创建于1730年，她以腰细如蜂而著名，想以沙龙的形式，在身边组织一个小宫廷。她把他们聚集在她位于苏镇的城堡。该骑士团共有四十名成员，包括当时声名显赫的人士：丰特奈尔、伏尔泰、孟德斯鸠、马布里、达朗贝尔、夏特莱侯爵夫人等。社团的章程规定，成员"要保护所有蜜蜂品种，不能伤害其中任何一只蜜蜂。若不慎被蜜蜂蜇咬，也要勇敢地承受，无论被蜇的部位是手、脸还是腿，无论被刺部位肿胀得多么厉害，都不能赶走它"。在庄严的仪式上，新会员要说出下列誓言："我以神圣的希密特山（古代以蜂蜜而驰名的希腊山名）之名宣誓！我将对无与伦比的蜜蜂骑士团不可代替的女君主保持不可动摇的忠诚和绝对服从！我将终生佩戴骑士团勋章，只要活着我就要终身严守团章的规定。如果我违反团章，我同意蜂蜜将变为苦涩的胆汁，蜡脂变成动物油脂，花朵变成荨麻，黄蜂和胡蜂蜇刺我的皮肤。"

3. 几何学家蜜蜂：蜂房之争

一位盲人学者首次正确地观察蜂房

河狸的工程师或建筑师天才肯定
比不上蜜蜂的几何学家天才。

——夏尔·博内《自然历史和哲学作品》

1740年，春光明媚的一天，夏特莱侯爵夫人和伏尔泰（两人均为蜜蜂骑士团的杰出成员）决定一同前往巴黎郊区的夏朗东，拜访好友雷奥米尔。陪同他们前往的还有前途无量的年轻德国数学家柯尼希（1712—1757）。以下是柯尼希对这次会面的叙述：

几天前，夏特莱侯爵夫人、伏尔泰先生和我本人去夏朗东拜访了雷奥米尔先生。这位灵巧的物理学家给我们展示了他的人造蜂巢，并利用它来窥视蜜蜂的神秘共和国，他即将出版的有关动物经济的著述十分精彩，令人钦佩，肯定会令博学之士和无知之士惊讶无比。那天，我们谈了许多，一起欣赏有规律的六角形蜂窝，看见蜜蜂将食物和幼虫放入蜂房中。雷奥米尔先生借机问了我一个不很难但非常有趣的数学问题：蜜蜂是否以最完美的方式建造它们的蜂房，蜜蜂是否在所有形状中选择了空间最多、花费材料最少的形状。[14]

　　博物学家问数学家的这个问题回到了一个古老的主题：当年杰出的数学家帕普斯（3—4世纪）已经发现蜜蜂是完美的几何学家、无与伦比的计算师和最节省材料的建筑师。[⑮]可他只不过是重新探讨了从毕达哥拉斯开始就十分普遍的概念。在宇宙学背景之下，对这种看法绝不可掉以轻心：如果一只小小的昆虫能够拥有如此严谨的几何才能，这表明整个宇宙都是用数学语言写就的；数字不仅是约定的规则，也反映了深刻的现实，甚至可以说是最深刻的现实。*而且，我们可曾记得写在柏拉图学院门扉上的那句话？"不懂几何者勿入！"由此可见，蜜蜂完全可拿下哲学高等教师文凭和博士文凭。但雷奥米尔并不满足于这一发现，这也是他研究的新意所在。他忠实于自己的方法，希望能更密切、更精确严谨地观察事物。所以，他像出高中会考考题那样，向柯尼希提出了下列问题：

　　用一定数量的蜂蜡，建造出基本相似的蜂房，在体积固定的情况下，以一定数量的材料，打造出尽可能大的空间，蜂房要排列整齐，在蜂巢中尽量占最少的位置。[⑯]

　　……限你四个小时内回答问题！

　　柯尼希随后在一篇论文中阐明，蜜蜂找到了既经济又优雅的最佳解决方案，并凭借这篇论文当选为巴黎科学院院士（1740）。雷奥米尔将此论述纳入其《昆虫史记》的第八章中，

---

*　帕普斯的著述于1588年被重新发现并翻译成拉丁文，在当时产生了十分深远的影响。天文学家开普勒曾受其启发，曾在《六角雪花》（巴黎：弗兰出版社，1975，第62页）一书中详细讨论了蜂房的几何结构。这是一部关于雪花几何结构的冥想，融毕达哥拉斯学说、万物有灵论和雪花的几何结构机制思索而成！

该书专门花了九章的篇幅来论述蜜蜂。

柯尼希在论文中详细研究了蜂房的结构，其观察之完美，让雷奥米尔赞不绝口。

蜜蜂用蜂蜡做成的蜂房是最值得我们赞叹的杰作……我们观察（或应该说是研究）越仔细就越心生美慕。因为倘若没有深入的分析和近期几何结构研究的进展，我们便无从得知这些杰作是多么值得赞赏和敬佩。⑰

雷奥米尔写道：诚然，"帕普斯把蜜蜂看作伟大的几何学家"，但如果他能想象蜜蜂解决了当时几何学家无从解决的问题，他会更钦佩。

事实上，令人钦佩的不仅仅是蜂房的六边形几何结构，还有它金字塔形的底部，"它由三个相等且相同的菱形组成"。每个蜂房单元均位于框架对面其他三个单元的交界处，锥体底部嵌于这三个其他单元的底部之间，最终构成一个令人叹为观止的结构，在诸多可能性中，提供了一个最佳解决办法：在使用最少蜂蜡的同时确保蜂房的坚固性和最大的空间。

在无限的锥形结构中，蜜蜂选择了其中一个。我们可以假设或者可以说绝对肯定，蜜蜂选择了聚集最多优势的锥形结构。因为，做出选择的并不是蜜蜂，而是一种智慧，它洞悉一切，明察秋毫，在浩瀚无限的、形式多样的系列组合中，遴选出最佳的结构，当代阿基米德也无此绝技。⑱

因此，对于雷奥米尔而言，毫无疑问，这些精巧的数据，不是蜜蜂计算出来的，而是唯一无所不在的智慧，即上帝。正所莱

布尼茨所说的，是上帝创造了世界最完美的可能性，即用最少的
资源创造了最完美的世界。

　　如果不把蜜蜂视为极聪慧的生灵，我们就必须承认，那它只
能是一种无比完美、威力无穷的智慧的产物。我们对它仰慕的程
度不久便可升至与造物主同等的级别。而且，我们也很快会自
问，他何以能将其教育得如此出色？[⑲]

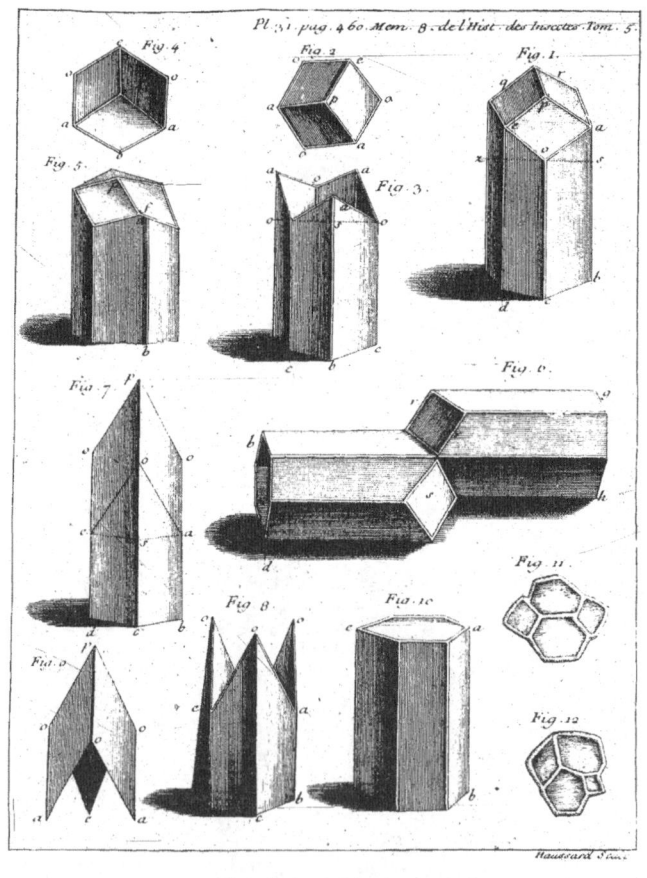

图2　雷奥米尔绘制的几何蜂房

渐渐地，我们便到达了绝对完美的创造："每个生灵之所以成其为生灵，是因为它是让整个作品臻于完美必需的一部分。"⑳

然而，雷奥米尔却拒绝将蜜蜂看作一个巨大时钟里的简单齿轮，因为他在实验中不停地设置种种障碍，测试它们的适应能力。尽管困难重重，但蜜蜂总有办法寻回它们的蜂房建造策略。"不规则不但能让蜜蜂想出办法"，而且还显示出它能协调一切的高超本领。这就让上帝不仅成为一个伟大的钟表匠，更是一个真正的乐队指挥。

在一个崇尚测量单位的时代，雷奥米尔甚至提出要将蜂房作为全球通用的测量标准。确实，任何天然产物都没有这样的稳定性和数学恒定性。"蜜蜂今天所建造的蜂房，其大小可能与显赫的古希腊罗马时代的蜜蜂所建造的蜂房不相上下。"*蜜蜂被科学剥掉从前的神话外衣之后，很快就披上了科学大袍。它成为科学研究的对象之后，再次让我们讴歌造物主的伟大。我们犹如提前听到了巴斯德的箴言："浅薄的学识使人远离上帝，广博的学识使人接近上帝。"

正是这句结语让布封十分恼怒。国王御用的这位大博物学家，曾担任法国皇家植物园总管。他在三十六卷本《自然史》第四卷中，重新讨论了这一主题。这本出版于1753年的书，里面有一篇《论动物的习性》，布封对雷奥米尔、蜜蜂及其他人**发起

---

*　这一思想由德维诺（1620—1692）首次提出，德维诺是作家和物理学家，气泡水平仪的发明者，酷爱旅行游记。参见《关于航海术的演讲》（1681）中的《问题四：确定这些场所的数值或尺寸》及雷奥米尔的《回忆录》。

**　尤其是《昆虫的神学》（1742）的作者马勒伯朗士（参见《集锦篇》之八），还有德国神学家弗雷德里克·克里斯蒂昂·莱塞（1692—1754）和普吕什神甫（1688—1761），后者于1732年发表了《自然景观》。

了挑战。

　　在布封看来，要解释蜂房的六角形结构，不必求助于神圣的智慧，也不用求助于蜜蜂的智慧。因为它纯粹是数量众多的相同个体局限在狭小空间时相互作用的机械后果。

　　蜜蜂表面上的智慧来自诸多个体的聚合……这个社会不过是大自然协调的一个物理组合，独立于任何视觉、知识和推理……这一万个个体，即便比我想象的要愚蠢一千倍，也被迫以某种方式自行组合，以继续生存。[21]

　　最终结果绝不可能被初始的因素所决定。"它们只取决于普遍的机制以及由造物主制定的运动规律。若将内外完全相似的一万个机械人放在一起，用力推动，让它们在同一时间同一地点做同样的运动，得出的必定是非常规则的作品"。[22]许多人赞叹不已的六角形结构，在布封看来却无比寻常，在大自然中到处可见，那是圆柱体相互挤压的机械结果。

　　布封步雷奥米尔的后尘，继续破除蜜蜂的神秘感[23]："蜜蜂在博物学家脑海中所占的位置不应多于它在大自然中所占的位置。在理智者眼中，这个美好的共和国和我们的关系只限于向我们提供蜂蜡和蜂蜜。"[24]我们必须把蜜蜂看作物理学家，而不应以隐喻的方式将其视为道德楷模。事实上，蜜蜂不懂得交换，不会创新，不会计算，既没有美德和政治天才，也没有感觉（像我们一样）。我们必须把这些小生灵重新放回其原有的位置，它们在动物世界中属于最低等级，牡蛎、珊瑚虫除外，远远落在猴子、狗和大象之后，当然更不用说人类。

　　但布封的去神秘化也许超越了原先的目标，因为他不满足于剥除数个世纪以来覆盖在蜜蜂身上的隐喻外衣，清除其象征意义，还把蜂巢降低到与机器人相同的简单集合体。他在将蜜蜂去人格化的同时，让蜜蜂机械化甚至物化了。诚然，他认为笛卡儿关于机器动物的论述过于粗浅，并与之拉开距离（参见《采蜜篇》之十九），却将动物视为纯粹的分子组合，因此遭到神学家们的指控（在机械机制中哪能找到上帝？），更重要的是，这不能反映雷奥米尔巧妙地揭示出来的蜜蜂卓越的适应能力。

雷奥米尔被年轻对手咄咄逼人的反驳所震撼，却无力为自己辩护，只是写信向他钟爱蜜蜂的同事和朋友夏尔·博内（1720—1793）抱怨道："对于蜜蜂和其他昆虫而言，不幸的是我很喜欢它们，也敢于赞赏它们。布封和他的同伙以如此蔑视的态度去谈论蜜蜂，我实在无法忍受。"㉕

另一位著名人士也加入了这场论战，他叫埃蒂安·博诺·德·孔狄亚克，是神甫同时也是经验论哲学家。他在其著作《动物论》（1755）中试图开拓一条介于雷奥米尔和布封之间的中庸之道。与他们两位相反，他毫不犹豫地赋予动物感受、交流、思考甚至创造的能力。他说："在人与牲畜之间，我们所看到的永远是有限的。"㉖针对蜜蜂，孔狄亚克则不同于布封，他延续雷奥米尔的实验，发现蜜蜂尽管遇到障碍，受到制约，但最终总能汇集所需材料建造蜂房。它们也懂得自我纠正错误，因而不能将其视作简单的机器组件。与雷奥米尔的观点不同的是，他认为这一组织，甚至说这一集体协作，不能完全归功于一个神人，它直接源自动物本身。动物协作哪怕是由"一个初始、独立、唯一、巨大、永恒、强大、不变、智慧、自由的动念造就，其神意延伸至所有方面"㉗，我们也不能否认它们自身的本领。无视这一事实是错误的。

　　随后，一个令人惊讶的新主角加入了这场蜂房争论，他对这一优雅而绝妙的解决方案进行了阐述和发挥。他就是弗朗索瓦·于贝，瑞士人，自称为雷奥米尔谦卑的弟子。这个业余科学家十分高兴与巴黎名人通信讨论，但他有个特殊之处：他是个盲人！这对观察蜜蜂难免会造成不便，但我们可以认为，正是这一先天不足帮助他打开了新的天地，并终止了这场争论。由于需要想象所观察的事物，他在其忠诚和热情的仆从弗朗索瓦·比尔南的帮助下，推出了极为巧妙的实验程序。他的著作《蜜蜂新观察》在1802年出版，第一部分是他与当时著名专家的频繁通信。

　　于贝虽然非常敬佩雷奥米尔，但他对打消蜜蜂的几何学家神话起到了推动作用。他在一个注解中引用了其他数学家的分析，简化了这个问题的表述方式。这其实是一个如何将某一个截面一分为二的普通问题，谁都回答得出来。以下便是其定义（出自一名叫勒萨日的人）及于贝的评述：

　　设：两个平面相互倾斜，倾斜度为120度；用第三个平面将其切开，使由此产生的三个角均等。

　　这是一个十分简单的问题，即便一个无比笨拙的工匠也可以使用非常简单的仪器予以解决。因为他只需找到直线的中间位置；即便是昆虫也能轻而易举地利用足部来做到。而著名的用最少材料建造最大空间的秘密便在于此，我们非常惊讶地发现可在蜜蜂的蜂房底部找到解决的办法，即用最少的蜂蜡且不减少蜂房的空间，而我们却使用了各种计算神器来计算，其实并无必要。[23]

　　神奇性就此消失了（参见图3和图4）。这使于贝对完美蜂房的"无比完善和无比强大的智慧"不再滔滔不绝。尽管他有时会提到"组织智慧"，但与雷奥米尔的抒情激情相比已大为逊色。

但于贝对布封的批评要明确得多，指责他"粗鲁"，对蜜蜂的工作了解浅薄甚至无知。身为植物园总管的布封被描述成"著名作家、画家，而非大自然的忠实观察家"。于贝略带蔑视地重申，布封"以为蜜蜂筑造一大块蜂蜡，然后在上面借助自己身体的压力和重量来挖孔"㉙，这真是大错特错。

雷奥米尔把蜜蜂视为神奇伟大的建筑师，布封将其比喻为愚蠢的小机器人，于贝则透过对蜂房建筑过程细致入微的描述，另辟蹊径，探索出自己的道路。

首先，蜜蜂独自把蜂蜡放置在一个地方。"总是由一只蜜蜂选择和确定第一个蜂窝的位置，这个位置一旦确立便用以指导此后的所有工作。"㉚随后会有另一只蜜蜂来造蜂蜡；渐渐地，工地开始繁忙起来，从第一个蜂房的建造到各个蜂房的重叠，每只蜜蜂都根据从前的运转方式工作。"蜜蜂每个部分的工作似乎都是此前工作的自然结果；因此我们所看到的奇妙结果中并没有偶然因素。"㉛这是社会性昆虫独有的运作模式，蜂巢的建造不需要任何组织或领导机构，而是"每个建造者的个体劳动刺激邻居的工作并为其导向"。这种工作方法后由昆虫学家皮埃尔-保尔·格拉塞命名为"共识主动性"（Stigmergy），这个词由stigma（刺）和ergon（工作，行动）组成。"每只蜜蜂看起来都按照一个既定的方向行动，或由打前站的工蜂所确定，或根据蜜蜂所应继续完成的工作状态而定，开始新工作的蜜蜂也受到某种和谐因素的引导，这种和谐会贯穿整个工程的运作。"㉜

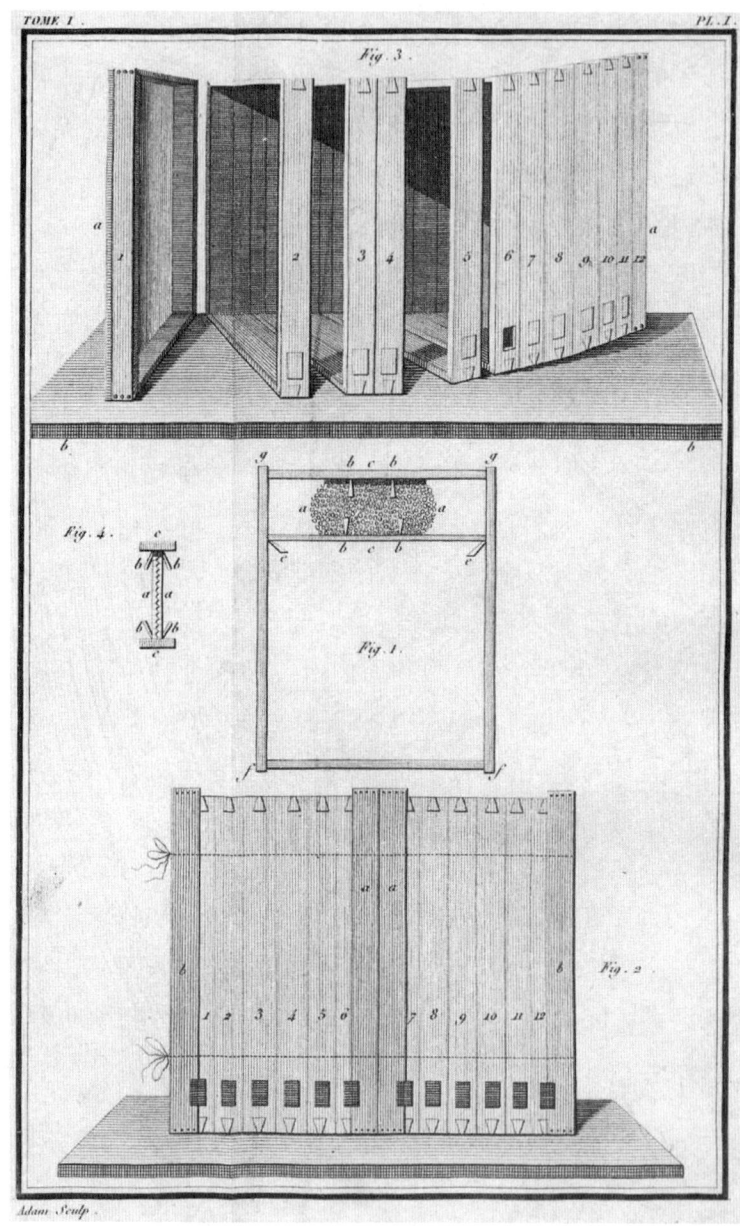

图3 于贝的建筑师蜜蜂 (1802)

页状蜂巢

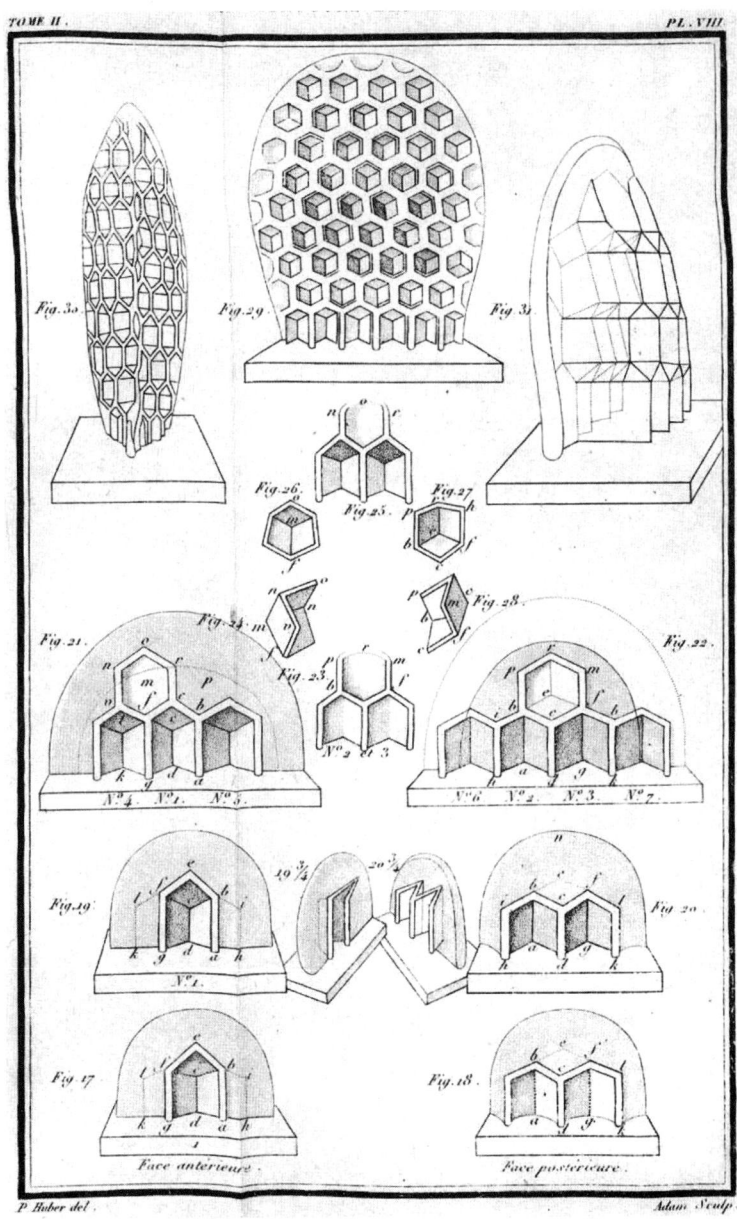

图4　于贝的建筑师蜜蜂 (1802)
蜜蜂的建筑

这一程序的理论结果是，"在蜜蜂的作品中显得很出色的几何能力，仅是其工作程序的必然结果而非原则"㉝。在此，雷奥米尔在实验方面的弟子，可以说同意布封的结论：没有预先设计的计划，而是一种自行组织的过程，只是参与这一过程的主角拥有无可置疑的才能。在此，于贝的言论又接近孔狄亚克在《动物论》中驳斥布封的立场：

蜜蜂跟我们的关系不仅仅是为我们提供蜂蜡和蜂蜜。它有一种内在的物质感和外在感觉，有物质的记忆、身体的感觉，如快乐、痛苦、需求、情感等综合感觉和感情体验，总而言之，囊括了我们用"神经震荡"一词所解释的所有功能。㉞

因此，于贝是从孔狄亚克处吸取了灵感，使雷奥米尔和布封势不两立。他反对雷奥米尔"经常赋予蜜蜂爱情、有先见之明以及其他更为高级的能力"，也反对布封"不公平地对待蜜蜂，将其视为纯粹的机器人"。由于自然并没有赋予蜜蜂智慧，蜜蜂是凭愉悦去完成各项工作。"蜜蜂营造蜂房，当呵护幼虫、采集食粮储备时，并无任何计划、感情和预见可言；只是在做每件事情的时候都感到有一种快乐。"*㉟

在此，我们不想再老生常谈，说蜜蜂有什么先见之明；矛盾的是，至少是自荷马以来，蜜蜂的这种预感一直与盲目相关。但我们发现这种双人观察法非常有效：一人负责观察并向另一人描

---

* 蜜蜂的几何威力仍毫不衰减。2001年，数学家、匹兹堡大学教授托马斯·黑尔斯展示了所谓的蜂巢猜想理论。对帕普斯来说，这一猜想在直觉上似乎显而易见，但却一直未得以正式的示范证明。黑尔斯证明将表面划分成面积相等的区域时，有规则的六角形铺设的周长最短。由于蜂房容纳形状和大小均等的蜂卵，蜜蜂以绝对的方式优化利用蜂蜡来筑造蜂巢。

述所观察到的现象，另一人则加以诠释和概括，并以一定的距离和高度为实验确定方向。这是因于贝失明所局限，但异常高效。其前辈所遇到的种种障碍被这对盲人大师和仆人组成的双人小组所克服时，我们想说，伴随他们的出现以及时仪的变迁，蜜蜂研究已成为当代意义上的科学研究。

于贝的贡献不可估量（参见《采蜜篇》之二十）。我们跟他一起参与了一场"蜜蜂认识论"的大断裂，失去魅力的蜜蜂受制于严谨的研究规程，而这一规程建立在实验的可预测性、假设的可驳斥性的基础上，与所有的象征拉开了距离。多亏了他，许多自古以来悬而未决的问题都找到了答案。他告诉我们，花粉并非是雷奥米尔所说的那种材料，但在幼虫喂养中扮演着重要的角色。他发现蜂蜡是蜜蜂摄入甜味物质后经由蜡腺体分泌而成的蜡质；他证明蜂后是在蜂巢外飞行时进行交配，他还论证了工蜂长有卵巢，但或多或少有所萎缩。除此之外，他还有其他诸多新发现。

于贝由此开拓了此后两个世纪对蜜蜂的研究和发现之路。比如，达尔文在进化论框架下，描述了一系列可行的程序，用以解释蜂房的几何完美性（参见《集锦篇》之二十）。让我们引述卡尔·冯·弗里希著名的蜜蜂摇摆舞，它犹如一种手语，用来指明食物源，或描述可以容纳流浪蜂群的洞穴。蜜蜂拥有感官能力和视觉记忆，所以可以在蜂巢方圆几公里的范围内准确地找到既定方位。此外还有雷米·肖万关于蜜蜂的社会行为和"蜂群智慧"的新近研究（参见第六章）。雷奥米尔所渴望的奇妙真实彻底取代了奇妙的虚假。这一奇妙的虚假一直遮蔽我们对蜜蜂的认识。我们的小昆虫是否已经进入简单理性的严格限制之中？它是否在神奇敏锐的显微镜的凝视下，在经受基因组的全盘分析以及对其行为的细致解释之后，失去了神奇的魔力？简而言之，蜜蜂是否因变得客观而被平庸化了？让我们更密切地考察被科学赋予新生的这只全新的超级现代蜜蜂，它（已经？）摒弃了所有神话、宇宙学或神学、隐喻或讽喻、类比或象征的面纱，即掩盖真相的所有神奇和虚构的外衣。

《采蜜篇》之十九

蜜蜂，蜜蜂，你有灵魂吗？

17世纪，笛卡儿有关"机器动物"的论文引起了后人的广泛争议。对于笛卡儿而言，事实上，所有的动物，即使是最精致的动物，其行为均可比喻为一个极巧妙的时钟运动。正如手表给出的时间比任何人给出的时间都更精确，动物的适应能力比人类强。只不过，人类因拥有灵魂而变得敏感（痛苦）且富于理性。

许多笛卡儿流派的人都使用蜜蜂来阐述他的论说。例如：尼科尔·皮埃尔·马西（《动物灵魂论以及物理和道德思考》，巴黎，1737，第140—148页），昂布瓦斯·迪里·德昂布伦（《论动物灵魂：揭示人类灵魂的精神性后，借用机器解释动物最令人惊奇的行为》，里昂，1676，第234—237页）以及让·M.德芒松（《动物沦为机器，分成两篇论述》，阿姆斯特丹，1681，第一卷，第82页）。他们的一些对手则坚信动物，尤其是蜜蜂具有灵魂，但只将其作为一个伟大的"世界灵魂"的一小部分来看待。如希罗宁姆斯·罗拉鲁斯的著作（*Quod animalia bruta ratione utantur melius homine libri duo*，阿姆斯特丹，1654，第二卷，第95页）或吉尔·墨法瑟·莫福阿斯·德·博蒙特（《动物辩护书或其经认证的反笛卡儿哲学系统的知识和推理，笛卡儿哲

学系统声称动物只不过是自动机器：诗体作品》，巴黎，
1732，第155—191页）。

可以指出，自古代就数次反复展开的辩论，主要就下列
三种立场分庭抗礼：

第一个立场为宇宙学立场。认为自然是伟大的、活生生
的存在，其和谐既表现在星辰有规律的运动中，也表现在蜂
房的几何结构中。

第二个立场为神学立场。认为自然是由一个至高无上的
智慧所创造，其神性无处不在，即便像蜜蜂那样微不足道的
生灵也如此。在万不得已的情况下，我们甚至可以像波菲利
和米什莱（1798—1874）那样，说蜜蜂没有灵魂，它们本身
就是灵魂。

第三个立场既反宇宙学又反神学。它受伊壁鸠鲁主义的
启发，断言自然是一组盲目力量活动的临时和偶然的结果，
可以只根据力学的规则来描述，而无需一个"伟大的机械
师"。蜜蜂被视为一台盲目机器的简单机械元件，或者根据
达尔文的说法，是"自然选择"的结果（参见《集锦篇》之
二十）㊱。

《采蜜篇》之二十
你们一直想知道的有关蜜蜂的性别知识……
弗朗索瓦·于贝的研究成果

弗朗索瓦·于贝解决了许多自古代以来悬而未决的问题。我们曾说过他发现了蜂蜡的来源（参见《采蜜篇》之十），但他与前人成果的断裂主要体现在有关蜜蜂繁殖的奥秘上。

蜂后的受精

在《蜜蜂新观察》中，我们读到第一封信《论蜂王的受精》时，不免有似曾相识的印象。我们记得亚里士多德（参见第二章）在提出自己的解决方案之前，细细盘点当时提出的各种不同假设：蜂房的幼蜂是来自蜂巢之外呢，还是只有雄蜂的幼蜂是来自巢外？每一个蜂种（种姓）是否源自相同蜂种的交配，还是所有蜂种都是来自同一蜂种（领袖蜂）的交配，又或者是源自蜜蜂和雄蜂的交配？

弗朗索瓦·于贝也采用同样的手法，介绍了不同博物学家的意见。例如，施旺麦丹发现受精的前奏是雄性器官所发出的强烈气味，其论据是雄性器官与蜂后的器官比例不相称，这让人意识到蜂巢中雄蜂的巨大数目。雷奥米尔则相信蜜蜂交配这一现实，却从未观察到，虽然他曾将一只处女蜂后与阳刚十足的雄蜂关在一起，蜂后仅满足于"给雄蜂制造很多麻烦"，但绝对不跟它们交媾！据另一位英国博物学家德·布劳的看法，蜜蜂的受精与鱼类相同，是产卵后在卵上授精。而哈托夫先生则认为蜂后是自我受精，无需雄蜂的介入，因为他观察到被关在无雄蜂的蜂巢中的一只处女蜂后在数天后产下了受精卵。于贝和亚里士多德是否在远隔二十三个世纪的距离之后时空交会？事实上，正是这种方法上明显的相似性使我们得以指出两者之间的差距。当亚里士多德停留在逻辑层面，判断宇宙和谐性的同时驳斥前人提出的假设时，于贝则透过严谨的实验，对所研究的解决方案一一反复验证，每个被否定的论据均予以严格测试，从而对其"非有效性"不留下任何怀疑。他"要求观察者重复成千上万遍的实验，以确信自己在观察事物时角度完全正确"[37]。

起初，蜂后受精的奥秘陷入了实验僵局，一时无从解答，到了后来才找到解决方案。于贝通过否定前人的假设，观察到一个自相矛盾的现象：蜂后无论是被关在无雄蜂出入的蜂巢，还是被迫与雄蜂共居一室不得外出，均不受精。

于贝承认自己失望了，直到有一天，他意识到，防止雄蜂进出的装置同时也产生了副作用，即把蜂后困在蜂巢内，似乎蜂后不孕不育是因为受到监禁。因此他提出了另一个假设：受精是否也可能在蜂巢外进行呢？为了测试他的直觉是否正确，于贝与他忠实的仆人在蜂巢口设置了全套观察设施，里面有一只小蜂后刚刚出生。在第一轮观察后，蜂后飞离蜂巢整整二十七分钟。等它回来时，他们发现它居然受精了！证据何在？雄蜂的生殖器部分仍附着在蜂后的阴户上。

两天后，蜂后便开始产卵。于贝多次重复试验，每次都变换实验方式，以确证这次观察成果。这终于为持续数个世纪悬而未决的问题提供了答案。

可预见性和可反驳性：对蜜蜂的观察成了名副其实的科学学科，成了自然科学不可分割的一部分。

工蜂的性别

于贝的另一项发现是关于工蜂的性别[38]。从亚里士多德开始，人们就相信工蜂没有性别，或者是中性的。这一说法曾获得施旺麦丹和雷奥米尔的认同，但后来受到于贝的质疑和揭穿。一个德国牧师兼养蜂人——亚当·戈特洛·席拉赫（1724—1773）发现，蜜蜂有能力替换缺席的蜂后，其条件是身边必须拥有出生不到三天的幼蜂，从而证明"蜜蜂本身是雌性的，要成为真正的皇后，只需一定的物质条件，如特殊的食物和更宽大的住房"[39]。正是基于这一点，后人发明了目前使用的人工培育蜂群技术。于贝检验了席拉赫的实验，证明当蜂后长期缺席时，其他蜜蜂便会具有孕育能力（今天称之为排卵工蜂）。

这一发现引发了众多异议，受到了诸多人士尤其是于贝的老师夏尔·博内的抵制。因为这种可能性似乎无形中成了某种蒙昧主义的延伸，带有浓烈的炼金术的味道，回到"模棱两可的生成"（一个物种生成另一个物种）或牛生蜜蜂和其他自发生成（参见《采蜜篇》之三）的水平。这一假设在18世纪末的开明人士看来是完全不能忍受的。同一种卵何以能诞生"一只生育能力超强，却做不了我们在蜜蜂身上观察到各种劳动的蜂后呢？或诞生一只无生育能力，却能做出各种惊人之举的工蜂？这两种存在方式是否相互排斥？⑩"博内受马勒伯朗士和莱布尼茨的启发，是先成论和套匣学说的拥护者，认为每一个生物个体应形成的形态构造，在发生之始就"预先存在"，胚胎的发育不过是这一微小个体的生长。在创世过程中，每个物种的第一个个体就已经包含了子孙后代的套匣精子。博内指出，每个个体都预先存在于卵中，精子不过是其发育的导火索。这一发现与他的蚜虫孤雌生殖发现一致，他透过观察发现蚜虫不经受精便可连续孕育十一代蚜虫。凡·莱文虎克利用显微镜发现了精子，为"雄性"版本的先成论——精源论提供了佐证：未来的生命已预先以微型方式存在，卵子不过为其提供了一种滋养环境。但胚胎发育的第三种论说——渐成论，早年由亚里士多德提出，18世纪末再次兴起⑪。它所指的不再是"在卵中已形成的个体'发展壮大'"，而是从无形发展而来的有机形式，是"来自精液无定性混合的一种自我分解和渐进发展"。于贝本人虽然并未使用"渐成论"这一术语，但其实验结果却为这种理论提供了绝妙的论据。我们此前已看到，于贝毫无挑衅的口吻，况且他对博内钦美敬佩有加，绝不会对老师直面批判，但他的实验演示却是无懈可击的。

在于贝看来，可以理性地解释工蜂是雌性的。这种解释既是描述也是证明渐成论：蜂后与工蜂的两种存在方式应该都是在卵中萌孕。如果是雌性蜜蜂，则不是"一种"而是"两种"可能的发育方向。"因此我们会做如下思考：这一生灵还不是蜂后，也还不是工蜂，出生不足三天的幼虫拥有勤奋工作的昆虫和有孕育能力的昆虫的精子。两种昆虫的精子，拥有工蜂的本能和尚未发育但即将发育的母蜂的本能，其走向将取决于环境。其中一个的繁衍能力将被扼杀或将保持原样，不发育；而另一个则将发育成工蜂。"[42]在此过程中，没有转化，但有两种可能的发育，只有一种是有效的，另一种会受到抑制。能最终证实这一假设的唯一方法，只能是透过观察。应该努力去发现，这些卵巢必然存在于工蜂中，即使只剩下遗痕；必须精心准备，提高分析技术。于贝把这个任务交给一个聪明能干的博物学家居丽娜小姐。她经过细致观察，发现了施旺麦丹、雷奥米尔和博内所未发现的现象：工蜂体内确实存在卵巢，虽有所萎缩，但完全可以识别，从而最终证明亚里士多德"最好的蜜蜂"确实拥有性别；它们和蜂后一样，也是雌性的，源自相同的幼虫，只是由于饮食不同（蜂王浆）而发育成不同的蜜蜂。就像对蜂后交配的研究，理论思考决定了观察方向，制定了实验程序，预见并预测到实验的结果，而实验又反过来证实了最初的假设。这个假说也验证了关于胚胎发育的渐成论理论。近年来，当相关辩论重新展开时，辩论一方是更新先成论的支持者，另一方是现代渐成论的支持者，前者认为在胚胎形成中起绝对作用的是遗传密码，后者则认为环境差异会造成基因的不同。你能猜出他们使用的第一个例子是什么吗？当然是蜜蜂。正如在杰出的科学家让-克洛德·阿梅森在一本书中所言：

"对每种生命来说，环境的各种因素都会在每一代身上留下烙印，并对身体自我塑造的方式产生影响……

　　"但对许多生命来说，影响其身体塑造模式的因素，主要是社会环境的性质，以及同一物种中各成员互动的方式……

　　"在群居昆虫中，比如蜜蜂，两个基因完全一样的卵细胞，可根据外在的具体环境，即由工蜂提供的食物性质，以两种完全不同的方式发育。工蜂与蜂后的区别不仅在身体形状、生育能力、寿命，也体现在它们的行为上。工蜂和蜂后的脑细胞会采用不同方式去利用近600个基因。"[43]

注 释

①M. 傅马罗利：《古今之争》，"福里奥"丛书，巴黎：伽利玛出版社，2001。

②J.斯威夫特：《书籍之战》，巴尔博 法译，滑铁卢：书籍复兴出版社，1927，第39页。

③培根：《新工具》，一，95。

④柏拉图：《伊安篇》，534。

⑤彼得拉克：《通信集》，二十三，19。蒙田：《论儿童的教育》，载《蒙田随笔》，一，26。

⑥普鲁塔克：《如何聆听？》，载《道德论丛》，8。

⑦尼采：《哲学家之书》，A.克雷梅–马里埃蒂 法译，巴黎：奥比埃出版社，1969，三，第181—183页。

⑧同上书，第185—187页。

⑨同上书，第193页。

⑩S.杜克莱斯特：《巴贝里尼家族统治下的罗马蜜蜂：一种昆虫在艺术中的膨胀》，载C.马祖埃主编《十七世纪的动物》，图宾根：冈特尔·纳尔出版社，2003，第103—118页。

⑪雷奥米尔：《昆虫史记》，巴黎：皇家出版社，1740，第210页。

⑫同上书，第211页。

⑬同上书，第207页。

⑭S.柯尼希：《瑞士杂志》1740年4月；由J.–M. 特鲁安在其十分有趣的著作《昆虫哲学》中引述，巴黎：瑟伊出版社，2014。

⑮亚历山大的帕普斯:《序言》,载《数学汇编》,五。

⑯雷奥米尔:《昆虫史记》,第380页。

⑰同上书,《序言》,第23页。

⑱同上书,第389页。

⑲同上书,《序言》,第61页。

⑳同上书,第62页。

㉑布封:《自然史》,1753,第98页续。

㉒同上书,第98页。

㉓蒂耶利·奥盖:《布封,自然历史和哲学》,巴黎:奥诺雷·尚比翁出版社,2005。

㉔布封:《自然史》,1753,第92页。

㉕1754年3月14日致夏尔·博内的信。

㉖孔狄亚克:《动物论》,巴黎:弗兰出版社,2004,第162页。

㉗同上书,第179页。

㉘弗朗索瓦·于贝:《蜜蜂新观察》,1814,第193页。

㉙同上书,第146页。

㉚同上书,第203页。

㉛同上书,第145页。

㉜同上书,第204页。

㉝同上书,第189页。

㉞孔狄亚克:《动物论》,第144页。

㉟弗朗索瓦·于贝:《蜜蜂新观察》,第311页续。

㊱贝恩德·罗林:《蜂巢的几何形状:艾伯特斯·马格努斯,卡尔·冯·贝尔与想象中的辩论和昆虫的灵魂》,载《中世纪神学与哲学研究》,2013,80(2),第363—466页。

㊲弗朗索瓦·于贝:《蜜蜂新观察》,第41页。

㊳弗朗索瓦·于贝:《蜜蜂新观察》第二卷第十二章,第416页续。

㊴同上书,第417页。

㊵同上书，第421页。

㊶C.F.沃尔夫：《发生理论》，1759。布鲁门巴赫的"形成趋势"的假设参见《构造冲力》，1789。C.马拉布的引述见《明天之前》，巴黎：法国大学出版社，2014，第43页。

㊷弗朗索瓦·于贝：《蜜蜂新观察》第二卷，第十二章，第423页。

㊸让—克洛德·阿梅森：《在光明与黑暗中》，"观点"丛书，巴黎：瑟伊出版社，2014，第426页。

第六章

超现代蜜蜂

超现代蜜蜂是否真的完全抛开了亘古以来笼罩在它身上的神话、宇宙、神学、形而上或隐喻外衣？

并不见得。好奇的读者只需参阅《集锦篇》之二十便可信服。读者在文中可读到近期著作中的前言、后记或结语。这些著作在科学层面都无可争辩，极为严谨，资料确凿，但作者却总是不由自主地在书的篇首或末尾以推理或夸张的手法，沿用远古的象征论说。

是否一切都没有改变？我们在其中发现神话、宇宙学甚至神学的成分丝毫无损。祖先的沉淀似乎悄悄地滑进了学者们所留的缝隙中，抛弃普遍的客观性，任由蜜蜂的象征原型在字里行间跃然而现。以下便是超现代世纪中的具体示范……

1.2.0蜂巢

丹尼尔·科恩–本迪特曾于1968年3月22日发出号召，掀起"学运"；42年后，他又于2010年春发出了新的号召。此时正值第二轮地区选举，欧洲生态联盟在欧洲大获成功，发言人乘风破浪，在《解放报》发表了一篇署名文章，呼吁围绕生态事业重新激活政治生活。其宗旨是建立一个前所未有的组织，采用"政治合作"方式，超越"陈旧的政治文化"。以下是他所追求的梦想：

我想象一个具有授粉功能的组织，它采撷各种思想，随后把它运送到社会各个部分，并与之交配，孕育出新的思想。在实践中，现行的政治以理性技术或民粹主义情感之名，通过剥夺公民对城邦的所有权，剥夺公民的权利。因此有必要在对公民社会予以"再政治化"的同时，对"政治社会"文明化，要将所有权系统政策转向自由软件政策。

随着年龄的增大，红色丹尼尔变成了绿色丹尼尔，他所论及的合作社形式，不过是重拾前面所提的蒲鲁东的旧理想（参见第四章），把它与互联网、集体智慧、自主组织、参与性民主、良性外包等结合起来，为它披上了超现代化的外衣。蜜蜂再一次作为楷模被搬了出来，当然，我们可以莞尔一笑：蜜蜂在维吉尔时

期为奥古斯都屋大维铺上了红地毯，塞内加在尼禄登基之际咏唱
的也是蜜蜂，《逾越颂》中讴歌童贞圣母玛利亚、与多明我会修
士托马斯·德康提姆普雷一道赞颂修道院组织的也是蜜蜂，往日
为拿破仑加冕、今日投身于渴望获得救赎的"68学运"的也是蜜
蜂。我们是否会有"过量"使用蜜蜂隐喻的危险？

毫无疑问，科恩-本迪特的计划远未获得所期待的成功，但
我们怎能不承认他的想法现在继续飘荡在时间的空气中？因为，
很明显，要求民主拥有更多的参与性、更大的表决权、更高的代
表性、更多的合作性甚至更友善、仁慈的呼声在公共空间中越来
越高。

总而言之，我们再次要求蜜蜂拯救世界，再次怀着强烈的渴
望窥视蜂巢的奥秘，企图找到当代城邦的新魔法，至少要找到能
回应当代重大问题的答案……什么样的重大问题呢？

这些重大问题，基本上可归纳为两大类：

（1）生产和消费的资本主义制度是否符合环保要求？（2）
在民主当中，如何以集体方式做出最优决策，虽然民主制度似乎
显得犹豫不决、无能为力、缺乏协调？

这是当今两个重要的挑战，它使今天的蜜蜂除了继续为我们
提供蜂蜜、蜂蜡，为养蜂人带来欢愉之外，还提供范式知识、
解决办法的路径、宽阔的视野和无休止的讨论。可以毫不夸张地
说：它事关拯救资本主义和民主制度；或更确切地说，事关明日
的资本主义和民主制度的发明创新，我们希望在蜂巢小小蜂房里
找到神奇的魔法。正是从这种意义出发，我们认为蜜蜂的消失预
示着世界末日的到来……

2. 蜜蜂与授粉型资本主义

蜜蜂在网络时代又获新生

丹尼尔·科恩-本迪特在2010年3月22日的第二次号召中，引用了其启发者和朋友——经济学家扬·穆利埃-布当的思想，布当著有《蜜蜂与经济学家》一书①，发人深省。书中显而易见地隐喻马克思，也引用了曼德维尔的论述，因为书的篇首便是"新蜜蜂寓言"。穆利埃-布当的宗旨是继承马克思对资本主义的批判，同时希望填补其主要缺陷，将环境因素考虑在内。为此，作者区分了两种资本主义形式，并让它们相互对立。

第一种是生产型资本主义，其特征是无节制地生产。人类将自己视为上帝，将大自然视为自己的造物，无休止地掠夺其资源，毫不思考自己的行为后果。这种生产型资本主义如今已走到尽头，人们已经意识到自然的有限性和脆弱性。说它有限，是因为人类不假思索地利用的资源客观上来说是十分有限的，说它脆弱，是因为人类拥有毁灭并非自己创造的事物的能力，而这种毁灭是无可挽回的。

除此之外，穆利埃-布当还发现了第二种资本主义，这种资本主义形式初现端倪，刚刚出现在我们有点"近视"的眼睛之中。这就是所谓的"授粉型资本主义"，这种说法和想法已出现十多年，并获得了真正的成功。我们可以用很简单的方式进行概述：蜜蜂生产蜂蜜和蜂蜡，要求高质量的生产环境，而这种环境的平衡既脆弱又不确定，对此养蜂人深谙其道理，这是第一个差异；但第二个差异更重要——蜜蜂在生产过程中，通过授粉帮助它所获取资源的环境保持平衡。蜜蜂从百花中采集花蜜的同时完成了授粉工作，也促进了它所需植物的自我繁殖。穆利埃-布当认为，这就是经济学家称为"良性外包"的完美模式，即良性循环过程，收获不仅不会损害资源，相反还会促进资源再生[2]。相比之下，"恶性外包"意味着收获会使资源彻底枯竭。例如，长期过度采集鲟鱼子最终会毁灭鱼子酱的生产。至于蜜蜂，最令人惊奇的是授粉在生产过程中似乎是"看不见"的，但或许比生产（蜂蜜和蜂蜡）本身还重要。作者认为，如果估算蜜蜂这两个活动的价值，结果会十分令人震惊。在美国，蜂蜜生产价值达8000万美元，而要对市面销售的农作物进行授粉估计要花290亿至350亿美元。这才是蜜蜂的真正价值。蜜蜂的贡献不容小觑，不同作物蜜蜂授粉的比例如下：棉花16%，橘子27%，桃子48%，苹果和蓝莓90%，杏仁100%。*穆利埃-布当认为，若拓展至全球范围，约有33%的农作物产品取决于蜜蜂授粉：其价值相当于7920亿美元（2009），而蜂蜜生产的价值仅为10亿美元[3]。换言之，如果没有蜜蜂，全球各国的国民生产总值（GDP）的损失将会是天文数字。**

然而，我们却必须对这种情况的出现做好心理准备。因为资

---

* 美国的情况比较特殊，因为蜂农的主要收入来源并非是蜂蜜产品，而是授粉。美国的养蜂大户会在开花季节将其蜂巢出租，以促进作物授粉，加利福尼亚州的扁桃树便是靠此类方式授粉。这种方式需要用卡车对蜜蜂进行很长距离的转地饲养（几千公里），这无疑会给蜜蜂带来不少紧张因素。

** 在这一点上，我们无疑应该谨慎，因为蜜蜂并非唯一的授粉昆虫，虽然它是印证其他授粉昆虫衰败的明显迹象。见V.塔迪厄：《蜜蜂奇怪的沉默》，巴黎：弗兰出版社，2009，第49页。

本主义的盲目生产，不仅会削弱而且也会破坏对其而言至关重要的授粉。蜂群崩溃混乱症（或蜂巢消失）现象自2006年宾夕法尼亚州的养蜂人大卫·哈肯伯格首次发现以来频频发生。其中一些原因与无度生产密切相关：滥施农药、密集单一种植等。这些蜂巢新敌的出现，可能会敲响蜜蜂消失的丧钟。当授粉的蜜蜂消失，不断追求高生产率、狂热无度的农业产业化也将走向零生产。

所以，穆利埃－布当告诉我们，受到威胁的蜜蜂可能会被当作资本主义新矛盾的标志。这不再像有的人认为的那样，资本主义仅因其政治垄断倾向，让无产者成为赤贫，而资产阶级的繁荣取决于无产阶级，关键还在于它对环境的脆弱性视而不见，而这种环境是它生存的先决条件。总而言之，其核心思想仍然没变：生产型资本主义因无视经济的真正动力，势必沦为"自己的掘墓人"。

除非它懂得从这种变化中吸取教训。这在数字经济领域尤为明显④，让我们列举该领域的苹果和谷歌两大公司为例。苹果尽管拥有强大的创新力量，却依照古老的方法运作：其组织架构呈金字塔式，由上（设计师）至下（消费者）运作。但整体流向只往下走，整个系统全部锁定。谷歌则相反，它让网民免费访问其搜索引擎，原因很简单：与使用时间越长磨损程度越重的车辆发动机相反，搜索引擎是随着使用时间的递增而不断自我完善的，因此，每个互联网用户无形中便成为一只蜜蜂，到网站上去寻找花蜜。鼠标的每一次点击都会产生新的信息，从而可以对网站进行分类，对链接进行等级排列，催生新的内容。此类信息主要用于特定的广告，将构成产生附加值的源泉。所以，电脑性质的采

蜜催生了知识性授粉*，授粉的所有痕迹都可以加以利用。谷歌
致力于捕捉此类授粉所产生的价值，虽然百分之八九十会逃脱其
掌心，但余下的百分之一二十却完全足以满足其需求，因为这些
价值总是不断壮大。谷歌其实就是一个养蜂人，它向蜜蜂（我
们）提供一个生态系统，让蜜蜂在对它毫不怀疑的情况下为它工
作。如今，据估计，谷歌的每秒点击数高达三千万！其价值并非
只来自某单一产品，而是来自使用所汇集的信息。其实，产品本
身是无关紧要的，重要的是它所构建的关系和传递的信息。

　　这种新的认知资本主义既令人着迷又令人恐惧。令人着迷的
是它那催生巨大价值的能力，还有它对意想不到的新型资源的理
解力，这些资源并非来自大自然（即可耗尽的资源），而是源自
人类无穷的活动。在此意义上，认知资本主义似乎击退了地球的
局限性。但它的实现也令人恐惧，特别是像谷歌或脸书这样的企
业产生的结果。我们随时都怀疑它们会将其催生的共同财产据为
己有。它们难道不正是授粉的新掠夺者吗？

　　穆利埃–布当在此做了明确区别，以表明这种掠夺性质有多
严重。这次，蜜蜂世界又再次荣幸入榜。我们可以根据马克思关
于这一现象的术语的确切定义，将传统养蜂人描述成一个开发经
营者。人类开始养蜂之前，蜜蜂自行酿蜜，建造蜂巢和喂养幼
虫：自给自足，既无盈余又无不足。然而养蜂人一出现，便强迫
蜜蜂"过分劳动"，让它们超时劳动，而不给它们足够的时间恢
复体力，这便是马克思的"剩余价值"的确切含义。此外，还有
"相对剩余价值"的概念，即聪明的养蜂人必须悉心照料蜜蜂，
并进行适当的投资，不然，生产就会走进死胡同。这是开发者的

---

* 在此，我们又发现了上一章已论述的从塞内加到尼采的有关多产采蜜隐喻的新
　内容。

经典模式，但随着授粉模式的改变，出现了另一种类型的经营模式。为了捕捉授粉的资源，必须超出剩余劳动的界限，刺激个体的授粉潜力，为此要不断给它们提供新的机会和休闲场所交流、探索。这些数字平台（谷歌、脸书、iTunes、云等）均可为它们的交流和创造提供有利条件，便于经营者更好地提取信息，而这些个体也心甘情愿地这样做，成了"自愿同意的成年人"。然而，这种捕捉存在着潜在危险，因为它将巨大的知识权力交到个体手中。谁能确保个体将妥善利用这种权力呢？而蜜蜂从不会掠夺他人，也不会独揽授粉的好处。因此，这里所呈现的是一场新的"围栏之战"*：认知资本主义需要新的数字共同财产。

　　但总的说来——这似乎也是穆利埃-布当的结语：这种授粉式的认知资本主义无疑是一种良机，在他看来，这不仅摧毁了生产型和商业型的资本主义，而且可能也全面摧毁了资本主义。所以该书的结尾这样写道：必须"与认知资本主义达成交易……因为它与……资本主义的出局并行不悖，可以消融在一种实验性的、精巧的、协调一致的、全球化的出局之中"⑤。

　　谷歌还是资本主义末日的资本主义？在此，我们似乎触及了穆利埃-布当的分析的局限性。毫无疑问，授粉的类比确有价值，有助于我们理解当代经济的新焦点，但若把它看作未来唯一的模式，看作是资本主义将埋葬其中的系统，这毕竟太过分。**

---

* 该术语指的是英国18世纪圈地运动支持派和反动派之间的冲突：应该将领地的农田圈起来以提高收成，还是留给个人采摘水果、拾取小木材或泥炭的自由？在当时，后面这些行为是会被处以死刑的！参见E. P. 托马逊：《森林之战》，巴黎：发现出版社，2014。

** 我们可以引述另一个反对将授粉理想化的论据。授粉有助于确保花卉繁殖，益处良多，但若遇到病毒滋生扩散，无论是计算机病毒和生物病毒，还是谣言、煽动仇恨，都会灾祸连连……

况且还有一个更经济、更合理的方案，即金字塔生产模型和授粉式合作模型这两种资本主义形式共存。毕竟，蜜蜂依然会继续酿蜜，因此，问题和困难在于两者共存的条件：民主社会如何充当裁判？在此，我们又触及了分蜂的另一个主要目的：超级民主，换言之，蜜蜂如何引导人民走向真正掌握自己命运的道路……

3. 超民主蜂群

蜜蜂的集体参与智慧受到盛赞

人们对当前代议制和自由形式的民主最常见的指责，我们可以总结出以下主要的两点：

第一，这一民主从根本而言是贵族制的，因为它在统治者和被统治者之间保持着原则性的区别，与"人民统治，即由人民统治、为人民统治"的诺言相去甚远。

第二，当前的民主制度尽管拥有金字塔般等级分明的组织结构，但面对越来越个人主义的公民与日俱增的批评，以及单从国家层面无从解决的日益全球化的挑战（如金融或环境的挑战），已变得越来越无能为力。

因此，当代民主可谓双面受敌：内部受"公民"日益增强的参与需求的牵制，外部则受到超越国家民族框架的约束的削弱，这一制度已变得既不公平又效率低下。

由此出现了下列问题：其效率低下是否因为它的不公正性？换言之，是否因为政治威力无穷而导致民主力量萎靡不振？

正是在此背景下，人们呼吁更多表决权，更多参与权，更自主管理，甚至更加直接的民主制度。这一呼声越来越高，在超级

现代化的前提下激活了古老的自由主义或共产主义思想。*数字
革命为这一回收再利用提供了有利的沃土：我们再次谈论共有财
产（或共享财产）、网络合作、互助主义、集体智慧，废除私有
财产……

　　这就让民主再生人士再次对昆虫的行为，尤其是蜜蜂的行为
产生兴趣。他们的想法是从昆虫身上找到集体智慧的秘密，或了
解对利益没有兴趣的诸多个体（并不是无私，而是不感兴趣），
何以能做出有利于集体利益的决定？我们也可在社会性昆虫团体
中看到所谓的"突生"现象，即总体超过了局部的简单总和，集
体被认为比组成它的个人的总和更有智慧。在科学研究领域甚至
出现了一个专有术语："群体智慧"（swarm intelligence）。

　　当然，蜜蜂在这方面并无特别的优势。蚂蚁的天赋是在蚁巢
和多个食物源之间选择最短的路径；人们经常提及白蚁甚至能
建造真正的大教堂，而且人们直到现在还在认真地模仿它们的行
为，用以制定复杂的计算机系统，这就是所谓的"智能网络"，
它能优化通信，而无需居高临下地监控。但蜂巢却有特权做出多
种决定优势：蜂窝的选择、互相告知花蜜和花粉在什么地方，蜡
脾的建造方法，发明防御策略以抵御新天敌的袭击，等等。种种
复杂的挑战，要求蜜蜂做出完全正确并互相协调的集体答案。总
之，正如某人所说，比人类应做出的集体决定还多。

　　因此，怀旧者认真探讨这一问题便不足为奇，他们希望在黑
暗的蜂巢、鸟巢、白蚁巢中，能找到什么东西，重新燃起火焰，

----

*　有趣的是，这种想法在近两个世纪以来一直被视为新思想：其模式随着科学的新
　　发现不断循环更新，却未从指导原则上带来什么太大的新意。若想对此问题有一
　　个明确的认识，可参阅写于互联网革命前的一本十分有趣的书籍：J-P.迪皮伊和
　　P.迪穆舍尔主编的《自动组织。从物理到政治》，瑟里西学术讨论会，1983年，
　　以及P.罗桑瓦隆撰写的片断，"'自我'星系的形成和解体"，第456页。

照亮光明的革命未来。且让我们来看看哈特和奈格里在他们的著作《多样性。帝国时期的战争与民主》（2004）中，如何用专门的章节论述网络起义，吹嘘群体智慧。

　　当人们像一个散开的网发起进攻时，如同一群昆虫向敌人冲去，无数独立的力量，从四面八方涌现，共同冲向敌人，随后四处分散。从表面上看，此类攻击，因其无定形的特性，与蜂群的攻击十分相像。它并无负责发送命令的中心，在那些禁锢在传统模式的人看来，它根本不符合任何组织形式，一切皆为混乱和自发性行为。这种性质的网状进攻也令人想起恐怖电影中一群鸟儿或昆虫从天而降、肆意攻击的场面，数不胜数的攻击者，不为人知，隐而不见，出其不意，难以预知，铺天盖地，四处出击。然而，如果深入观察网络内部，就会发现，那是一个缜密有序、十分理性且富于创意的网络，拥有群体智慧。近期，人工智能和计算方法领域的一些研究者，曾用"群体智慧"这一术语来指一些解决问题的技术。这种集体性、分散性的解决办法，其特点是没有中心控制机构或总体组织结构。[⑥]

　　随后的章节是兰波*对巴黎公社的描绘，其风格在我们看来火药味比较浓，我们还是回到群体智慧的概念上来吧！

---

*　19世纪法国象征派诗人。

群体智慧

托马斯·西雷绝非共产主义的信奉者，他是美国人，康奈尔大学神经生物学和行为研究系的教授，年轻时就对蜂巢世界怀有浓厚兴趣，曾是伯特·霍尔多布莱的学生，而伯特·霍尔多布莱曾师从于马丁·林道尔，林道尔则为揭开"蜜蜂之舞"奥秘的奥地利著名学者卡尔·冯弗里希的弟子。西雷是群体智慧专家，写了许多非常有趣的著作，其中包括《蜂巢的智慧》以及《蜜蜂的民主》⑦。像其他许多学者一样，他同意蜜蜂是一个"超级有机体"（参见《采蜜篇》之二十》），认为最好的证据是蜜蜂选择新巢不可思议的本领。

事实上，每年春末夏初，如果条件合适，蜜蜂太多的蜂巢会试图分蜂。那时，蜂后会离开蜂巢，成千上万的蜜蜂忠实地尾随其后。离巢后，蜂群便在离原巢不远处的灌木丛中暂居下来，等待确定最终的栖息地。选择未来蜂巢的条件相当严苛，它们所贴的小广告可能是这样的："寻求宽敞的房间（15—80升），入口须窄（10—30平方厘米），要安全，如有可能，宜位于高处，最好朝南；若能使用原有房客的家具（即蜂房）则更佳，位于有洞穴的树木最好。"在此蓬勃发展的市场上，若无专门机构负责，物色新巢的工作将交由经验丰富的侦察蜂完成。*

---

* 我们可以观察到这种侦察活动在蜂群尚未离开蜂巢就开始了。

侦察蜂会对方圆数公里内的洞穴细心侦察，提取精确的测量数据，然后回来汇报。

为了告知伙伴们所侦探到的情况，侦察蜂会跳一个活泼的舞，类似寻找花粉源时跳的舞。跳舞时，蜜蜂会以精练的方式重新经历或演习它刚完成的旅行和发现，向姐妹们汇报关键的信息：方向、距离、所参观场所的特性，等等。随着"评估"的推进，选择范围会缩小，其他蜜蜂（非侦察蜂）为侦察蜂的热情所感染和说服，也随之前往侦察这些场所。一般而言，在次日清晨，只剩下四个选择，继而再剩下两个选择。到中午时分，蜂群便嗡嗡地唱起出发歌，其震颤声变得越来越尖。此时便停止所有的侦察活动，大约半个小时之后，全体蜜蜂齐齐飞向新的甜蜜家园。由此引发了一个问题：它们是如何做出决定的？

托马斯·西雷步其师之履，试图揭开这一决策机制的奥妙，证明这是一种"嗡嗡"。一方面，侦察蜂所跳的摇摆舞，会激励其他蜜蜂前往察看；如果喜欢的话，它们也会跳起摇摆舞，这有助于增加"追随者"的人数。但另一方面，原来倾向于选择其他地方的蜜蜂会逐渐产生厌倦情绪，甚至不去参观另一个场所，就放弃了自己原有的选择。面对前者热情洋溢的态度，它们慢慢地不再跳舞了。尽管严格来说，它们并没有改变主张，而是放弃了原先的第一选择。

蜜蜂怎么知道在什么时候决定已经做出，必须离开旧巢呢？有否投票或起码大多数蜜蜂有一种模糊的感觉，促使蜂群整体倾向于一个方向而放弃另一个方向呢？为了解答这个问题，西雷受林道尔的启发，做了如下实验：他将一个蜂巢放置在无天然洞穴的缅因州岛上，随后制作了两个完全一样的人工巢，二者对于寻觅新巢的蜂群而言都同样具有吸引力。但他故意将两个人工巢放在离蜂群距离相同但方向相反的地方。在这两难的选择面前，蜂群长期犹豫不决，直到最后，两者的舞蹈数目还是不相上下。当蜜蜂在某极富诱惑力的花蜜源上发现天敌或危险源时，一些侦察蜂甚至会使用特定的信号来阻止大家去另一个阵营："停止——不要去那里！"在此，西雷对著名的布里丹驴进行了试验。驴面对水和燕麦犹豫不决，不知选择哪个，最后被饿死渴死。

　　唯一的区别是蜂群不会死去，即使我们故意让它的工作变得很复杂，它们最终还是会做出决定。当然，在蜂群飞离旧巢时，它们有时也会兵分两路，各奔东西。但很快，它们会"发现"分裂，回到原来的出发点。西雷认为，这表明蜜蜂对多数原则的逻辑并不敏感，但能从众或随大流。他制作了五个相同的人工巢重复试验，这使蜜蜂深感困惑，需要更多的时间来做出决定，但最终还是做出了选择。此时，西雷发现需要"法定投票人数"，即至少有20只侦察蜂同意后才能决定搬迁到哪里。

　　为此，托马斯·西雷将蜂群与大脑相比，认为蜜蜂犹如大脑的神经元，两者之间存在一个双重机制：兴奋机制（狂热地跳动）和抑制机制（对最无趣的部位逐步生厌），通过那条线（法定投票人数）后便开始行动（蜂群振翅起飞）。我们都有过这样的体验：清晨，闹钟响了，该起床了，但仍然赖在被窝里；然后，在没有真正意识到的时候，发现自己已经站了起来准备迎接新的一天。起床的决定是由一个下意识的动作做出，其运作逻辑无疑与迁居蜂巢的逻辑极为相似。其实，如果我们可以轻而易举地讨论群体智慧，是因为智慧就是一个群体，甚至是一种"意识反省"（examen de conscience），这正是examen这个词的拉丁文（essaim）原意。*总之，托马斯·西雷以此来谈论蜜蜂的民主，颂扬蜜蜂以完全达成共识的方式做出良好的决策（甚至是对蜂群而言最佳的决定）。

　　但也正是在此，类比的局限性开始突显。它基于这一概念的双重转移：蜂群＝大脑＝城邦。然而，这种描述虽然从昆虫学的角度来说非常引人入胜，但在政治哲学层面却站不住脚。因为将民主定义为"无首领"或"共识决策"是一个严重的错误。其实，有可能做出"共识决定"时，是绝对不需要民主的。民主的定义是它在国家与公民社会之间提供一个公共空间，并致力于维护两者的关系。针对国家，民主致力于反对滥用权力；针对公民社会，民主竭力避免个人利益取胜（经济利益、思想利益、道德利益等）。我们在此离蜂巢政治相去甚远。**而且，正是因为城邦不是蜂巢，我们才需要民主，正是决定无法直接做出，才需要建立体制程序来达到这一目的。

　　当代民主的最大问题，是民主总是以直接民主的理想准绳来衡量，但这一理想从未实现过（包括在5世纪的古希腊），而且，在未来的数字共和国也无法实现。无论是以古代神话还是光明未来的名义，我们都永远憎恨它，我们永远不会因为它让我们

---

*　参见哈特和奈格里《多样性。帝国时期的战争与民主》第384页："群体如何最终作出决策？神经生物学描述的脑模型可以为我们提供揭开这一奥秘的钥匙。大脑并非根据一个指挥中心的命令去作决定，它所作出的决定是整个身体及其环境相连的神经网络的布局或配置的结果。一个单一的决定是居住在身体和大脑内的群体效应。"

**　……蜂群所代表的是一种非常特殊的过渡状态，与布封描述的蜜蜂集合体十分相似（参见第五章）。有机或社会的类比便不适合用来描述蜂群。在这个无家可归的过渡阶段，由于没有蜂房（于尔根·陶茨将它定义为蜂巢最大的器官），所有的区分都围绕着蜂群的复杂性而进行，而这种区别局限于若干个侦察蜂和维系整体统一性的蜂后。

避免了下列问题（民主一旦建立它们就不会再出现）而爱它：永久的冲突、权利的不平等、力量支配的不均衡、道德失序、被迫参加或禁止一切活动。

但蜂群的蜂民与城邦的人民，他们之间最重要的差异在于：后者不像前者，指的并不是一个实体，不管这种实体是机器还是组织，而是指一种需要推行的程序。根据这种"程序"，人民可从下列四个基本时段进行定义⑧。要造就"民主的人民"，需要：（1）自由的选举；（2）公开和开放的决议（意味着可以改变主意）；（3）公开政治决定；（4）公布账目。这四个时段在不同历史背景和不同时期有不同的形式。若其中一个偏废，整个机制就会运作失灵。但在蜂巢社会中，这些阶段无一得到遵守：既无少数服从多数的原则，又不公开决议和政治决定（可以是坏的或任意的决定），更不公布账目。这是因为个体在其中毫无价值（参见《采蜜篇》之二十一和《集锦篇》之二十二）。当然，我们可以说，人类的决议比蜜蜂的决议更精细完善。但如此诠释，将是一个曲解。民主辩论所必备的条件，蜂巢中并不都具备，如：可随时改变主意，可以没有主意，可以完全漠不关心，甚至可以拒绝一般性问题。更重要的是，民主还囊括下列事实，即人们可能是撒谎者、骗子，不诚实的、有偏见的、不公正的人，虚伪之徒、混蛋等。正因为这些都是可能的而且往往是真实的，所以才需要民主，而民主是难以实现的。此外，我们可以通过计算机程序模仿昆虫的决策程序，这一事实显示了这种类比的局限性：我们当中有谁希望生活在一个像软件那样运作的民主环境中呢？

当我们试图将"蜂群智慧"（或网络智能）的用途扩大到整个人类社会的时候，我们就看到了其局限性。蜂群智慧用于描写局部程序时，非常富有启发性，但若将其奉为社会政治理想，则变得很恐怖。而且，如果智慧是以蜂群的方式传播，人类的愚蠢、卑鄙往往也可以借助同样的模式运作……

所以，让我们保持谨慎和严谨，不要过于崇尚抒情的魅力，不要希冀蜂巢能令民主再生、资本主义再现。探索蜂巢可能令人着迷，其运行模式也许能提供诸多想法，充实辩论内容，然而从中绝对找不到任何可以帮助我们应对当代重大挑战的可靠答案……唉！

《采蜜篇》之二十一

蜂巢或蜜蜂？找寻个体！

当你向养蜂人打听他的蜂群情况时，他绝不会告诉你他有多少只蜜蜂，只会说他有多少个蜂箱。发生健康问题时，他所关心的并非是哪只蜜蜂身体衰弱，而是整个蜂巢的情况，因为蜂巢才是蜜蜂世界的基本单元："一个由蜜蜂作为细胞组成的有机体，工蜂代表基本器官和消化器官，蜂后和雄蜂代表生殖器官"［约翰·梅林（1815—1878），曾被于尔根·陶茨所引述］。然而，蜜蜂似乎拥有自己特有的生活和相对自主的行为，即使在单枪匹马的情况下也能适应特殊而罕见的环境。那么，真正的个体是蜜蜂还是蜂群？单个蜜蜂与整体蜂群的关系如何，其力量有多大，又采取什么方式？这是个老问题了。但如果仅考虑现当代，我们可以说先后有三种模式：第一种是机械模式，每只蜜蜂都代表一个齿轮，蜂巢的运作只受机械规律的约束，蜂巢像一个设计精密的手表（这是布封提出的模式）。第二种是植物模式，即一个组织有序的生物体，拥有相对的个性特色，因为大多数植物都可以通过克隆、嫁接或其他方式无限分裂繁殖。事实上，载满花蜜和花粉的蜜蜂完全可以从一只蜂巢飞向另一只蜂巢，而蜂群只需透过简单的分蜂现象便可自行繁衍。但好像第三种模式与蜂巢最像，即有机的模式。蜜蜂是一个超验和内在的整体，说它内在是因为没有蜜蜂就没有蜂群，说它超验，是因为放上八万只蜜蜂也不足以形成一窝蜜蜂。亨利·柏格森（1859—1941）在《创造进化论》（1907）第二章中非常清楚地阐明了这种想法："当我们看到蜂巢的蜜蜂形成如此紧密的组织系统，任何个体都不能独自生存超过一定时间，哪怕我们为其提供住房和食物，我们怎能不承认蜂巢是真正的而非象征性的独特有机体呢？蜂巢中每只蜜蜂都犹如一个细胞体，一种无形的因缘使它与其他蜜蜂紧密相连。"一些研究者延续了这一想法，针对蜂巢提出了"超有机体"（superorganism）这一概念，其中包括美国生物学家威廉·莫顿·惠勒（1865—1937），他在1926年出版的《昆虫社会：其来源及其进化》（巴黎：杜安出版社）中，将蜂巢描述成一个复杂的协调系统，组成元素相对自主。举一个让人吃惊的例子，美国科学家马克·L.温斯顿指出了蜂巢的温度调节问题。人们发现，在孵化幼蜂的巢箱中，温度恒定保持在35℃。蜂箱温度一旦有增高的趋势，外勤蜂就会送来水，并为蜂巢通风："根据超有机体概念，这种行为包括温度过热时，蜂巢里的全体成员就会做出反应，工蜂个体假设认为，工蜂领水（激励外勤蜂继续供水）目的只是给自己降温，待到温度下降后便不会再接受水。"（《蜜蜂生物学》，巴黎：费里松–罗什出版社，1993，第131页）至于在蜂巢入口的蜜蜂，它们开始通风，仅仅是为了给自己降温（个体蜜蜂假设），还是感到了蜂巢内蜜蜂为通风而扇动羽翼的颤动声（超生物体假设）？

　　雷米·肖万在《蜜蜂生物学》（巴黎：马松出版社，

第二卷）中论及蜂房建造时，也提到了这一点。建造蜂房是社会性工作的结果，还是个体劳动的结果？第一阶段是非协调的，由蜜蜂随性存积蜂蜡，用作建造未来蜂房的基础；随后逐渐将距离太近的蜂房毁坏，重新组织，对其他建筑予以重新定向，形成平行结构。但独立的个体劳动形成的共识主动性（stigmergy）并不能解释一切。"我们的确可以证明在建筑活动中存在一个社会现象……统一协调工作团队中每只昆虫的个体活动"：蜜蜂会用脚悬垂，相互连接，形成一串串卵球形的蜜蜂链，这一造型预先确定了蜂房未来的演变趋势。当年，于贝正因为被这种蜜蜂链所遮掩，没有观察到蜜蜂筑巢，才想象是通过刺激蜜蜂，让其从下往上建造蜂房。"蜜蜂链的形状似乎为在蜂房边忙碌的蜡蜂画出了一张施工图……给未来的蜂房充当子宫。"蜜蜂链无论由哪种蜜蜂构成，都可让筑巢工作保持连续性，一些蜜蜂可以离开，另一些则可以加入，而不会改变其形状（"由蜜蜂链组成的模型是用以吸引筑巢蜜蜂的热陷阱"）。于尔根·陶茨（《神奇的蜜蜂》）明确选择了超生物体这个论题，加以阐述，认为蜂巢与哺乳动物的身体之间有着惊人的类似之处：每个蜂巢的整体运作都类似哺乳动物，如二者的生育率都比较低，以自身分泌的腺汁（乳汁或蜂王浆）来喂养幼儿，为正在成长的后代提供可适当控制温度的呵护环境，因为蜜蜂链在此扮演着哺乳动物子宫那样的角色。和哺乳动物一样，作为超个体生物的蜂群，具有超强的学习能力和认知能力，使得它们在环境发生紧急变化时能有较大的独立性。二者均拥有无繁殖功能的死性单元，即哺乳动物中的个体细胞和蜜蜂群体中的工蜂，二者均为繁殖单元（即哺乳动物的性细胞及蜂巢中的蜂后和雄蜂）的载体。在共识主动性的框架下，蜂房被描述成蜂群的器官，对其非常重要，它拥有多种功能，除却长久以来被认为用来储藏食物和养育幼蜂外，还有交流渠道的作用，通过震颤，呼唤侦察蜂前来加入跳舞的行列，同时以化学信号的形式储存信息，并对病菌起着第一道防护屏障的作用。透过这几个例子，我们看到，虽然蜂群和生物体之间的相似性非常高，但不完全等同。与柏格森认为的相反，把个体蜜蜂与蜂群整体连接起来的东西，只能与细胞和生物体之间的关系相类似。蜂群和生物体是两个相近的系统，在很多方面都具有较高的可比性，但彼此又有很多不同，而"超生物体"这一概念同时指出了二者的相似性和不同之处，因而在我们看来颇为恰当。

注　释

①扬·穆利埃—布当:《蜜蜂与经济学家》,巴黎:北方书简出版社,2010。亦可参见《与蜜蜂一样》,载《迷宫杂志》专刊2013年第40期及《多样性》杂志上刊载的文章。

②关于外包的哲学思考,参见S.肖维埃:《无面孔的道德,外来效应的问题》,巴黎:弗兰出版社,2013。

③B.杜兰:《蜜蜂、地球和公民,了解授粉的衰落,为捍卫生物多样性而行动》,载《小溪流》,巴黎:棋盘路出版社,2010。

④A.基罗:《谷歌,认知养蜂人》,载《迷宫杂志》,2013年第40期。

⑤扬·穆利埃—布当:《蜜蜂与经济学家》,第238页。

⑥麦克尔·哈特、安东尼奥·奈格里:《多样性。帝国时期的战争与民主》,巴黎:发现出版社,2004,第117页。

⑦托马斯·西雷:《蜂巢的智慧》,剑桥:哈佛大学出版社,1996。托马斯·西雷:《蜜蜂的民主》,普林斯顿:普林斯顿大学出版社,2010。

⑧更详细的分析参见皮埃尔—亨利·达瓦佑:《由谁来统治?》,巴黎:格拉塞出版社,2011。

结　语

> 蜜蜂对我们而言犹如云彩；每个
> 人都从中看到自己所希望看到的东
> 西。

——多拉·库比埃尔（1752—1820）

《蜜蜂或快乐治国》（1793）

在智者的蜂巢之旅结束之前，必须承认这一旅行对我们来说是一个真正的惊喜。二十多年前，这一"蜜蜂与哲学"探索计划开始酝酿时，我们对其规模和持续时间一无所知。在阅读和研究过程中，我们发现，在西方思想史上的大多数关键时刻都会出现蜜蜂的影子，这让我们甚为震撼。每逢突变、争议或转折时期，它都会留下踪影，成为精神史诗的首选证人。撇开蜜蜂在宙斯的童年和教育阶段所起的作用不谈，我们发现它早已现身哲学的源头，因为它的几何天赋和良好的治国能力绝不会令古希腊思想家无动于衷；我们也发现它和维吉尔一道，伴随古罗马帝国早期的经济发展和人文思潮的涌现。蜜蜂跟随克莱孟和奥利金开始了基督教教会圣师著作的研究，与波菲利一起参与了中世纪的共相争论，与乌尔班八世一道见证了显微镜和现代科学的诞生，还和斯威夫特重新掀起了古今之争。后来，蜜蜂又或远或近地为英国、美国或法国等的伟大政治革命做出了贡献，更不用说它在拿破仑加冕礼上享受了座上客的显赫待遇及1848年"人民之春"对它的召唤。蜜蜂随后还为浪漫主义诗歌和象征诗歌提供了养分，继而还滋养了工业时代的思想。在当今的互联网时代，蜜蜂又披挂上阵，希望在参与性民主和可持续发展中点燃新的希望之火……除此之外，还有我们在本书中忘记或不曾了解的内容。总而言之，我们已经梳理了西方文化和思想史中蜜蜂的主要脉络。在每一个阶段，面临重大问题时，我们可爱的蜜蜂都会现身其中：无论是人与动物的区别、社会与组织的区别、自然与文化的对应，还是生命的起源、与神圣的关系、城邦的治理、语言与交流、身体和精神的关系、智慧的定义，等等，蜜蜂可谓无处不在。它也为高中毕业班的哲学课程提供了一条绝佳的主线！

但在这一历史中，令人惊讶的是蜜蜂的哲学用途之长久性和多样性。蜜蜂可以让人无所不为，无所不思，虽然出现新的主题，但任何内涵都没有真正消失。在连续性方面，人们总是担心蜜蜂会消失，并且认为，蜜蜂的生活方式是一种生活典范（或者一个反典范）。蜜蜂身上的一切都令我们着迷：完美无缺的政治组织、与大自然的和谐存在，它在不同世界秩序之间的中介地位有助于我们理解并构建不同的关系。

然而，我们的"象征性"蜜蜂，虽然一直贯穿人类的历史，连接不同的层次、不同的界别和维度，却并非一成不变。它总是以绝妙的创意不断地履行其职责，在当今的多种日常表达中都可听到它的名字。它的嗡嗡声催生了网络时代的buzz（法文"嗡嗡声"），也引发雄蜂发出富有挑衅性的drone（英文"嗡嗡声"）。我们讨厌那些政客或媒体，像熏蜂群那样给我们放"烟幕弹"，让我们昏昏欲睡；当我们去"应检"或"应试"，无论是医学检查、学校考试还是良心自省，绝不要忘记那是"抽取一些东西"，就如把蜂群（essaim法文"群"，在拉丁语中是examen，即"考试""检查""审查"的意思）从蜂房中引诱出来……总之，这些隐喻不管是不是还有生命力，即便在我们这个似乎远离蜂巢的科技世界和都市中仍然存在。

然而这不过是一种表面现象，因为在农村遭受威胁的蜜蜂已经侵入城市，从此被"卖身"为"可持续发展"的担保，或成为"现代生活"和"都市生活"的新生命。在巴黎，它们的存在富有很强的象征意义，蜜蜂自1872年便入住卢森堡公园，自1983年便寓居巴黎歌剧院屋顶，从2013年起开始进驻巴黎圣母院的祈祷室和国民议会的穹顶。目前，还听到一种颇为矛盾的观点，认为蜜蜂会离开毒性过强的乡村田野，都市将成为蜜蜂最后的栖息地。

经济领域也不例外：伦敦证券交易所从2011年起便应首席执行官的倡议，在屋顶上筑巢接纳蜜蜂，这位首席执行官是法国人，名叫罗睿铎。而法国建筑巨头布伊格集团建在巴黎郊区圣昆廷昂伊夫林的总部大楼上则立着九个蜂巢，寓意集团创始人的建筑激情。这种例子不胜枚举，但上述的例子已足以说明问题。从抒情艺术到建筑行业，从虔诚的宗教活动到政治活动，再到商业活动，蜜蜂用途的"普世"性质可见一斑。

在此我们还需提及那些以蜂巢为模式的机构组织，如巴黎十五区的艺术城，从1902年起就接待诸多艺术家，如布歇、莫迪里阿尼、布朗库西、莱热、夏加尔等艺术家，还有一些受自由思潮影响的学校或工艺美术学院，而著名建筑师勒·柯布西耶则在设计中经常引用蜂巢及其六角形蜂房形制。保险公司和互助保险公司的徽标中也常常会出现蜜蜂的形象。

这不免有过量使用蜜蜂隐喻之嫌。

但这种过量自有其逻辑，它自身拥有一种机制，在任何时代都能见到它。最后，让我们试着阐述一二……

那是一个由四个阶段组成的周期，一直交错重复于整个历史时期。

起初是对蜂巢世界的简单赞叹——"观察"过程，但这一过程从来都不是中性的，可以说立即会伴以同人类的比较。蜂巢的奇观似乎是一种"精神练习"，它让我们走出日常生活，引领我们全方位地思索人类的境况。蜂巢从一开始就被描述成一面明镜：蜜蜂帮助我们思考人类，而人类则帮助我们思考蜜蜂。因此，我们会将蜂房比喻为城邦，描述其王后、等级序列和组织架构；我们也会将人类的城邦比喻为蜂巢，用以解释它的运作机制（君主制、贵族制和民主制）或其运转失常（专制主义或极权主义）。同样，我们可以说，蜂群是一个大脑，就像我们可以说大脑是一个蜂群（essaim）一样。在第一阶段中，类比仅限于找出相似性和差异性。

而且，系统理论也为这些比较提供一定的合理性，无论是在政治层面、生物层面、技术层面（尤其是机器人方面）、生态学或计算机科学层面。凡是有组织模式之处（社会、家庭、生态系统、器官等），自治元素（个体、细胞）一旦结合，便可将之与蜜蜂进行比较。这种比较是完全有道理的，因为它涉及的是这些系统元素之间的关系而非元素本身。这些系统被描述为动态的、向其周遭环境开放的，与稳定和封闭的系统形成对照，并且在某些情况下，可以自行组织。这对蜂巢而言，是轻而易举的事情。这是第一个阶段，蜜蜂就是一个范本。

但我们不能停留在此处。睿智的作者很少满足于这种简单的比较，只关注其启发性和教育性。我们很快会受到偶像模式的诱惑，从比较进入理想化，这便是第二阶段。隐喻因此升级，并遵循其自身逻辑，明镜开始变成魔镜，它所折射的图像已不仅仅是事物的映象，而是观察者理想的意象。蜂巢变为一个完美的城邦，大脑变得超级智慧，几何知识可以直接撷取，美德变得清澈明了，知识会随着蜜蜂采蜜的节奏而丰富。将蜂巢视为典范的代表作者无疑是托马斯·德·康提姆普雷、伊利安和塞内加。塞内加在与尼禄谈论王子梦想的宽大仁慈时，将蜜蜂奉为典范；而生物学家托马斯·西雷则视蜂房为参与性民主最理想的状况，他也倾向于这种楷模说。

但此进程并未结束，我们踏入了第三阶段：蜜蜂不仅是完美的化身，也是通向难以描述的崇高真理的道路。毕达哥拉斯、维吉尔、波菲利、圣奥古斯丁笔下的形象便是这种几近神秘的蜜蜂，它不再是一种理想，而变成了一种寓言：这只小小的昆虫，成了一把钥匙，可以让我们瞥见人类无法感知和理解的东西。在它的小身躯中，蕴含着很多超验成分，从圣奥古斯丁的三位一体寓言、维吉尔和波菲利关于灵魂不朽的寓意，再到亚里士多德的小宇宙揭示大宇宙奥秘的论述，无不说明这一点。蜜蜂在此展示的，是我们从前所谓的崇高，当时这个词还没有被贬低声誉。崇高，是一种令人不安的审美体验，它远远不能确认世界与我们的感官期待（及喜好的判断）相吻合，却揭示了我们面对浩瀚的宇宙，是多么缺乏感受力和想象力。蜂巢跟宇宙有点相似，其意义之丰富，让我们的感官捉襟见肘。

然而，一旦抵达那个空灵的高度，鼓满幻想的泡沫会逐渐破灭，于是进入到第四个阶段：这种不可言喻的崇高成了认知的障碍。自然笼罩在厚重的面纱之中，变得虚无缥缈。"有独立思考能力"的蜜蜂出现了，即寓言中的蜜蜂，语气刻薄，爱批判人，态度冷漠。我们又开始比较，但这种比较多了一些讽刺的意味。在此可列举伊索、费德鲁斯、拉封丹、费奈隆（1651—1715），当然还有曼德维尔。镜子呈现出畸变的形象，反思取代了神秘诗歌的咏唱。在真实世界及其模型之间幽默地拉开距离，可以重新让人真正地、"客观"地观察蜂巢世界，于是又回到了原来的出发点……周而复始：比较对照、理想化、崇高化、客观地批评。

审视这一重复性的过程，也可让我们理解当代人为什么担心蜜蜂的命运。这种忧虑很必要，不可小觑，因为蜜蜂在我们为它"提供"的新环境中处境确实不好。这并不是说它在传奇中总是消失而在现实中丝毫未损。在此，养蜂人可以向他的哲学家弟弟及读者朋友坦承：在三十年的养蜂实践中，他所遭受的损失逐年增加。但我们也应该承认，有人利用这种忧虑，披着美丽的外衣做近乎欺诈的事情。例如在一些网站上，可看到凄情悲切的呼唤，要求那些易动感情和天真的读者去"收养蜜蜂"，或以高得令人咋舌的金额资助蜂箱，还美其名曰是为了拯救地球。挽救蜜蜂绝对不可以用这种方式。看来，人们对蜜蜂所抱的兴趣并非总是无私的！

但从更深的层次，我们也可以说，对蜜蜂的忧虑是对人类忧虑的反映，因为蜂巢所展现出来的景象折射出人类境况的两大原始意象。一方面，渺小脆弱的凡人淹没在浩瀚无边的宇宙之中，这是人类的有限性；另一方面，人类有超强理论和实践能力，这是人类的过度性。养蜂人和哲人的任务，恰好位于这个二元性的核心。亚里士多德和古罗马农学家建议从蜂巢中找到恰当的限度和平衡，他们当年的忠告，仍是当前养蜂人所关注的焦点之一。例如，古人非常重视蜂巢的空间管理。事实上，空间紧凑可以帮助蜜蜂抵御严寒，并在早春重新繁衍壮大；但如果这种状况持续时间过长，蜂巢就会分蜂。巢中蜜蜂太虚弱则不能产蜜，所以要维护它们的健康。然而，如果天气条件不利，想保持这种美好的平衡就完全不可能了，面对大自然，我们再次感到了人类的局限和无能：条件是必要的，但仅有条件是不够的。

太多的局限性会让人心甘情愿地服从和低头，缺乏限制则会让人像普罗米修斯那样，幻想得到至高无上的权力，最终导致自我毁灭。而在这两个悲惨的暗礁之间，人类注定要寻找自己的出路，却难以完全搬开它们或调和它们。蜜蜂的哲学功能正体现在此，它向我们展现了有效协调渺小与伟大、谦卑与强悍的可能性。哲人希望用这甜美和慰人的蜂蜜来滋养自己，有时甚至忘记自己在不断地向大自然投去他忧虑重重的反思之果。因为蜂蜜很黏稠，正如法国南方方言所说，它"黏糊糊"的，它糅合了人类、知识、秩序、思想和品位。它也提醒我们，在智者（Homo sapiens）心目中，知识、智慧和品位有共同的起源（Sapere）。或许正是这一原因，蜂蜜的生产者——蜜蜂，从前是，现在是，将来也永远是人类思想杰出的排头兵。

2015年2月完稿于蒙特加尔和巴黎

《集锦篇》之一
丰特奈尔笔下的外星蜜蜂

"在某个星球上，居住着一些思想活跃、勤劳聪颖的居民，我暂时还不能告诉您他们的名字。他们只会掠夺他人的财物，这有点像某些阿拉伯人。这是他们唯一的缺点。他们聪明过人，同心协力、孜孜不倦地为国家工作，道德情操无与伦比。当然，在这一点上，他们没什么太多的功德可言，因为他们不过性生活，没有生育能力。"

侯爵夫人打断我的话，问道："讲这段美丽故事，您不担心别人嘲讽您吗？若是如此，一个民族怎能世代繁衍？"

我非常冷静地回答她："没有什么可嘲讽的，我跟您说的都是千真万确的。这个国家的民族是可以世代繁衍的。他们拥有一个王后，但她绝不会带领臣民去打仗……她会孕育成千上万的孩子，所有别的事情都不用干。她拥有一个很大的王宫，里面的房间数不胜数，每个房间都有一个专为小王子而设的摇篮。她逐一到每个房间去生产，每次都有一群奉承者前呼后拥，为她这高贵的特权鼓掌欢呼，那是她的民众所无法享受的。

"夫人，虽然您没有明说，但我听得见您想问的问题。您问蜂后何处寻觅伴侣，说得更明白，是到哪里去寻找丈夫。在东方和非洲，有些王后在后宫公开拥有众多男宠。这位蜂后显然也有一个伴侣，但它严守秘密，这样会显得矜持得多，否则会有失尊严。在那些无论是在家里还是在外面都在干活的阿拉伯人当中，可辨认出极少数外国人，他们的面孔与本国人十分相似，但非常懒惰，深居简出，无所事事。从表面看来，他们虽然生活在一群极其勤奋的民众当中，却似乎没有感到任何不便，因为他们活着，就是为了满足女王的乐趣和庞大的繁殖部门之需。事实上，他们的数目虽然寥寥无几，却是女王生下的成千上万个孩子的父亲，因此可以心安理得地不事劳作，这也清楚地表明，这是他们唯一的作用。这个任务一旦完成，女王一旦孕育出上万个新生命，‘阿拉伯人’便会无情地把那些对国家再无作用的可怜的‘外国人’杀光。”

“讲完了？”侯爵夫人说，“谢天谢地。如果可能的话，我们就不要开玩笑了。老实告诉我，您这本浪漫小说从何而来？哪个诗人给予您灵感？”

“我再重复一遍，”我答道，“这不是一本小说，所有这一切都发生在我们的地球上，就在我们眼前。您会感到很吃惊！是的，就在我们的眼前。既然必须告诉您，那我就说了，这些‘阿拉伯人’其实就是蜜蜂。”

于是，我便把蜜蜂的自然史讲给她听。她对蜜蜂一无所知，只听说过它的名字。我继续说道：“您看，只需把发生在我们地球上的事情‘搬’到其他星球上，我们就能想象出稀奇古怪、荒诞不经的事情，而这些事情其实都是真的。我们将不断地想象下去，因为，我想让您知道，夫人，昆虫的这类故事多得很。”她说："这不难相信。比如桑蚕，我对它的熟识程度高于蜜蜂。它们的数量十分惊人。它破茧成蝶，不，变得跟以前完全不一样。它在生命的某一阶段是爬行的，在生命的另一阶段，却是飞行的。我还知道什么呢？还有其他成千上万种神奇的东西展现出这些我们所陌生的居民不同的特点和习俗。我的想象力跟随您提供的路线，甚至会去组建其形象。我无法向您描述他们，但我看到了某些东西。"我回答说："关于那些形象，我建议您留待今夜的梦境。明天我们再看它们是否为您效劳了，是否让您了解了某些星球的居民是如何生活的。"

（丰特奈尔：《第三晚》，载《关于世界多样性的谈话》，1686）

《集锦篇》之二
农学论著经久不衰

"农学专著"这一体裁融自然观察、技术咨询和哲学宗教反思为一体，起源于古希腊。赫西奥德的《农作与日子》为这类著作的奠基之作。此外还有色诺芬（前430—前355）的《经济论》以及泰奥弗拉斯托斯（前371—前287）的著作，后者接替亚里士多德领导吕克昂学园。而波洛斯·德·门德斯（前3世纪）的著名农业专著长期以来被认为是德谟克里特所著，现已遗失。古罗马共和国黄金时代期间，该类专著曾风行一时：《论农业》是加图唯一传世的著作。萨塞那父子（前146—前57）以及特莱梅里乌斯·斯克罗法（前1世纪）当年著名的著作均已遗失殆尽。*但无疑是到了瓦罗，农业专著的体裁才达到登峰造极的地步。瓦罗曾是庞培手下的将军，曾担任过恺撒的图书管理员。他知识渊博，蜜蜂在其著作《论农业》中占据举足轻重的地位，对后代产生了深远的影响。同年，维吉尔开始撰写《农事诗》，而瓦罗对他的影响是显而易见的。值得注意的是，瓦罗曾使用过一个很漂亮的词用以

---

* 在此也应提及迦太基的麦高（前3世纪）撰写的专著。当时，连老加图也对此书赞誉有加，而他平常对来自迦太基的任何东西都不屑一顾！尽管根据加图的愿望，迦太基城被夷为平地（前146），元老院仍要求把此书好好保存下来。

代指养蜂人，可惜现已被人遗忘。该词意为"酿造蜂蜜的人"。
继维吉尔之后，则有希吉努斯，曾任奥古斯都的图书管理员，遗
憾的是其关于农业和蜜蜂的专著未能传世。科尼利厄·塞尔苏斯
（前25—50）是著名的医生，其著作流传至今的只有残章断句。此
外还有科路美拉、老普林尼以及后来的帕拉狄乌斯的著作，后者
撰写的《农业论》只是简单地对前人的著作予以汇编，按日期排
列。上述著作颇为和谐连贯，大部分作者的著述随后都被编入相
关专集中，直到20世纪初仍不断再版和翻译。

　　举1864年法语版的《拉丁农学专著》为例，我们可发现这些
古代作者仍具有很高的权威。在新版前言的作者看来，古拉丁作
者的建议仍完全有效。"我们可以看到，在意大利，加图、瓦罗、
科路美拉、帕拉狄乌斯的著述仍是经久不衰的农业经典著作。它
们所提出的大部分农作建议至今仍在实践中推行，而且是在当年
卡图的犁所耕耘的同一片土地之上……这些耕作程序已构成传
统的农业技术。从这些论著中，我们还可以辨认出那些优秀的行
为准则中所包含的道德传统，其中包括古代主人和仆人、奴隶之
间的关系，无需从事农作的伙伴之间的关系。"（《拉丁农学专
著》，第1页）10世纪中叶，应拜占庭皇帝君士坦丁七世帕里奥洛
格斯（913—959）的要求而撰写的《农事专著》，是根据一本农学
著作汇编所撰写的农学专著，从此之后，这一悠久的撰写农学专
著的传统代代相传，从未中断。阿拉伯世界，特别是安达卢西亚
地区对这些文本均予以翻译和改编。科尔多瓦的医生阿布卡西姆
（卒于1010年）撰写的《农学概论》以及安达卢西亚作者伊本·阿

万（12世纪末）的《农业之书》均属此例。另有1472年在威尼斯出版的名为《农业文集》的著作，该书为加图、瓦罗、科路美拉的农业专著合集，后印有多种版本。正是经由这些文本和作者，我们对蜂房世界的认识才得以长期流传。

《集锦篇》之三
维吉尔笔下的蜜蜂与灵魂的不朽

蜜蜂和灵魂的比较将长久地进行下去。我们在费奈隆和米什莱的著述中都可找到这种比较，尽管背景十分不同。

古人的哲学，虽然很不完善，却（考虑）到广布整个宇宙的神性是一种高级智慧，在整个自然界不断地起作用，尤其是在动物身上，犹如灵魂在身体中起的作用一样。这种神性的持续感受，俗人称之为本能，却没有理解这个词的真正含义，它是所有生命的生命。他们还补充说，这些神性的光芒是世世代代的原则。动物在孕育和出生的时候就禀受它，死亡时，这些神圣的粒子就会脱离凡间的物质，飞向天空，融入璀璨的繁星之中。维吉尔通过关于蜜蜂的诗句优美地表达出来的，正是这种既精彩又神奇的哲学。他在诗中说，人们仰慕的所有奇迹，都是由一股神圣的气息和神性所驱动，并确信人所在的地方，上帝无处不在：陆地、海洋和天空，动物和人类在出生之时就禀受生命，而万物消亡时便会归宗，因为灵魂乃生命之宗旨，永远不会为死亡所泯灭，它将飞向璀璨的群星，在天上永驻。［参见费奈隆的《神存在论证》，引自《自然知识及与普通人低下的智力成比例的认识》（1718，第一部分）］

"现代人都讥讽维吉尔的无知和他关于阿里斯泰俄斯的寓言，寓言中说，生命来自死亡，蜜蜂生自被宰杀公牛的肚腹。我本人从未嘲笑过他。我知道，我感觉到这位伟大的诗圣有着非常高尚的情怀，一种我称之为预言般的、教皇般的威力。尤其是《农事诗》第四卷，那是发自内心深处的神圣之作，是对不幸和友谊的虔诚祭奠，是献给维吉尔最亲密的朋友——被流放的迦鲁斯的礼赞，虽然这种礼赞或许曾被谨小慎微的梅森一笔抹消。维吉尔代之以蜜蜂的复活，这是一首赞美不朽的诗歌，在大自然不断变化的奥秘之中包含着我们最美好的希望，即死亡绝非死亡，而是一种新生命的轮回。"米什莱还以自己的亲身经历对此予以佐证：1856年10月28日，当他前往拉雪兹公墓拜祭儿子的坟墓时，他意外地发现，此时虽值晚秋，坟墓周围却有一群晶莹闪亮的蜜蜂飞来飞去。实在是太晶莹闪亮了，它们不可能是蜜蜂，而是神灵。这些"维吉尔高贵的蜜蜂……在向死者致敬，为生者采撷灵魂之蜜，那是对未来的希望"。

儒勒·米什莱在《昆虫》（1858）中重拾此思想（见第二十三章《维吉尔的蜜蜂》）。

《集锦篇》之四
如何鼓励年轻王子做拉丁文翻译练习

　　费奈隆曾任法国嫡系王子、年轻的勃艮第公爵的老师，设计出了一套绝妙的教学法。在他的寓言中，有一篇题为《阿里斯泰俄斯与维吉尔》的文本。他想象维吉尔也来到了冥界，受到了阿里斯泰俄斯的热情接待。阿里斯泰俄斯告诫维吉尔，说他可能会招致俄耳甫斯的怨恨、荷马的羡慕和赫西奥德的嫉妒，因为他居然敢在农事诗领域与他们比高低。

　　但到了冥府的阴凉处后，大家都沉默不语，静心聆听维吉尔朗诵的诗句："他先是谦虚地吟唱，随后满怀激情地引吭高歌。妒忌之人不由自主地感受到一股甘甜流入了自己的心田，酣畅无比。俄耳甫斯的七弦琴曾令岩石和树木陶醉，此时却从他手中滑落，苦涩的眼泪从他的眼里流出。荷马顷刻间忘了《伊利亚特》的辉煌壮观和《奥德赛》的波澜壮阔……赫西奥德感动不已，完全被维吉尔的魅力所震慑，但随后，他渐渐回过神来，说出下面这番充满嫉妒和愤怒的话：'啊，维吉尔！你写的诗句比黄铜和青铜还耐久。但我预见，总有一天，我们会看到一个孩子将它翻译成自己的语言，他将与你分享咏唱蜜蜂的荣耀。'"

　　现在，公爵先生，该做作业了！

《集锦篇》之五
分蜂与普罗克洛斯的实体论

新柏拉图哲学家普罗克洛斯（412—485）在《柏拉图〈帕墨尼德〉疏解》（第三卷）中，引述并评论了《迦勒底神谕》，该书汇集了关于通神术或高级魔术的文章，以希腊语出版于公元170年。蜜蜂在书中再次现身，被用来思考事物的深刻起源和本质。

圣父的理性，孕育了它们，并颁布强大的法令，用各种形式把思想表达出来，大家一同飞翔，从同一个地方冲出。因为意志和意志的实现均来自圣父，但被精神之火分开，生成其他思想：因为国王首先向多形态的世界赋予一种坚不可摧的智力类型。匆忙遵命、跟随其足迹的世界，戴着一个面具，披着无数美丽的外衣出现了。在这些世界中，只有一个源泉，分流出其他支流，然后不断地分流下去，在世界的身体中裂开，犹如成群的蜜蜂，被带进无限的容器，并以不同的方式自行转化。这些思想源自父系，撷取了火之巨大威力。正是父系这一初始和完美之源，在时间尚未酣睡之时，年富力强，喷发出这些思想，那是来自万物最初的思想。

在引述了很长一段的《迦勒底神谕》之后，普罗克洛斯做出了如下评论：

我们可以通过深化这些概念，看到更多别的内容，再解释这些神圣的思想。但从目前而言，我们只能说，诸神通过他们的见证，确认了柏拉图的观念，把这些智力动因称为思想，并称世界充满了它们赋予的类型。所以，如果这些论据能说服我们承认理念的假说，如果圣人同意这个问题，柏拉图、毕达哥拉斯、俄耳甫斯，如果诸神通过他们的见证来证明这个观点，我们就不必担心那些复杂的论据自相矛盾且言之无物，而是基于科学的推理。因为神对我们说，这是圣父的想法，因而它们留存在圣父的思想中，在创世时起作用；因为祭祀行列只不过是让它们走出来的激烈做法；它们以各种形式出现，因为它们拥裹着所有可分之物的原因；源头的思想来自其创世之初获得其份额的其他思想——这就是人们所说的与蜂群相像的思想——它们催生了低等事物。

（《柏拉图〈帕墨尼德〉疏解》，A.E.谢涅 法译，1900，可在Remacle网址上查阅；另见 C.吕纳和A.–P.塞贡的译本，巴黎：美文出版社，2011，第25页）

《集锦篇》之六
如何离开感性的世界？

波菲利在《论斋戒》（第一章，30—31）中描述了斋戒的饮食准则，这是"学人"离开感性世界的必经之路：

首先，必须戒除与感性事物有关的一切和带来激情的东西，一心专注精神生活；因为我们犹如那些离乡背井前往异国他乡的人，他们需要熟悉外国的法律和习俗。返回家乡时，他们不仅要考虑即将开始的旅程，而且为了更好地被人接受，他们试图摆脱在外乡染上的习性，重新回忆所有要做的事情，以便能在家乡让人看得顺眼。同样，我们也注定要返回自己真正的家园，所以必须改掉染上的所有坏习惯；必须记住，我们是幸福和永恒的实体，注定要回归智慧之乡，断绝一切感性的东西。我们要时刻牢记这两个目标，摒弃一切物质和非永恒的东西，准备返回我们所来的地方，不让我们的灵魂因在凡界住过而痛苦。我们从前曾是智性物质，脱离了所有感性的成分，随后与身体结合，因为我们无法总是与知性的东西交谈。智性物质一旦与感性事物结合，马上就会变质。就像在一块田里，虽只种植了麦子却长出了黑麦草。

所以，如果我们要回到我们的初始状态，就必须离开所有感性的东西，摒弃所有违反理性的东西，远离所有的激情，只要人类的弱点允许：应该只追求灵魂的完美，让激情泯灭，在可能的情况下，过着完全智性的生活。这就是为什么我们需要蜕去凡界的外衣，因为要赤身裸体方能好好打仗。我们的注意力不仅要瞄准可作为我们食物的东西，也要抑制欲望。因为如果不消除动因，放弃行动又有何用？

《集锦篇》之七
凯撒利亚的巴西尔

　　凯撒利亚的巴西尔（330—379）在《创世六日》（Hexameron）评述中，谈到了鸟类（第八篇布道），在古人眼中，会飞的昆虫自然也属于鸟类。这篇关于蜜蜂的东西为我们提供了一种素材，它在未来数个世纪中将不断被引用。

　　这些动物当中有一些确实拥有政府，因为管理的固有特点就是所有个体都为了共同的利益而同心协力。这就是我们在蜜蜂身上所看到的。它们拥有共同的家园，外出是为了共同的目标。所有蜜蜂都从事同样的工作，最重要的是，它们是在国王和领袖的领导下工作，蜂王不带头示范，它们什么都不敢做。蜂王并非经由民选而产生，因为愚蠢的庶民往往会将最邪恶之人抬举到公国的宝座。蜂王并非是从命运手中禀受权威，因为命运往往很任性，会把帝国的江山交给最无能之人。蜂王登上宝座，亦非世袭传承，因为，国王的后裔往往娇生惯养，缺乏明智和美德。是自然赋予蜂王权力，让它统领江山，因为蜂王以其伟大的形象和温和的性格而鹤立鸡群。蜂王长有螫针，但它从不会动用它来满足复仇的欲望。

　　这就像自然界一个不成文的规律，我们越接近崇高的境界，越不会有复仇的欲望。那些不以蜂王为榜样，鲁莽行事的蜜蜂将会立刻受到惩罚，因为它们射出螯针的同时会一命呜呼。基督徒要警醒，我们受命不可以恶报恶，而是以善胜恶（《罗马书》第十二、十七、二十一章）。我们要以蜜蜂为榜样，它们建造蜂房既不损害他人的利益，也不掠夺他人财产。它们从百花中收集蜂蜡，用嘴吸吮花蜜，抽取花朵中甘甜的蜜露，运回巢内，置入巢室。这种花蜜最初呈液状，但随着时间的推移，会酿成独特的甘美浓稠的蜂蜜。《圣经·箴言》给了蜜蜂最美好最合适的赞扬，称它勤劳聪颖（《箴言》，第六章，8）。

蜜蜂到处采蜜，酿出甘蜜，供王公贵族和平民百姓享用。它以高超的艺术建造和排列用以盛放花蜜的蜂房巢室。巢室由稀薄的蜡膜打造而成，彼此紧密相邻，单独看来显得单薄软弱，合在一起却能互相支持。它们彼此以一堵细薄的墙面相连并相隔，相互重叠成数层高。这种小生灵在所有的空间里只建造一个库房，以免珍贵的琼浆玉液因过重而外流。所以，其实所谓的几何发明不过是勤劳蜜蜂的工作方式。蜂巢的造型均为等边六角形，而不是直线相叠排列，因为若是如此，无支撑的边角容易下塌。而底下的六角形边角构成了上层六角形的基础，帮助它们承受上面的重量，并保存巢室的珍贵蜜液。

（《创世六日》，奥热神甫 法译，1827，第八章，4）

《集锦篇》之八
马勒伯朗士的蜜蜂机器

　　马勒伯朗士在其《形而上学与宗教对话录》（1688）中，重申奥利金将蜜蜂奇迹归因于仁慈的上帝而非自然法则的论说，但他从中糅合了笛卡儿的动物机器说。笛卡儿认为动物犹如钟表，是由无限小的齿轮构成，因此其创造者是一位"伟大的钟表师"。

　　西奥多……请记住，阿里斯特，我们昨日的蜜蜂。那只小生灵是一个了不起的作品。它拥有许多不同的器官，各部分彼此相连，等级森严，井然有序！不要以为蜜蜂身上部件比大象少，其实比大象更多。所以你要明白，这个小巧玲珑的机器内，所有弹簧的数字和机制是多么的神奇。在微弱光线的作用下，所有这些弹簧都松了下来。决定和控制这些运动的是物品自身的存在。让我们来审视一下构造如此精确、做工如此精美的作品，但不要赞叹它的智慧和远见，因为它根本不具备这些特质。具有智慧和远见的，是那位组装这些弹簧并在那么多不同用途的物品当中将其妥善安排的人。阿里斯特，如果你真的知道这一小动物各部分构造的原理，你肯定比所有的哲学家更博学。

　　　　　　（马勒伯朗士：《对话之十一》，载《作品集》第二卷，
　　　　　　　　"七星文库"，巴黎：伽利玛出版社，第872页）

《集锦篇》之九
圣安布罗斯的处女蜜蜂

圣安布罗斯的《论贞洁》主要针对皈依宗教、将在修道院生活的处女。他在书中指出了她们与异教贞女的区别，后者与基督徒生活所要求的礼让和谦卑相距甚远。

那么，你就像蜜蜂筑巢那样修身养性吧。处女可与蜜蜂媲美：勤劳、纯粹、贞洁。而蜜蜂以甘露为食，"不事交媾，却酿造甘蜜"。处女也有她的甘露，即神的话语，因为神的话语像甘露般从天而降。它的纯洁，代表了自然的纯真。它所孕育的是唇间的果实，毫不酸涩，甜蜜甘美。大家共同工作，共享成果。我的处女，我多么希望，你以这只小蜜蜂为楷模，遍访群芳，采集百花蜜为食，以玲珑小嘴酿造甘蜜！以蜜蜂为师吧，我的处女！愿你的言行庄重诚恳，不欺骗，不欺诈。愿你用双唇打造而成的作品永世流芳。采集花蜜，不要仅仅为你自己，还要为他人……处女啊，如果你想抵达基督的高度，那就插上思想的翅膀，飞越不良恶习。他"居住在高高的苍穹，向下凝视地球"（《诗篇》，112，5—6）。他的俊美堪比黎巴嫩雪松，树顶直插云霄，树根深扎大地。他源自天穹，后来，他在人间的生命结出与天上相似的果实。悉心寻找这朵美丽之花吧：或许它就深藏于你心灵的山谷，因为它总是在隐秘之处播撒它的芬芳。

（《论贞洁》，1，8）

《集锦篇》之十
中世纪的自然百科全书

　　这类文学和知识计划是由圣奥古斯丁想出来的。瓦罗曾汇编了一部有关罗马历史和宗教知识的巨著，共四十一卷（二十五卷论述人事，十六卷论述神事）。圣奥古斯丁十分崇尚瓦罗的作品，希望从基督教的角度出发汇编相似的百科全书。塞维利亚的伊西多尔（卒于636年）是第一个执行这个项目的人，编辑了《辞源》，汇集了有关词与物、观察和教义、长老与基督徒等的论述。书中的词源往往光怪陆离，常用作阐述相关主题的借口：比如伊西多尔认为，蜂（apis）之所以叫蜂，是因为它是无足（a-pes）昆虫。继伊西多尔之后，则有可敬的比德（674—735）及其《物性论》以及美因兹大主教本笃会修士拉邦·莫尔（卒于856年）主编的《事物的本性》（第八卷，7）。这些著作不约而同地花了诸多篇幅论述蜜蜂，大部分引自伟大的拉丁作家（瓦罗、维吉尔、普林尼、科路美拉等）的作品。此类百科全书于13世纪初重获新生，主要是因为阿拉伯注释家重新发现了亚里士多德的著作。多本著作与托马斯·德·康提姆普雷的著作几乎同时出版：亚历山大·尼姆卡（卒于1217年）出版了一本《事物的本性》，多明我会修士文森·博维（卒于1264年）——圣路易儿子的监护人，编纂了一部洋洋大观的《世界镜鉴》，其中第一部分发表于1250年（第二十二卷，72—111）；方济各会修士、英国人圣巴托洛缪于同年出版了《万物本性》，内附精致绝妙的小彩画。继托马斯·德·康提姆普雷之后，大阿尔伯特（约1200—1280）受其从前的学生所启发，于1270年发表了二十六卷的百科全书《论动物》（其中前19章为亚里士多德的评论）。该书专门论述动物，尤其关注昆虫的繁殖问题，并首次纳入自身的观察结果，且不局限于对古代权威论述的汇编。最后应当提到1263年出版的《宝库》，该书由流亡法国的佛罗伦萨人布鲁内托·拉提尼（1220—1294）撰写。上述作者都将动物学列为神学的一个分支。

《集锦篇》之十一
《可兰经》里的蜜蜂

在伊斯兰教中，蜜蜂是一种备受赞美的昆虫。《可兰经》第十六章便题为《蜜蜂》（68—69节）："你的主曾启示蜜蜂：'你可以在山上和树上筑房，也可将人们所建造的蜂房作为你的栖息地。然后，以百果为实，并顺从地遵循你的主的道路。将有一种绚丽多彩的汁液从蜜蜂腹中流出，可以治病救人。'"先知穆罕默德曾多次证实蜜蜂的神奇保护功能。根据他的一个圣训："所有飞虫都注定要经受地狱之火，蜜蜂除外。"信徒应以蜜蜂为楷模，因为"它吃好东西并产出好东西，当它出现的时候，它不会损坏任何东西，也不会腐蚀任何东西"［见埃及人达米里（1344—1405）编译的《论动物的主要分类》，1371，第二卷，第403页］。在谈到蜂蜜时，他这样说："对于你们（伊斯兰教徒），有两种良药：《可兰经》和蜂蜜。"此外，对于那些获选升上天国的人，为他们专配的天堂美食当中包括蜂蜜："纯洁的蜂蜜之河"（《可兰经》，第六十七章，第15页，参见插图14）

插图14 《可兰经》中的蜜蜂。应穆罕默德的要求,阿里下令阿巴斯的蜜蜂为众
人指路

绘画源自西亚尔-纳比·德穆拉德三世(1595)

《集锦篇》之十二
蜂后给年轻的法国王子的忠告

费奈隆为其学生勃艮第公爵（路易十四的孙子，将继承法国王位的嫡系王子）编写的寓言（《寓言和教学手册》，1718）中，有一篇名为《蜜蜂》。正当年轻的王子在花园里欣赏蜂巢的组织结构时，蜂巢里的蜂后过来对他说了下面这番话：

看到我们的作品和我们的行为，您很高兴。除此之外，我们还能为您提供借鉴。我们的蜂巢不会遭受混乱或放纵的影响，我们靠有益于蜜蜂共和国的工作和才能引人注目。才能和勤劳是通往高位的唯一路径。我们夜以继日地忙于工作，贡献蜂蜜。但愿您有朝一日能像我们一样，并将您如此钦佩的蜂巢秩序引入人类社会！您会为他人的幸福和您自己的幸福而努力；您会完成命运赋予您的任务：您位于其他人之上，只是为了保护他们，消除威胁他们的邪恶，在仁慈和专注的统治下，让他们有权享受所有财产。

《集锦篇》之十三
布鲁内托·拉蒂尼等级分明的蜂巢

　　布鲁内托·拉蒂尼是中世纪最著名的百科全书的作者，在他看来，蜂巢从头到脚都是井然有序的人类城邦的楷模。

　　蜜蜂在它们的"蜜民"中建立等级分明的秩序，并将普通百姓和资产阶级社会区别开来。它们选择自己的国王……获选为王，成为诸蜂首领的蜜蜂最硕大、最俊美，享受最美好的生活……然而，即使它是蜂王，其他蜜蜂仍然拥有充分的自由和全部权利。但大自然赋予了它们良好的意愿，使它们对自己的主人善良而顺从……要知道，蜜蜂忠心耿耿、全心全意地爱戴蜂王，死也要保护和捍卫它。

　　　　　　　　　（布鲁内托·拉蒂尼：《宝库》，1263—1264。

　　　现代法语版见G.比安乔托：《中世纪动物寓言集》，

　　　　巴黎：斯多克出版社，1995，第170—171页）

《集锦篇》之十四
弑君蜜蜂

《蜜蜂或快乐治国》是革命文学的绝佳范例，为米歇尔·德·库比埃尔（笔名多拉·库比埃尔，1752—1820）赠给奥兰普·德古热的一首诗。该诗于1792年7月在平等中学朗读，似乎是未卜先知，预示了1793年路易十六将上断头台。

......
若有忘恩负义之徒向国家开战
若他专横、阴险、野蛮
那就让他哆嗦发抖去吧！人民尚有道德
蜜蜂自有恺撒，更有布鲁图
......
你看，我的儿子，蜜蜂英勇善战，
暴君无法把它打败。
蜜蜂安居乐业，自给自足，
蜂巢中公民人人平等
将狠毒奸诈的国王拉下宝座。
它们心中或许有上帝，但无神甫。
......

《集锦篇》之十五
伏尔泰、曼德维尔和蜜蜂

伏尔泰于1764年撰写了《哲学词典》的"蜜蜂"词条，介绍并批评了曼德维尔的《蜜蜂寓言》，还以诗歌形式对其内容进行了概述：

蜜蜂自古为诗歌提供描述、比较和寓言。曼德维尔著名的《蜜蜂寓言》在英国名声大噪，特简述如下：

> 旧日的蜜蜂
> 一切显得井然有序。
> 蜂民辛勤劳作，蜂王治国有方
> 蜂巢欣欣向荣。
> 若干贪婪熊蜂
> 偷偷钻进蜂巢：
> 熊蜂懒惰成性，
> 却说教如下：
> "我们承诺给你们天空；
> 请与我们分享
> 你们的蜂蜡和蜂蜜。"
> 蜜蜂们信以为真，

不久便感到饥饿袭身；

最愚蠢者一命呜呼。

另一个蜂群的蜂王

终于前来解救它们。

所有蜜蜂都清醒过来；

终于恍然大悟；

熊蜂被踩死，

蜂巢繁荣昌盛。＊

　　其实曼德维尔走得更远：他声称蜜蜂如果没有做过很多坏事，就不可能在一个强大繁荣的蜂巢里舒适地生活。他认为，任何王国，任何国家，不邪恶，就不可能繁荣。如果贵妇人不好虚荣，制作精良的丝绸厂就会关张，男女工人也得随之走人，国家的大部分民众就会沦为乞丐；如果商人不再吝啬，英国舰队就会全军覆没；如果艺术家没有激情，创作的灵感就会枯涸，民众将重新陷入无知和粗俗。

　　他甚至认为，罪恶自有其用处，因为它有助于构建良好的司法制度。江洋大盗让告发他或逮捕他的人挣了很多钱，狱卒、审判法官和执行死刑的刽子手也才能从中渔利。再说，如果没有窃贼，修锁人就会食不果腹。

　　诚然，治理有方的社会可从邪恶中获利，但邪恶对世界的幸福并非必不可少。毒药可以称为良药，但让我们活下去的并不是毒药。客观地评价蜜蜂寓言的价值，它势必会成为有用的道德著作。

＊　译文主要引自中国社会科学出版社2002年出版的《蜜蜂寓言》，肖聿译。——
　　译注

《集锦篇》之十六
儒勒·米什莱的方济会蜜蜂

继《鸟》大获成功之后，儒勒·米什莱又于1857年出版了《虫》。下面这句话完全概述了该书的阅读原则："我们原以为是研究事物，找到的却是灵魂。"以下段落摘自《虫》第二十五章（第329—331页），专门讨论建筑师蜜蜂和石匠蜜蜂甚至方济会蜜蜂，因为蜜蜂当然信任富有美德、智慧和知识的精英。

如果黄蜂的蜂巢建在斯巴达，蜜蜂的蜂巢就是昆虫世界中真正的雅典。在这里，处处皆是艺术，人民，人民当中的艺术精英，不断创造两件东西：一是城邦（即祖国），二是众生之母，她不仅要繁衍后代，让人民后继有人，还要成为人民的偶像和物神，即城邦中活生生的上帝。

蜜蜂与黄蜂、蚂蚁等所有社会昆虫的共同之处，是它们的姑嫂和姐妹们都过着无私的生活。这些勤劳贞洁的女性，全心全意地甘当养母。

蜜蜂与这些同类的区别，在于它需要有一个全民偶像，出于对这位偶像的爱戴它们才奋力工作。

长久以来，这一切不为人所知。我们原先以为这是一个君主制国家，拥有一个国王。但情况并非如此，这个国王其实是个王后。因此人们改变措辞说："这个雌蜂是个蜂后。"这又错了。

它不仅不统治、不治理、不领导，而且受制于某些事物，有时甚至还要恪守私人宪章。它或多或少是个王后，它是公共和法定的崇拜对象。我说的是法定和符合宪法的，因为这一崇拜并非盲目，否则，这个偶像不会受到那么严肃的对待。

"那么，归根到底，这是一个民主政府吗？"是的，如果考虑到人民都那么忠诚，大家都在自发地工作，没有人下命令。但是，我们看得很清楚，在高处主宰一切的，是一个聪明的精英群体，一个艺术家的贵族群体。这座城市根本不是由人民大众，而是由一个特殊的阶层，一种行会组织建造的。正当大群蜜蜂前往花间采集共同的食粮时，一些体形比较大的蜜蜂，即蜡蜂，则在巢中准备、剪裁和巧妙地利用蜂蜡来建造蜂房。一如中世纪的方济会，这个可敬可佩的建筑师行会，依据一种深奥的几何原理去建造蜂房。他们就像旧日加工未风化的石头的大师。然而，把这个称号授予高尚的蜜蜂，实为最相称不过！它们使用的材料，都经过加工，通过它们的生命运动而转化，因它们的体液而拥有生命。

在结语中（第399—400页），作者写道：

蜜蜂和蚂蚁代表了昆虫最高的和谐境界。这两种昆虫都异常聪明，被作为艺术家、建筑师来培养。蜜蜂是非凡的几何学家，而蚂蚁则是出色的教育家。蚂蚁是坦率而彻底的共和党人，不需要拥有可见和活生生的城邦象征物，对负责传宗接代的软弱的雌性蚂蚁不甚尊敬且以粗野的方式去统治它们；而蜜蜂则相反，它天性更为温柔，更有想象力，但不太理性，它们崇拜共同的母亲，并从中获得慰藉和鼓励。对于这些贞洁的城邦而言，这犹如一种爱之宗教。

在蚂蚁和蜜蜂的社会中，母性是社会的准则，但博爱从中扎根、开花，高昂着头。

《集锦篇》之十七
像塞内加笔下的蜜蜂那样去阅读

　　阅读滋养心灵，当我们厌倦学习时，它让大脑休息，但并非让它停止思考。我们不能仅限于读或写：二者之一让人劳累并损耗力气，我这里所说的是写作；而阅读则能让思想放松、精神松弛。我们应该轮番进行写作和阅读，让它们彼此调整纠正，让通过阅读获取的养分融入写作之中。正如人们所说，我们应该模仿蜜蜂，遍访百花，撷取花蜜，酿造蜂蜜。蜜蜂将采来的花蜜均匀分配，放入蜂脾，用我们伟大的诗人维吉尔的话来说，就是"蜜蜂酿造出液状的蜂蜜，将此甜美的琼浆玉液填满蜂脾"。

　　蜜蜂是从花中抽取汁液后，马上让它变成蜂蜜，还是采用某种特殊的混淆方法或借助其自身的气息，将其加工化为蜂蜜？关于这个问题，人们未达成共识。有些人声称蜜蜂不会酿蜜，只会采蜜。据他们说，人们在印度的芦苇叶上发现由当地朝露生成的蜂蜜，或是生自芦苇本身的甜蜜油腻的液体。在法国，植物虽然也具有同样的性能，但没那么明显和敏感，而蜜蜂撷取和浓缩的就是这种汁液。其他人则认为，蜜蜂在植物变绿和开花时，采集最鲜嫩的植物花蜜，通过混合和加工，将其转化为蜂蜜。这一转化过程得益于一种酵素，它用各种物质，创造出一种新物质。但我们不要离题太远。必须模仿蜜蜂，储蓄我们在各种阅读中吸收的营养（分类越清楚，保存就越完好），然后努力用自己的聪明才智，使采自不同地方的花蜜形成同一种风味。所以，如能识别蜂蜜的来源，它们显然与它们原产地的蜂蜜不同。

（加尼埃《致卢基利乌斯的信》，1932，第84页）

《集锦篇》之十八
蜜蜂与卢克莱修的苦艾酒

我漫游于缪斯遥远的仙境，
那里人迹罕至；我在处女泉边畅饮清泉，
乐于采撷无人知晓的鲜花，
为自己编织独一无二的王冠，
缪斯从未曾加冕于任何人。
我的教导非同凡响：砸碎宗教锁链，
解放人类备受束缚的心灵！
针对晦涩的主题，我写下明白的诗句，
让一切拥有诗性的魅力！
我这样说并非毫无理由：
正如医生想让孩子
服用恶心的苦艾之时，
先在杯口涂满金黄的蜜糖；
无知的孩童为满足食欲
一口吞尽苦涩的药汁：
孩子虽受欺骗，反倒逐渐痊愈……
我知道在浅尝辄止的人看来
我们的理论太过艰深，众人
敬而远之。因此我愿用歌声，

用诗的语言向你阐述我的哲学。

它犹如浸满诗歌的蜜汁。

希望我的歌声能吸引你的心灵，

让你明白唯一有用的良药：

是彻底洞悉事物的本质！

（根据安德烈·孔特–斯蓬维尔在《蜂蜜与苦艾酒》中

引述的译文，巴黎：海尔曼出版社，2008，第35页）

《集锦篇》之十九
帕斯卡尔，蜜蜂与科学进步

帕斯卡尔以独有的方式参与了古今之争，在《真空论》（1651）的序言中，他鞭挞当局滥用论据、过于墨守古代权威，妨碍了知识的掌握。为此，他借用蜜蜂这一比喻来做示范：

如此这般，岂不是卑鄙地对待人的理智，将他与动物本能相提并论吗？因为这抹杀了二者的本质区别：人类的推理是不断往上，而动物却总是停留在同样的状态中。蜂巢在1000年前就像今天这样中规中矩，第一个蜂房和最后一个蜂房的六边形完全一样。所有动物通过这种超自然运动创造的东西都是如此。大自然给它们以教育，需求给它们以压力；但这种脆弱的本领会因为需求而迷失：由于它们"不学而获"，它们就体验不到保存知识的快乐。而且每次给予它们的本领，对它们来说都是新的，因为自然的目的只是将动物维持在有限的完美秩序中，既要让它们获得必要而同等的本领，以避免它们衰亡，又不允许它们多学本领，怕它们超越规定的界限。而人则不同，人生来是为了绵延相续。他在生命的第一阶段处于无知状态，但他不断学习，不断进步，因为他不仅从自己的经验中，也从前人的经验中吸取教益。他总是将所学到的知识以及从前人留下的典籍中学到的知识保存在记忆中。由于他保留了这些知识，所以能十分容易地提高。

本领的提高是人类特有的，这种思想促使帕斯卡尔（一如后来紧随其后的培根）将传统的古今关系颠倒了过来：

被我们认为古老的东西，其实才是真正的新东西，并构成了人类的童年；由于我们将古人的知识与此后诸多世纪的经验相结合，因此在我们身上才能找到我们在其他人身上崇拜的古代……（《真空论》第一卷，巴黎：伽利玛出版社，"七星文库"，2000，第455—456页）

这只是从另一个角度重述了古老的论据：现代人是侏儒，古人是巨人，但站在巨人肩膀上的侏儒比巨人看得更远……

《集锦篇》之二十
蜜蜂的几何性？物竞天择的产物

达尔文在他的经典著作《物种起源》第八章（1859）中致力回应神学人士的反驳："蜜蜂营造蜂房的本能是如此巧妙，在许多读者看来，我的理论应该很难推翻。"恰恰相反……

我对这个问题不拟详加讨论，只是把我得到的结论简要说一说。考察过蜂巢的精巧构造，看到它如此美妙地适应其中的人，谁能不热烈地加以赞赏呢？数学家告诉我们，蜜蜂已解决了一个十分深奥的问题：如何把蜂房造成适当的形状，来容纳最大容量的蜂蜜，而在建造中则用尽量少的贵重蜡质。一个技艺高超的工匠，用先进的工具和计量仪器也很难造出蜜蜂在漆黑的蜂房中所造的蜡质蜂房。随你说这是什么本能。初看起来这似乎是不可思议的，它们怎么能划出所有必要的角和面，甚至能觉察出工作的精确度？但这些难点并不像乍看起来的那样大；我想可以说，这些美妙的作品都是来自若干简单的本能……

自然选择只有积累了人体构造或本能的小小变化，才能发挥作用，而各种变化对个体的生存是有利的。所以我们可以合理地发问：建筑本能逐渐地先后发生了众多变化，趋向现今的完美状态，但对蜜蜂又起到了什么有益作用呢？我想，解答这个问题并不困难：蜜蜂或黄蜂建造的蜂房是坚固的，而且省了很多劳力、

空间以及建造材料……为了维持大批蜂群的冬季生活，大量储藏
蜂蜜是必不可缺少的；而且我们知道，蜂房的繁荣程度主要取决
于蜜蜂的数量。因此，节省了蜂蜡，便大大节省了蜂蜜，也节省
了采蜜的时间，这是所有蜂族成功的主要因素。

　　通过观察与蜜蜂相近的物种的巢房，如相互分离的球形土蜂
巢，相互聚合而不规则的墨西哥无螫针蜂蜂巢，达尔文便可想象
出自然选择的程序：

　　假设采集蜜量的能力一定，这可能是经常的事，一种近似于
英国土蜂的蜂类在某地大量存在；再假设蜂群要过冬，就需要贮
藏蜂蜜；在这种情形下，如果蜂的本能有小小改变，把蜂房造得
相互靠近些，彼此相切，无疑会有利于这种土蜂；因为一堵公
共墙壁即使仅连接两个蜂房，也会节约一点劳力和蜡。如果蜂房
造得日益整齐，日益靠近，并且像墨西哥蜂的蜂房那样聚在一
起，就会日益有利于这种土蜂。因为在这种情形下，各个蜂房的
大部分墙壁将会用作相邻蜂房的墙壁，从而大大节省劳力和蜡。
还有，由于同样的原因，如果墨西哥蜂能把蜂房造得比现在更紧
密，并且在各个方面都更规则，这对于它们是有利的。因为，如
我们所看到的那样，蜂房的球形面将完全消失，代以平面。而墨
西哥蜂所造的蜂窠也许就能达到蜜蜂窠那样完善的地步。在建造
上超越这种完善的阶段，自然选择便不能再起作用；因为蜜蜂的
蜂窠，据我们所知，在劳力和蜡的经济关系上是绝对完美的……
　　每一个蜂群如果能这样以最小的劳力，并且在蜡的分泌上消
耗最少的蜜，营造最好的蜂房，那它们就能得到最大的成功，还
会把这种新获得的节约本能传递给后代，后代在生存斗争中就会

获得更大的成功机会。

　　然而在第六章中，达尔文却对螫针的选择性用途（蜜蜂用了螫针之后便会立即死亡）和蜂后杀女的本能（蜂后怕她们会成为自己的竞争者）提出了疑问……不过，他又补充道：

　　"毫无疑问，它这样做是为了团体的利益；面对无情的自然选择，母爱或母恨（幸而后者很少出现）并不重要。"*（《物种起源》，第232页）

（《物种起源》，E.巴比埃 法译，1921）

---

*　中文译文部分参考了商务印书馆1995年版周建人，叶笃庄，方宗熙的《物种起源》译本，以法文引文为准，局部有细微修改。

《集锦篇》之二十一
谁证明道德宇宙玄学蜜蜂
并未从科学话语中消失

爱弥儿·卢贝·德·劳斯特《双蜂巢》（1984）：

组织如此不完美、整天唉声叹气的人类若能以蜜蜂为师，秉承利他主义，摒弃利己主义，那就好了。蜜蜂天性如此，千万年来始终秉承利他主义原则，生活在永恒的幸福当中，从未改变。自称聪慧的人类却拒绝这些原则，千百年来苦苦寻找幸福，却从来没有找到过。

（SNA出版社，第5版，第116页）

樊尚·塔迪厄《蜜蜂奇特的沉默》（2009）：

天哪，多么悲惨的命运！这一物种虽小，却拥有五千万年的悠久历史，其进化历史与它赖以生存的开花植物同样悠久，却成了一个自私贪婪、一意孤行的物种的疯狂之举的牺牲品。这个物种，就是人类，历经20万年的进化却什么也没有学会。他是否要活到蜜蜂的年龄，才能配得上"智人"（Homo sapiens）这个体面的名字呢？有时我想，其实要做到这一点，只需要很少东西。他应该从他疯狂的比赛中停下片刻，花些时间更好地观察蜜蜂。学习它们交流和生产策略，揣摩它们的经济（包括这个词汇的"节俭"含义等）意识，效仿它们的特长和"集体"智慧，蜜蜂这一大自然的排头兵定能为我们的社会生活方式提供令人惊讶的启示。谁知道呢？或许总有一天，通过与蜜蜂的相处，我们会变得更加团结，更富有创新精神，更积极打造充满幸福的世界！

蜜蜂拥有古老、永恒，可以说是原始的完美，因此，可以成为得不到幸福、具有潜在破坏性的人类的楷模。对于詹姆斯和卡罗尔·古尔德而言，在物种等级的进化过程中，人类和蜜蜂并列处于谱系的顶峰。根据达尔文主义的重新诠释，有一种进化的方向是从简单到复杂，从混乱到有序和谐，人类与蜜蜂一样，均为各自物种类别中的冠军。

詹姆斯和卡罗尔·古尔德《蜜蜂：行为、交流模式和感官能力》（1988）：

蜜蜂是生命体当中组织最复杂的，其进化从五亿年前就开始了。当时在动物王国发生了一场看似简单却具有决定性意义的分离（两种细胞不同的分离模式将产生两个不同的进化组……）蜜蜂位于第一组进化树的顶部，而人类则是第二组中进化程度最高的物种。对蜜蜂感兴趣，就是对为地球所面临的生命挑战找出最和谐的解决方案感兴趣。两个解决方案之间虽然存有差异，但相似性可能更多，更令人惊讶——就相似的问题做出的趋同性进化答案——而这正是其意义所在。

于尔根·陶茨在《神奇的蜜蜂》中阐述了蜜蜂与哺乳动物之间不可思议的相似性，并强调它们比其他脊椎动物和无脊椎动物高级：

哺乳动物的优越性建立在一些特别的素质上，这些素质与蜜蜂社会构成的超生物体完全相同。*

我们再次看到，如果不给蜜蜂一个特殊的地位，在一个等级森严的世界中，要想以简单或间接的方式科学地论述或描述蜜蜂，这几乎是不可能的事。蜜蜂的象征意义如此明显，它总是在人们最意想不到的地方悄然显现。

* 于尔根·陶茨：《神奇的蜜蜂》，鲁沦：德布埃克出版社，2009，第3页。

《集锦篇》之二十二
狄德罗的动物蜂群

　　如果生命是"活生生的原子"添加构成的，如何思考它的统一性和特性？这就是狄德罗在《达朗贝尔之梦》（1769）第三个对话中提出的问题。作者在书中让数个真实人物围在病中的达朗贝尔身旁相互对话，其中包括博尔德医生和德雷斯皮娜斯小姐，后者叙述了达朗贝尔前一夜做的一个很怪异的梦：

　　在简短的开场白之后，他叫了起来："德雷斯皮娜斯小姐！德雷斯皮娜斯小姐！""怎么了？""你有没有见过一群从蜂房里分出来的蜜蜂？……世界或物质的总体就是一个大蜂房……你有没有见过这些蜜蜂跑到一棵树的树梢，形成一个由许多长翅膀的小动物结成的长串，这些小动物都彼此用脚勾在一起？……这个长串就是一个实体，一个个体，某一个动物……可是这些长串应当彼此完全相似……是的，如果只容许有一种同质物质的话……你见过这些蜜蜂没有？""是的，我见过。""你见过没有？""我的朋友，我告诉你我见过。""如果这些蜜蜂中有一个想用某种方式刺一下勾住它的那个蜜蜂，你想会怎么样呢？说说看。""我可不知道。""还是说说吧……你真的不知道。可是那位哲学家，他是知道的。他会告诉你，这一个蜜蜂又会去刺下一个。这一串有多少小动物，就会激起多少感觉；整个串会不安起来，骚动起来，变换位置和形式，它会发出声音，一些细小的声音；从来没有见过这种串的人，会以为这是一个有五六百个头和一两千对翅膀的动物。"

接下来的对话是试图诠释这个梦，它很明显是隐喻莫培督（1698—1759）在《论组织身体的形成》（1754）中的论说：

在同一个动物中肯定有三种不同的生命：动物整体的生命、各器官的生命、分子或元素的生命。动物整体与身体的多个部分分离。心、肺、头、手，动物的所有部分在很大一部分时间里几乎都是与整体分离的。只有分子的生命或者是它的敏感性在不断地运动；这是它的关键品质之一，与他的互不相容性一样重要。死亡就终止于此。但如果生命停留在与身体相分离的器官当中，那么灵魂何在？其统一性如何？其不可分割性又如何？（参见《采蜜篇》之二十一）

 ## 《集锦篇》之二十三
可怜的蜜蜂世界

马丁·海德格尔在《形而上学导论》（引自1929—1930年的授课内容）中阐述了下列现象学思考："石头是无世界的，动物贫乏于世，人则创造世界。"海德格尔认为，蜂巢世界为上述区别提供了令人惊叹的例证，因为它显示一个生灵（蜜蜂）完全为其环境所"俘获"（或独占）却无法把控环境。海德格尔借此想描述蜜蜂的"世界观"，而且不借助其行为所不可避免地引发的类比效应。通过对蜜蜂的观察，我们会说蜜蜂"选择"它要采蜜的花朵，"辨识"花蜜，"决定"啜吸花蜜，它"发现"自己采足花蜜后，"选择"返回巢中。但这些类比是我们自己（人类）世界观的错误投射，蜜蜂其实并没有纯粹意义上的"世界"，它只是投入其中。海德格尔认为，以下就是这一实验所揭示的意义：

人们将蜜蜂安置在盛满蜂蜜的小碗前，使蜜蜂不能一次就把蜜吸光。蜜蜂开始吸蜜，吸了一会儿便终止这一冲动行为，飞走了，把蜂蜜留在碗中。如果要恰当地解释这一冲动行为，我们应该说：蜜蜂发现自己无法将面前的蜂蜜全部吸光，便终止了冲动行为，因为它发现碗中还有蜂蜜，而且有太多的蜂蜜。但人们发现，如果在蜜蜂吸蜜时小心切去其腹部，蜜蜂会一直安静地呶吸

蜂蜜，而蜂蜜会从它后面不断地流出来。这就以令人惊讶的方式表明，蜜蜂根本没有意识到有大量的蜂蜜。它既没有意识到蜂蜜很多，也意识不到自己的腹部已经消失，这更令人难以理解了。这一切都不是问题，相反，蜜蜂继续其冲动行为，正因为它没有意识到眼前还有蜂蜜，完全被食物所吸引了。只有在发生冲动行为的地方，这种"被摄"才有可能。

（马丁·海德格尔：《形而上学导论：世界，终极，孤独》，

D.帕尼 法译，巴黎：伽利玛出版社，1992，第353页）

总之，蜜蜂更多的是被食物所占有，而非它占有食物。

透过这一分析，海德格尔捍卫了另一著名的论点：

人类正因为不会总是被环境所困，所以成了唯一会……感到厌烦的动物。

译后记

　　与一本书的相遇，就像与一个人的相遇，往往是出于一种缘分。《蜜蜂与哲人》由法国奥迪尔雅可布出版社于2015年5月出版，2015年夏，挚友爱沙雷大夫及其夫人爱伦在离开巴黎到南法度假之前，在学府路的伙伴书店"邂逅"此书，一下买了两本，一本留给自己，另一本赠送给我，并说"这本关于蜜蜂的哲学小书，立意精妙，视角独特，内容新颖，你一定会喜欢的。"

　　读后果然爱不释手，这本书给我一种耳目一新的感觉，拓宽并改变了我对蜜蜂的认识。《蜜蜂与哲人》的作者是达瓦佑兄弟，二人早年攻读的都是哲学专业，但长兄弗朗索瓦日后成为法国中部的一位职业养蜂人，养有250箱蜜蜂，而幼弟皮埃尔-亨利则成为哲学教授，执教于巴黎索邦第四大学哲学系。20多年前的一个寒冬，"哲学家小弟"来到位于海拔1000多米的福尔蜂场看望"养蜂大哥"，深夜时分，外面朔风怒吼，大雪纷飞，兄弟二人围坐在壁炉旁，促膝谈心。话题围绕着蜜蜂与哲人的关系展开，两人于是萌生了共同撰写一部关于蜜蜂在西方思想史的地位和作用的书籍。由此开始了漫长而深入地阅读、收集资料和撰写工作，但他们万万没有想到这一蜜蜂与哲学之旅居然前后持续了20多年。其间，他们查阅了大量的经典著作和文献资料，包括古今神话、诗歌、哲学、神学和科学著作，从中窥见一个无限宽广、奇妙的蜜蜂世界，而且不乏鲜为人知、令人诧异的内容。他们发现这只小小蜜蜂，居然在人类思想史上占据着举足轻重的地位，每每现身于人类历史的关键时刻。

这只微乎其微的小昆虫有何特殊之处？为何千百年来，蜜蜂会与人类的思想、想象、科学、文学、政治、经济、信息科学、神学、神话等有如此深的姻缘？为何蜜蜂飞行时发出的嗡嗡声（buzz）也成为因特网时代热点话题的代名词？这只小小的采蜜者的"生活方式"为何会被视为君主制度、帝国制度、民主制度、共产主义制度、无政府主义制度的象征，并成为所有组织形态（社会、家庭、生态系统、细胞组织）的典型范式？它缘何成为自然奥妙、智慧和美德的化身？答案十分简单。虽然艺术家蜘蛛、无忧无虑的蝉和勤劳忘我的蚂蚁都各自拥有诸多品德，但蜜蜂却几乎容纳了所有的品德。它具有政治才能、先见之明，以及"小心慎重、刚正不阿、服从管理、尊上敬下、宽宏大量、纯正贞洁、干净利落、温柔勤俭、团结互助、勇于献身、孝顺忠诚、一丝不苟"等种种美德。哲学家以之"酿蜜"，便不足为奇。

这是一本趣味无穷、发人深省的哲学小书，它邀请我们踏上一个深入蜂巢的智慧之旅，从中追溯人类漫长的哲学历史。书的内容翔实丰富，幽默有趣，引人入胜，带领我们去发现蜜蜂这一不断地激励人类的思想、介于"植物与动物，神界与凡界，自然与文化，生命与永恒"之间的神奇小生灵。

如作者所言，该书"梳理了西方文化和思想中蜜蜂史的主要脉络。在每一个阶段，面临重大问题时，我们可爱的蜜蜂都会现身其中：无论是人与动物的区别，社会与组织的区别，自然与文化的对应，生命的起源、与神圣的关系，城邦的治理，语言与交流，身体和精神的关系，智慧的定义，等等，蜜蜂可谓无处不在。它也为高中毕业班的哲学课程提供了一条绝佳的主线！"

最初，正是最后这一句话，启发了我，觉得有必要把这本难以归类的哲学小书翻译成中文，让我的侄女们，尤其是在高校任教的婷婷和读建筑系大三的丽铭能有机会，能以别开生面的方式，透过蜜蜂这条主线，补上一堂西方哲学入门课，与这些西方哲人谋面，了解西方思想的一些基本概念。在此，我十分感谢婷婷和丽铭以第一读者的身份，仔细阅读了本书第一章和第二章的译文初稿，并报以浓厚的兴趣，鼓励我把全书翻完。

《蜜蜂与哲人》全书分为六个篇章，寓意蜜蜂之旅的六个旅程，用作者的话概括即"六个旅程用以介绍一只建造六边形蜂巢的六足昆虫可谓恰到好处"。这场以蜜蜂为主题的哲学之旅引领我们穿越古代、现代和当代各个历史时期，与我们分享古今哲人的真知灼见。在每章的正文之外，作者还别出心裁地加入《采蜜篇》和《集锦篇》，前者为有关蜜蜂知识的科普类短文，后者则为一些哲学和科学原著的节选和分析。两位作者在前期构思时给这本书的定调是"严肃而不刻板"，力求文笔生动幽默，虽然有些篇章涉及的是一些深奥晦涩的哲学概念，却能深入浅出，娓娓道来。这在哲学书中颇为罕见，或许也是它深受读者青睐的原因之一。

如果说作为读者，品尝这本经由两位作者采集"经典之花"

酿造而成的"哲学之蜜"是一种美妙的享受的话，作为译者，将这部跨越宽阔的时间长河和不同领域、引经据典的著作翻译成中文，则是一个很大的挑战。书中援引了许多古今作者的论说，其中包括维吉尔、亚里士多德、波菲利、莎士比亚、曼德维尔、马克思、达尔文、雷奥米尔等人的论述，每一章的翻译都需要查阅和核实大量的资料。其中一些著作已有现成的中文译本，但也有不少是尚未译介过来的。我们在引用现存中译文节选时，尽量列名译者及出版社出处。在此，感谢杭州师范大学的陈振铎老师给我提供的商务印书馆汉译名著电子版，也感谢上海Mephisto书店的鲁毅和亚细亚书店的吴志超以及桂林的金龙格为我提供珍藏绝版图书作为参考。衷心感谢出版社编辑和审校的敬业精神和专业工作！没有他们的支持和帮助，本书中文版难以问世。

翻译过程中针对所遇到的诸多问题，我曾在巴黎登门拜见作者，并通过书信来往请教，两位作者每每不厌其烦地耐心解答，透过与他们的交流，还让我感受到他们兄弟二人浓浓的手足之情。在此真心感谢他们对此书翻译所给予的指导和帮助！

《蜜蜂与哲人》的翻译前后持续了两年多，恰逢父亲病重，有些章节的译文是在回家陪伴他和母亲的夜晚里，一灯如豆，点滴敲打而成。愿以此译作告慰父亲的在天之灵。

这本书所猎涉领域宽广，而译者才学水平有限，书中难免有疏漏之处，在此愿请教大方之家，诚望专家、同仁、读者们不吝赐教！

蒙　田

2017年9月5日于巴黎

参考书目

[1] ACCORTI M. Le Api di Carta[G]// Bibliographia della letteratura italiana sull'ape e sul Miele. Leo S. Olschki, 2000.

[2] BODENHEIMER F S. Materialien zur Geschichte der Entomologie bis Linné[M]. Berlin,(1928-1929).

[3] CHAUVIN R. Traité de biologie de l'abeille[M]. Paris: Masson, 1968.

[4] DUTLI R. Das Lied vom Honig: Eine Kulturgeschichte der Biene[M]. Wallstein, 2012.

[5] ENGELS D, NICOLAYE C. Kulturgeschichtliche Beiträge zur antiken Bienensymbolik und Ihrer Rezeption[G]// Spudasmata: 118. Olms, 2008.

[6] FONTENAY É DE. Le Silence des bêtes: La philosophie à l'épreuve de l'animalité [G]// Folio Essais. Paris: Gallimard 1998.

[7] http://www.encyclopedie-universelle. com/abeille: un remarquable ensemble de références et d'illustrations sur le sujet.(auquel nous rendons un vibrant hommage en forme de danse frétillante.)

[8] s.n. Comme les abeilles[J]. Labyrinthe, 2013(40): 1.

Chapitre 1

- *Sources du mythe d'Aristée: le récit le plus complet est donné par Virgile dans les Géorgiques(IV, 159 sq). Voir également Pindare, Pythiques, IX, 3 ; Callimaque, Hymnes, 3, 265 ; Apollonios de Rhodes, Argonautiques, II, 500 sq ; V, 1132 ; Diodore de Sicile, Bibliothèque, IV, 81 ; Nonnos de Paopolis, Dionysiaques, V, 229-279 ; Ovide, Fastes, I, 363 ; Pausanias, Description de la Grèce, X, 17, 3.*

- *Sur l'enfance de Zeus: Callimaque, Hymne à Zeus, I, 49 ; Hygin, Astronomie, II, 13,3; Diodore de Sicile, Bibliothèque, V, 70; Antoninus Liberalis, Les Métamorphoses.*

[1] ALBERT J P. Vierges nées d'un taureau mort. Technique apicole et mythologie de l'abeille dans l'Antiquité[M]. Métis: 1992-07: 83-109.

[2] BODSON L. 'IEPA ZΩIA. Contribution à l'étude de la place de l' animal dans la religion grecque ancienne, mémoire[M]. Mémoire: Bruxelles, 1978. http://www2.academieroyale.be/academie/documents/LXIII2_Bodson_Contributionaletude_197813458.pdf.

[3] BORGEAUD P. Exercices de mythologie[M]. Genève: Labor et Fides, 2004.

[4] CARDINEAUX M. Les Hommes et l'Abeille[M]. Genève: L'Âge d' Homme, 1995.

[5] COOK A B. The bee in Greek mythology[J]. Journal of Hellenic Study, 1895(15), 1-15.

[6] DETIENNE M. Orphée au miel[G]//J LE G, P N. Faire de l' histoire: 3. Paris, Gallimard, 1974: 56-75.

[7] ELDERKIN G W. The bee of Artemis[J]. The American Journal

of Philology, 1939,60(2), 203-213.

[8] GIUMAN M, MELISSA. Melissa. Archeologia delle api et del miele nella Grecia antica[M]. Rome: Giorgio Bretschneider, 2008.

[9] GREIMAS A J. D es abeilles et des femmes[G]// in Des dieux et des hommes. Paris: PUF, 1985: 193-223.

[10] LÉVI-STRAUSS C. Du miel aux cendres[G]// Mythologiques: 2. Paris: Plon, 1966.

[11] MACHENAY P. L'Homme et l'Abeille[M]. Nancy: Berger-Levrault, 1979.

[12] MAZOYER M. Aristée une divinité déchue ?[G]//MAZOYER M. Homère et l'Anatolie. Paris: L'Harmattan, 2008: 161-172.

[13] MENZEL W. Monographie der Bienen[G]// Mythologische Forschungen und Sammelungen. Stuttgart: Tübingen, 1842: 169-234.

[14] RANSOME H M. The Sacred Bee in Ancient Times and Folklore[M]. Londres, 1937; rééd. New York: Dover, 2004.

[15] ROBERT-TORNOWWALTER H. De apium mellique apud veteres, Significatione et symbolica mythological[M]. Berlin, 1893.

[16] ROSCALLA F. Presenze simboliche dell'ape nella Grecia antica[M]. Florence: La Nuova Italia, 1998.

[17] ROSCHER W H. Nektar und Ambrosia[M]. Leipzig, 1883.

[18] SALLINGER A. Honig[G]// Reallexikon für Antike und Christentum:16. Stuttgart: Anton Hiersemann Verlag, 1994: 434-462.

[19] SIGANOS A. Les Mythologies de l'insecte: Histoire d'une fascination[M]. Paris: Librairie des Méridiens, 1985.

[20] TÉTART G. Le Sang des fleurs: Une anthropologie de l'abeille et du miel[M]. Paris: Odile Jacob, 2004.

[21] WENIGER L. Zur Symbolik der Biene in der antiken Mythologie[M]. Breslau, 1871. 282 L'abeille(et le)philosophe.

Chapitre 2

[1] ARISTOTE, trad. P L. Génération des animaux(GA)[M]. Paris:Les Belles Lettres, 1961.

[2] ARISTOTE, trad. P L. Histoire des animaux(HA)[M]. Paris: Les Belles Lettres, 1964-1969.

[3] ARISTOTE , trad. P L. Les Parties des animaux(PA)[M]. Paris: Les Belles Lettres, 1956.

[4] ARISTOTE, trad. J T. Métaphysique[M]. Paris:Vrin, 1953.

[5] ARISTOTE, trad. J T. Éthique à Nicomaque[M]. Paris:Vrin,1990.

[6] ARISTOTE, trad. P P. Politiques[G]// Garnier-Flammarion. Paris: Flammarion, 1990.

[7] ALBERT J P. La ruche d'Aristote: Sciences, philosophie, mythologie [J]. L'Homme. 1989, 29(110): 94-116.

[8] BILLIARD R. Notes sur l'abeille et l'apiculture dans l' Antiquité[M]. Lille, 1900; rééd. Kessinger Publishing, 2010.

[9] BOUFFARTIGUE J. Les animaux techniciens[J]. Rursus [En ligne], 2006-07-09, consulté le 2013-07-23. URL: http://rursus. revues. org/48; DOI: 10.4000/rursus.48.

[10] BYL S. Aristote et le monde de la Ruche[J]. Revue belge de philologie et d'histoire, 1978,56(1): 15-28.

[11] COLUMELLE, trad. J-C D. De l'agriculture[G]// s.n.9. Paris: Les Belles Lettres, 2001.

[12] DAHLMANN H. Der Bienenstadt in Vergils Georgica[J]. der Wissenschaften und der Literatur. Mayence: Verlag der Akad, 1954.

[13] FRASER M H. Beekeeping in Antiquity [M]. Londres: University

of London Press, 1951.

[14] GRIMAL P. L'épicurisme romain[G]//in Actes du VIIIe Congrès de l'Association Guillaume Budé. Paris: Les Belles Lettres, 1969:138-169.

[15] GRIMAL P. Virgile ou la Seconde Naissance de Rome[G]// Champs Histoire. Paris: Flammarion, 1985.

[16] GULDENTOPS G. The Sagacity of the bees. An Aristotelian topos in thierteeth-century philosophy[G]// in Steel Carlos et al. Aristotle's Animals in the Middle Ages and Renaissance. coll Medievalia Lovaniensa: 1, Studia 27. Louvain: Leuven University Press,1999.

[17] HAARHOFF T J. The bees of Virgil[J]. Greece & Rome,1960-10,7(2): 155-170.

[18] HADOT P. Plotin, Porphyre: Études néoplatoniciennes[M]. Paris: Les Belles Lettres, 1999.

[19] HERRMANN L. Le quatrième livre des Géorgiques et les abeilles d'Actium[J]. Revue d'études anciennes, 1931: 219-224.

[20] HEROUVILLE P D'. À la campagne avec Virgile[M]. Paris: Les Belles Lettres, 1930: 70-100.

[21] JERPHAGNON L. Au bonheur des sages[G]// Pluriel. Paris: Hachette, 2004.

[22] JERPHAGNON L. Les Dieux et les Mots[M]. Paris: Tallandier, 2004.

[23] JOHNSON W. R. Virgil's bees: The Ancient Romans view of Rome[M]// PATTERSON A. Roman Images. Selected Papers from the English Institute. Baltimore: Johns Hopkins University Press, 1982:1-22.

[24] LECOURT D. Prométhée, Faust, Frankenstein: Fondements

imaginaires de l'éthique[M]. Les Empêcheurs de penser en rond, 1996.

[25] MOREAUX R. Aristote a-t-il soupçonné l'existence de la parthénogenèse ?[J]. L'Apiculteur, 1954-02(2): 32-36.

[26] NISARD M. Les Agronomes latins: Caton, Varron, Columelle, Palladius[M]. Paris: Chez Firmin-Didot, Fils et Cie Libraires, 1864.

[27] PORPHYRY, trad. YANN LE L. L'Antre des Nymphes[M]. Paris: Verdier, 1989.

[28] PORPHYRY; trad. J B, M P. De l'abstinence[M]. Paris: Les Belles Lettres, 1977.

[29] PORPHYRY. Le Voile d'Isis. Essai sur l'histoire de l'idée de nature[M]// NRF Essais. Paris: Gallimard, 2004.

[30] PEPIN J. Porphyre: exégète d'Homère[M]. Porphyre: Entretiens sur l'Antiquité Classique,12: repris dans La Tradition de l' allégorie[M]//De Philon d'Alexandrie à Dante: 2. Études historiques, Études augustiniennes. s.l. 1987.

[31] PERKELL C G. A reading of Virgil's Fourth Georgic[M]. Phoenix,1978: 32(3): 211-221.

[32] RECH P. Inbild des Kosmos: Eine Symbolik der Schöpfung[M]. Salsbourg, Freilassing: O. Müller, 1966.

[33] ROBERT-TORNOW W. De apium mellique apud veteres: Significatione et symbolica mythologica[M]. Berlin, 1893.

[34] ROSCHER W H. Nektar und Ambroisia[M]. Leipzig, 1883.

[35] VIRGILE, trad. E DE S D. Géorgiques[M]. Paris: Les Belles Lettres, 1963.

[36] VIRGILE, trad. P V. L'Énéide[M]. Paris: Les Belles Lettres, 2013.

[37] VARRON, trad. CHARLES G. Économie rurale[M]. Paris: Les Belles Lettres, 1997: 3, 16.

[38] WHITFIELD B G. Virgil and the bees[J]. Greece & Rome, 1956, 2(3): 99-117.

Chapitre 3

[1] ENGELS D, NICOLAYE C. Ille operum custos [G]// Kulturgeschichtliche Beiträge zur antiken Bienensymbolik und Ihrer Rezeption: 118. Spudasmata. Olms, 2008.

[2] FAHD T. L'abeille en islam[G]// Chauvin R. Traité de biologie de l' Abeille: 4. Paris:Masson, 1969:61-83.

[3] GILSON É. La Philosophie au Moyen Âge[M]. Paris:Payot,1952.

[4] GULDENTOPS G. The sagacity of the bees:A Aristotelian topos in the thirteenth-century philosophy[G]//Steel C, Guldentops G, Beullens P. Aristotle's animals in the Middle Ages and Renaissance. Louvain,1999:275-296.

[5] HENRI P. Brepols[M].s.l.1997. voir l'inventaire des manuscrits sur http://www. arlima.net/qt/thomas_de_cantimpre.html.

[6] HILARIO F JR. Les "abeilles hérétiques" et le puritanisme millénariste médiéval [G]// Le Moyen Âge: 11. s.l. 2005(1):71-93.

[7] LUBAC H DE. Le miel et l'écriture[G]//in Exégèse médiévale: les quatre sens de l'écriture. Théologie, deuxième partie. Paris: Cerf,1959:599-620.

[8] MISCH M. Apis est animal,apis est ecclesia: ein Beitrag zum Verhältnis von Naturkunde und Theologie in Spätantiker und mittelalterischer Literatur[M]. Francfort/Bern: PETER LANG, 1974.

[9] POLLINI N. Les propriétés des abeilles dans le Bonum universale de apibus de Thomas de Cantimpré(1200-1270)[J]. Micrologus. Nature, Sciences and Medieval Societies. 2000,8(1):261-296.

[10] RUDIGER W. Ihr Name ist Apis: Kultugeschichte der Biene[M]. Munich: Ehrenwirth Verlag, 1984.

[11] SEMERIA Y. Le philosophe et l'insecte. Nicolas Malebranche, 1638-1715: ou l'entomologiste de Dieu[J]. Supplément du Bulletin mensuel de la Société linnéenne de Lyon ,1985,54(1):1-6.

[12] s.n. Honig, Biene[G]//in Reallexikon für Antike und Christentum, Band: 16. Stuttgart: Anton Hiersemann Verlag, 1994.

[13] TELFER W. Bees in Clement of Alexandria[J].Journal of Theological Studies, 1927(28): 167-178.

[14] THOMAS DE C, trad. VINCENT W. Le Bien universel ou les Abeilles mystiques [M]. s.l.1650. Les Exemples du Livre des abeilles, éd, trad. partielle et prés. 284 L'abeille(et le)philosophe.

[15] WIMMER E. Biene und Honig in der Bildersprache der lateinischen Kirchenschriffsteller[G]// Kunst und Kulturverl. Vienne: Österr, 1998.

Chapitre 4

[1] BACHOFEN J J. trad. E B. Le Droit maternel. Recherche sur la gynécocratie de l'Antiquité dans sa nature religieuse et juridique[M]. Genève: L'Âge d'homme, 1861; 1996.

[2] BOUVIER L E. Le Communisme chez les insectes[M]. Paris: Flammarion, 1926.

[3] DEONNA W. L'abeille et le roi[J]. Revue belge d'archéologie et d' histoire de l'art, 1956(25): 105-131.

[4] ENGELS D. Bel insecte à l'aide dorée, veux-tu rester mon compagnon? Ursprung und Wandell der Bienensymbolik bei Napoléon I und Napoléon III[G]// D E, C N. Ille operum custos, Kulturgeschichtliche Beiträge zur antike Biensymbolik und ihrer

Rezeption. Hildenstein: G. Olms, 2008.

[5] FARREL W J. The role of Mandeville's bee analogy in The Grumbling Hive[J]. Studies in English Literature, 1985(25): 511-527.

[6] FAIRFAX W ANN. Repubican bees: The political economy if the beehive in Eighteenth-Century America[G]// Royal bees: The gender politics of the beehive in Early Modern Europe: vol. 18.s.l.1988: 39-77.

[7] GEORGOUDI S. Bachofen, le matriarcat et le monde antique. Réflexions sur la création d'un mythe[G]//DANS G D, MICHELLE P. Histoire des femmes en Occident, vol. I.PAULINE S P. L' Antiquité. Plon, 1991; rééd. Tempus. Perrin, 2002.

[8] HOBBES T. trad. G M. Léviathan[G]// Folio. Paris: Gallimard, 1651; 2000.

[9] MANDEVILLE B. trad. ET P, LUCIEN ET P C. La Fable des abeilles ou les Vices privés font le bien public[M]. Paris: Vrin, 1985.

[10] MERRICK J. Seminary on Bees. Studies in Eighteenth-Century Culture[G]// Royal bees: The gender politics of the beehive in Early Modern Europe: vol. 18.s.l.1988: 7-37.

[11] PICARD C. L'Éphésia, les Amazones et les abeilles[J]. Revue des études anciennes, 1940(42): 270-284.

[12] PRETE F R. Can female rule the hive ? The controversy over honey bee genders rules in British beekeeping texts of the Sixteenth-Eighteenth Centuries[J]. Journal of the History of Biology, 1991, 24(1): 113-144.

[13] PROUDHON P J. Liberté, partout et toujours[G]// textes choisis et présentés par V. Valentin. Paris: Les Belles Lettres, 2009.

[14] PROUDHON P J. Qu'est-ce que la propriété ?[G]// Garnier-

Flammarion. Paris: Flammarion, 1966.

[15] TAVOILLOT P H. Qui doit gouverner ? Une brève histoire de l'autorité[M]. Paris: Grasset, 2011.

[16] THIERS A. Du communisme, rééd[M]. Paris: Terrain vague, 1993. http://gallica.bnf.fr/ark:/12148/bpt6k66932/f1.image.r=ruche.langFR.

Chapitre 5

[1] BUFFON G L L DE, Histoire naturelle[M].s.l.1753.

[2] BONNOT DE C É. Traité des animaux[M]. Paris: Vrin, 1755; 2004.

[3] COMTE-SPONVILLE A. Le Miel et l'Absinthe[M]. Paris : Hermann, 2008.

[4] DU CREST S. Les abeilles dans la Rome des Barberini, de la dilatation d'un insecte dans l'art[G]//MAZOUER C. L'Animal au xviie siècle. Tübingen: Gunter Narr, 2003 :103-118.

[5] DAGOGNET F. L'Animal selon Condillac[M]. Paris : Vrin, 1987; rééd. 2004.

[6] DROUIN J M. Philosophie de l'insecte[M]. Paris: Seuil, 2014.

[7] FUMAROLI M. La Querelle des Anciens et des Modernes[G]// Folio. Paris: Gallimard, 2001.

[8] GOULD S J. Le Renard et le Hérisson[M]. Paris : Seuil, 2005.

[9] HADOT P. Le Voile d'Isis: Essai sur l'histoire de l'idée de Nature [G]// NRF. Paris: Gallimard, 2004.

[10] HOLLINGSWORTH C. Poetics of the Hive: The Insect Metaphor in Literature[M]. Iowa City: University of Iowa Press, 2001.

[11] HOQUET T. Buffon. Histoire naturelle et philosophie[M]. Paris: Honoré.

[12] HUBER F. Nouvelles observations sur les abeilles[M].s.l.1802.

[13] MALHERBE M. La Philosophie de Francis Bacon[M]. Paris: Vrin, 2011.

[14] PLUTARQUE. Comment écouter ?[G]// in OEuvres morales. Paris: Les Belles Lettres, 1989.

[15] RÉAUMUR R A F DE. Mémoires pour servir à l'histoire des insectes[M]. Paris : Imprimerie royale, 1740: Mémoire VIII. Champion, 2005.

[16] ROLING B. D ie Geometrie der Bienenwabe: Albertus Magnus, Karl von Baer und die Debatte über das Vostellungsvermögen un die Seele der Insekten zwischen Mittelalter und Neuzeit[J]. Recherches de théologie et philosophie médiévales, 2013, 80(2): 363-466.

[17] TORLAIS J. Réaumur et l'histoire des abeilles[J]. Revue d'histoire des sciences et de leurs applications, 1958, 11(1): 51-67.

[18] WOOLFSON J. The Renaissance of bees[J]. Renaissance Studies, 2010, 24(2): 281-300.

Chapitre 6

[1] AMEISEN J C. La démocratie des abeilles [G]// Sur les épaules de Darwin. Paris: Les Liens qui libèrent, 2012.

[2] BONNABEAU É, THÉRAULAZ G. L'intelligence en essaim [J]. Pour la science, 2000-05(271):66-73.

[3] DUFLO C. Le Moi multiple: Fondements physiologiques, conséquences anthropologiques[J]. Archives de Philosophie, 2008, 71(1): 95.

[4] HARDT M, NEGRI A. Multitude: Guerre et démocratie à l'âge de l'Empire[M]. Paris: La Découverte, 2004.

[5] IBRAHIM A. Maupertuis dans le Rêve de D'Alembert: l'

essaim d'abeille et le Polype[J]. Recherches sur Diderot et sur l'Encyclopédie, 2003, 34(1).

[6]   MILLER P. Genius of Swarms: The study of swarm intelligence is providing insights that can help human manage complex systems, from truck routing to military robots[J]. National Geographic, 2007, 212(1) : 126-147.

[7]   MOULIER-BOUTANG Y. L'Abeille et l'Économiste[M]. Paris: Carnet Nord, 2010; Comme les abeilles [J]. Labyrinthe, 2013-01(40).

[8]   NGHIEM T. Des abeilles et des hommes, Passerelles pour un monde libre et Durable [M]//préface de Nicolas Hulot. Paris: Bayard, 2012.

[9]   SEELEY T D. Honeybee Democracy[M]. Princeton: Princeton University Press, 2010.

[10] TARDIEU V. L'Étrange Silence des abeilles, Enquête sur un inquiétant déclin[M]. Paris: Belin, 2009.

[11] Voir le blog anonyme passionnant: http://webinet.blogspot.fr/2011/10/les-abeilles-ca-demenage-12.html.

Conclusion

[1]   ATLAN H. Le Vivant post-génomique[M]. Paris: Odile Jacob, 2011.

[2]   BERTALANFFY L VON. Théorie générale des systèmes[M]. Paris: Dunod, 1972.